世界1937

丘吉尔眼中的
时代人物

［英］温斯顿·丘吉尔／著　朱鸿飞／译

湖南人民出版社·长沙

图书在版编目（CIP）数据

世界1937：丘吉尔眼中的时代人物 / (英) 温斯顿·丘吉尔著；朱鸿飞译.
—长沙：湖南人民出版社，2023.12
ISBN 978-7-5561-3332-1

I.①世… Ⅱ.①温… ②朱… Ⅲ.①第一次世界大战－人物研究
Ⅳ.①K825.2

中国国家版本馆CIP数据核字（2023）第191357号

世界1937：丘吉尔眼中的时代人物

SHIJIE1937: QIUJIER YANZHONG DE SHIDAI RENWU

著　　者：［英］温斯顿·丘吉尔
译　　者：朱鸿飞
出版统筹：陈　实
监　　制：傅钦伟
选题策划：北京领读文化
产品经理：领　读-孙华硕　吴　静
责任编辑：张玉洁
责任校对：夏丽芬
装帧设计：欧阳颖

出版发行：湖南人民出版社有限责任公司 [http://www.hnppp.com]
地　　址：长沙市营盘东路3号　邮编：410005　电话：0731-82683313

印　　刷：长沙超峰印刷有限公司
版　　次：2023年12月第1版　　　　　印　　次：2023年12月第1次印刷
开　　本：880 mm × 1230 mm　　1/32　　印　　张：11.75
字　　数：302千字
书　　号：ISBN 978-7-5561-3332-1
定　　价：79.80元

营销电话：0731-82683348（如发现印装质量问题请与出版社调换）

前　言

　　这些关于我们时代人物的文章是我在过去八年间断断续续写下的。虽然各篇自成一体，但它们从不同角度描绘了我们所经历事件的主要进程。我希望它们阐明了进程中一些不那么广为人知的方面。总体而言，它们可能不仅描述了演员，还描述了场景。它们也许构成了一连串的历史叙事。

　　我不大愿意写到任何今天依然活跃着的英国政治或军事人物。这并不意味着资料或评价的缺乏，而是叙述过去要自由得多。本书主题当然有关上世纪末到本世纪初的一群出类拔萃的英国政治人物——贝尔福、张伯伦、罗斯伯里、莫利、阿斯奎斯、寇松等。多年来，他们一起生活、工作和争论，互相知根知底，惺惺相惜。我年纪小得多，却有幸与他们为伍，承蒙他们眷顾。重读这些章节让我又重新见到他们，同时深感我们的政治生活发生了多大的变化。也许这只是我们所有人在老去的过程中都会发生的错觉。一代又一代人将满怀信心地高唱哈罗公学那首"从前有一些了不起的巨人"。当然，我们肯定都希望这是真的。与此同时，这些人物对一些人——也即我的绝大多数读者——只是个名字，这些读者也许乐于从这些字里行间获得对他们的一些了解。

尽管我做了不少增补，但在几乎所有情况下，我都原封不动地保留了最初写下的文字。在这个快速变化的时代，零零星星地更新故事必不可少。我还在少数评价和表述成为永久记录前做了缓和处理。特别是，我重写了1903年贝尔福内阁辞职的故事，现在，它第一次向公众呈现了我认为正确的描述。我还要感谢一位友人提供了与博纳·劳先生辞职和乔治国王选择鲍德温先生为其继任有关事件的细节。

温斯顿·斯宾塞·丘吉尔
1937年8月13日

目 录

1

图片目录

3

罗斯伯里
伯爵^①

———————

① 罗斯伯里伯爵（1847—1929），英国自由党政治家，首相（1894—1895）。1879—
1880 年协助格莱斯顿赢得大选胜利。历任内务部次官、掌玺大臣、伦敦郡议会第一任主
席、外交大臣。外交大臣任内，1894 年使乌干达成为保护国，同年接替下台的格莱斯顿
出任首相。面对内阁的分裂和上院的反对，他在任期内很少建树。1895 年，他辞去首相
职务。1896 年，辞去自由党领袖职务。✱✱（指译者注，后同）

首相罗斯伯里伯爵

Elliott & Fry，Ltd.

可以说，罗斯伯里伯爵比他的后一代人多活了 10 年，比前一代人多活了超过 20 年。直到他于 1894 年成为首相前，他的前途一片光明，但这在他的政府破裂和自由党 1895 年的大败前烟消云散。四年后，作为扩张主义者和爱国者，他支持南非战争（第二次布尔战争），这个角色打破了他在很大一部分自由党激进派群众中拥有的尊重和信任。他从自由党领导人位置上的辞任已经解除了他们对他的拥护。1905 年，贝尔福内阁行将倒台之际①，罗斯伯里通过明确声明反对《爱尔兰自治法案》②，审慎而决绝地放弃了分享自由党即将到来的胜利和长期掌权的利益。他以刻意行动切断了与朋友和追随者的联系。"安之若素"（Content to let occasion die）③，他退出所有政界领导权的竞争；他刻意给自己的回归竖起了不可逾越的障碍；他以冷漠和真正超然的态度将自己孤立起来。什么提议也打动不了他，这一点已经广为人知。到 1905 年，他的政治生涯彻底终结。直到 1929 年，他漫长的一生才告落幕。

住进宽阔美丽的庄园，穿梭在迷人的房屋和宽敞的书房间，他活到要承受 80 岁生日的负担。对深刻博杂的文学知识的培养减轻了岁月

---

① 1905 年 12 月，在与保守党的教育法案和关税改革分歧以及紧随而来的一次补选失败后，贝尔福辞任首相。随后 1906 年 1 月的大选，自由党大获全胜。✱✱
② 自由党领袖格莱斯顿四次担任首相，其中后两次提出《爱尔兰自治法案》，但都因失败而辞职。罗斯伯里对此法案不大热情，但仍于第二次支持了格莱斯顿。格莱斯顿又一次失败后，罗斯伯里接替了他担任首相。但于 1901 年声明反对《爱尔兰自治法案》，结束了自己在自由党内的领导地位。✱✱
③ 出自济慈长诗《恩底弥翁》（Endymion），bk. l, v.822。✱

的负担，他以赛马为消遣，享受儿孙陪伴的天伦之乐。在他日益遁世的生活中，年老的折磨越来越重地不断落到他身上。到他去世时，他的名字和作为已经完全从公众心目中消逝，仅仅通过讣告重归新一代的视野。但那些作为，尤其是作为背后的人品和个性，值得我们最细致的研究，这不仅是因为它们的卓越，而且至少同样是因为它们的局限。

罗斯伯里伯爵大概是我父亲最好的朋友。他们是伊顿公学和牛津大学的同代人。虽然表面上为党派所隔，但他们活跃在同一个社交圈子，有许多共同的朋友，喜欢同样的消遣和运动，其中赛马一直是他们的最爱。他们的通信满含智慧，往来不绝，他们亲密的私交从未受到 19 世纪 80 年代的激烈政争或任何命运沉浮的影响。

我继承了这份友谊，更准确地说，是在另一代人中重续它的可能性。我渴望培养这份友谊的原因众多，其中第一个是通过父亲的同代人、同侪和伙伴更多地了解父亲。敬畏和吸引让鲍斯威尔与约翰逊博士[①]相交，至少是怀着那些感觉的一部分，我寻找机会将那份儿时的熟识发展成一份成年的友谊。一开始，他似乎不太赞同我，但南非战争后，当我至少已经名声在外，成为一名年轻议员时，他开始向我表现出明显的好意。我不久后埋头撰写的父亲传记开辟了一片广阔而富饶的共同兴趣的土壤。他积极协助这项计划，搬出他珍藏的大量回忆、书信和文件，阅读样张，对话题和写作都给出中肯但敏锐的评价。这构成了我们之间共同兴趣的一个主题，在跨越一代人的鸿沟上架起了一座桥。

从事文学工作的 1900 年到 1905 年间，我是他所有宅邸的座上宾：在门特莫尔，在伯克利广场，在埃普瑟姆丘陵旁的德丹斯海滩路上，在达尔梅尼的福斯湾，在他位于罗斯伯里的狩猎小屋。在苏格兰

---

① 鲍斯威尔和约翰逊博士是 18 世纪的英国文坛人物，一对忘年交。✳

高地的美妙秋日，我们也在对共同友人的长访中会面。政治提供了额外的联系和纽带，因为我们都脱离了自己的政党。他不赞同自由党人；我也很快与保守党人闹翻。我们都会做某种新制度和人与观念的组合的梦，在这个梦里，你可以是扩张主义者而无须忍受贸易保护做法，①可以是不抱英国本土主义思想或阶级仇恨的改革者。我们对中间路线的观点是协调一致的，这当然是我们的坚实基础。这个观点为许多理智的人所怀有，而为当时的政党机器所憎恨。还需要赘言政党机器永远更强大吗？

关于这部传记还出了件尴尬事。罗斯伯里伯爵的兴趣如此浓厚，帮助描绘朋友的愿望如此强烈，以至他不厌其烦地写出一篇相当可观的对伦道夫勋爵（Randolph Churchill）的评价，并建议我将它原样加进我的叙述中。我深受感动，同时也很为难，因为我毕竟有自己的做事方式，而一部作品的文学整体性至关重要。而且，他对伦道夫·丘吉尔学生时代的刻画中有"scug"（俚语，讨厌鬼）一词，我觉得伊顿公学的这个俚语大为不恭，不适合儿子为父亲写的传记。因此我谦恭但固执地拒绝了这个表述。他坚持要用它，解释了它在伊顿学生中的无害含义。最终，他写信说，既然我拒绝了他的稿件，他就撤回稿件。几年后，它作为一部极有趣的论述伦道夫勋爵和我所作传记的专著出版，吸引了众多读者。罗斯伯里伯爵怀着景仰和感情，在专著中刻画了那个在他青壮年时期强烈鼓舞过、吸引过、指导过和警醒过他的"杰出人物"。虽然这件事当时让我恼火，但这个德高望重的友人似乎没有一丝怨言。他有很强的理解力，尽管非常敏感，但没有因我的顽固不化而见责。相反，我觉得他因为我谨守孝道而更喜欢我了。

---

① 当时丘吉尔虽为保守党成员，却抨击保守党政府的多项政策。他公开反对约瑟夫·张伯伦的贸易保护主义，坚持自由贸易的原则，这使得他与保守党彻底决裂。✳

我和他的谈话自然而然地涉及"从严峻到欢快，从轻松到严肃"的各种话题，我从中得到的满足难以言表。这些谈话的特别之处在于出人意表的深度或引人遐想的转变，这两点显示出话题的规模和他自己的知识背景与思考。同时他也非常风趣。许多事情，他说起来不仅吸引人，而且非常欢乐。他对街谈巷议的精通似乎不亚于对重大事件。他对生活的每一个方面都充满好奇。作为运动爱好者、美食家、书虫、文学评论家、历史文物收藏家、名副其实的艺术珍品博物馆眼光独到的拥有人，他从来不需要将一个话题嚼得稀烂。他用轻松自如的语气，如一只光彩夺目但绝非无刺的昆虫轻快地掠过花丛。接着他话锋一转，对过去人物和事件的中肯评价脱口而出。但这样的享受也不是次次都有。逢他兴致，再对着三两知交，他的状态最佳。有时候，对着一大帮人，他似乎腼腆而不安。情绪坏的时候，他可以让所有人都感到寒意，并且毫不犹豫地冷落人，怠慢人。在这些情况下，他变得几乎石板一样面无表情，两眼也没了光芒和热情。你看到的是一个完全不同的人。但一会儿后，你知道真实的他一直在那里，执拗地躲在幕布后。而走出来的他愈加令人愉快了。

最难的是重现他谈论重大事件时留给听众的印象。他生活在传统的氛围中，历史与他形影不离，是他最为信赖的顾问。他似乎有知识和历史的陪伴，似乎给当前事件注入了某种古老的庄严气派。他的嗓音深沉悦耳，聆听他谈话，你常常能感觉到与过往世纪的亲密接触，领略到英伦故事的悠远传承。

罗斯伯里伯爵是许多年来第一个从未担任过下院议员的首相，而且很可能会是最后一个。无论你怎么看民主政府，你对它混乱堕落的基础依然会有切身体验。在政治家的教育中，最不可或缺的部分当属选举斗争。在这里，你接触到形形色色的人和国民生活的每种倾向。你感到政体以它最基本的程序在运转。尊严也许会受损，光鲜的外表很快会褪色；对一个政党的完全忠诚和特殊的个人政策被抹消；许多事，你只能耸耸肩，或叹息，或微笑着接受，但无论如何，你最终会对发生的事件和原因了解到很多。

这些都与罗斯伯里无缘。他在重大会议上口若悬河，倾倒听众；他收获狂热人群的喝彩；他追随格莱斯顿（William Ewart Gladstone）先生经历了大众对那场中洛锡安郡①竞选活动的狂热。但这些都是聚集了热情支持者那压倒性力量的表演场合。它们与一名议会候选人的忙乱体验截然不同。议会里有的是混乱的集会、有组织的对抗、不怀好意的小集团、嘲弄的人群和一个接一个无聊并且常常很愚蠢的问题。

罗斯伯里在伊顿公学的导师预言家似的说他"追求不劳而获"。在该说法常用的意义上——逃避艰苦的工作——这话并非实情。罗斯伯里可以非常努力地工作，可以日常长时间地专心于政治和文学。他确实追求收获，但从不害怕劳作；但身居高位、妥协、和解、对次等解决方案的无奈接受都强加在他身上，他没有对付这些小烦恼的坚强，没受过正确看待它们的训练。尽管拥有关于现代政治家角色的大量知识，他本质上还是一个逝去的时代遗下的人物，那时候，大贵族的统治得到普遍接受，而且不管多么激烈，他们只与自己的同类人斗争。当他躲在格莱斯顿先生的羽翼下时，自由党激进派群众表现为一群专一、忠诚、热情的追随者。直到格莱斯顿的魔力消失，他才认识到自己与他们的联系多么不充分。他不会想他们所想，没有与他们感同身受，不理解那些赢得他们的无私和无限忠诚的手段。他理解他们艰苦的生活条件，感受到他们遭受的不公和苦难。他回顾他们数个世纪的历史，凭着敏锐理智的判断选择维持他们的发展和福利所需的措施。但真正与他们打交道，与他

---

① 格莱斯顿作为中洛锡安郡候选人参加 1880 年大选，他所在的自由党以压倒性多数战胜保守党。∗∗

们斗争，表达他们的意愿并赢得他们的信任，他做不到。

戈尔德温·史密斯教授与他关系密切，书信往来不断。1900年，教授在多伦多向我说起他，"罗斯伯里对民主的感觉就像他正抓着一只狼的耳朵"。这是一句尖刻的评价，也许言过其实，但并非虚妄。随着选举权的扩大，优雅光鲜、富丽堂皇的外表在英国议会和公众生活中逐渐消失，罗斯伯里伯爵意识到自己和自由党激进派选民间日益扩大的鸿沟。"汉普登^①为之血染沙场，西德尼^②为之死在断头台上"的伟大原则，穆勒（John Stuart Mill）的经济学和哲学，格莱斯顿的记忆激发的宝贵灵感，这些再也不够了。你得面对派别、幕后操纵者和公共论坛，你得站在用各式各样木板搭建的表演台上。他不喜欢这样。他做不出，也不会尝试。他知道何谓理智，何谓公平，何谓真实。他不会为了实现这些伟大目标，经历在现代条件下必须经历的艰苦、麻烦，有时甚至屈辱的过程。他不肯屈尊，也没有成功。

让我们通过他的经历来测试这些一般评论。罗斯伯里公共生活的几次重大关头突兀地挺立在他行进的路上。他是在青年时代就接受19世纪后期的自由主义和民主概念的最早一批辉格贵族之一。格莱斯顿先生的中洛锡安郡竞选活动的轰动和热烈将他引入政坛。一个是当时三十一二岁，才华横溢的爱丁堡和苏格兰的耀眼人物，拥有地位和财产所能赋予的一切。另一个是那个在罗斯伯里自己的苏格兰领域为一项似乎是人间正道的事业奋斗的元老，为了聆听他的声音，各阶层的人连日奔波，在雨里雾里一站几个小时。作为"一次骑士冒险"，罗斯伯里投入政治。"当我发现自己置身这臭不可闻的沼泽时，我一直在尝试抽身而出。大家过去常说我失去了机会云云，秘密就在那里。"

---

① 约翰·汉普登（1594—1643），英国议会领导人，死于第一次英国内战。✻
② 阿尔杰农·西德尼（1622—1683），英国辉格党政治家，因所谓阴谋推翻查理二世政府被处死。✻

这些写于失势年代的尖刻文字完全代表不了四分之一世纪的时间里，罗斯伯里为英国和帝国事务贡献出的努力、勤奋、决心或积极承担的公民义务。他认真、辛勤，为任何事关英国的荣誉或伟大，或与普罗大众的福祉及发展有关的事业操碎了心。他在一些无关紧要的部门实习了数年。他推动的苏格兰立法比1880年的格莱斯顿内阁准备接受的任何立法都更进一步。他在齐声喝彩中一跃而成为1886年的格莱斯顿政府的外交大臣。此时到了第二个重大关头。《爱尔兰自治法案》从根本上分裂了自由党。每个人都得选边站。罗斯伯里对爱尔兰人没有感情上的喜爱。尽管他在历史写作中克制了偏见，但他内心依然潜藏着自由党人对保守党人的蔑视。他勇敢地直面他们。罗斯伯里一直忠于格莱斯顿先生，和他一起退出政坛。

那时候，社交界同仁的喜恶在公共生活中发挥着当前一代人难以理解的作用。但罗斯伯里高高在上，足以貌视伦敦统治阶级的伤害和怨恨。必要时，他会是一个如约翰·莫利般强硬的激进派。许多时候，他在工会和工人中拥有虽不坚定但数量庞大的追随者。这个雄辩的杰出人物脱离了自身阶级的主体，"与下层民众打成一片"，这一景象激起联合派①的敌意，给默默无闻的自由党人带来了希望感和对他未来的期盼。它跟着他经历了多年的误解和失望。一开始，他们说，"他会来的"。接着是说了多年的"要是他来了就好了"。最后，在他宣布永远放弃政治后很长时间，"要是他回来就好了"。

下野后，贵族出身阻止了他体验竞选活动和下院的混乱。他在伦敦郡议会（London County Council）找到了一个贵族可以获得的最富挑战性的替代。他是伦敦郡议会第一个也是最好的议长。近三年时

---

① 当1886年自由党因《爱尔兰自治法案》而分裂时，许多反对自治法案的自由党人与保守党形成了联盟，后来组成了联合政府。**

间里，他指导、推动及粉饰它的活动。他将伦敦市政生活的地位提高到内阁部的水平。身处 22 名委员的中心，他机智有力地掌控了伦敦政府的各个方面。当格莱斯顿和自由党遭到巴涅尔（Charles Stewart Parnell）卷入的离婚案和其他爱尔兰问题的严重打击，在 1892 年的大选中依靠爱尔兰的选票以仅仅 40 票的多数重新掌权时，罗斯伯里第二次成为新政府广受赞扬的外交大臣，成为一时无两的"未来之星"。

这时候，他似乎在自由党的伪装下代表了迪斯雷利（Benjamin Disraeli, 1st Earl of Beaconsfield）① 的保守民主思想。伦道夫·丘吉尔勋爵复兴了这一思想，它也是约瑟夫·张伯伦在最后阶段体现出的激进帝国主义的一个更简单但有效得多的形式。所有这三人间的主要区别是重点和风格问题。罗斯伯里卓有远见地准确表达了现代不列颠帝国的精神，回头再看，这让他成为迪斯雷利的直接精神继承人。他最后时期的这些不协调源自他成为格莱斯顿先生的内阁继承人这一事实。我反思了他的谈话，重读了克鲁侯爵（Robert Offley Ashburton Crewe-Milnes）有根有据的罗斯伯里传记，意识到他对驱动迪斯雷利的同样激励自发地做出了反应。甚至，他经常似乎是从《科宁斯比》（Coningsby）② ——那个捍卫穷人和下层阶级利益的贵族——的字里行间走出来的，"我将让世界上再没有贫民窟的大房东"。

与此同时，他一直钟情于梦想一个辉煌长久，尽可能远离欧洲纠葛的不列颠帝国，而实现它则是他的目标。在他早就不再是政治舞台上的演员后很久，他还将帝国的故事写入一个少有人理解的章节。谁能根据他 1883 年 1 月 18 日在阿德莱德（Adelaide）向澳大利亚发出的信息怀疑这些有点过时的断言："……这些不再是通常意义上的殖民地，而且我

---

① 　迪斯雷利（1804—1881），1868 年和 1874 年至 1880 年的保守党首相，致力于贵族与劳工阶层的联盟，以抗衡商人与企业家逐渐增长的力量。✳

② 　迪斯雷利所著政治小说，主人公是哈利·科宁斯比（Harry Coningsby）。✳

声称这是一个已经自己建立起来的国家，它的独立国家地位现在并且自此以后将为世界所承认……但还有个问题：你们成为一个国家的事实是否必然意味着脱离不列颠帝国？但愿不是！任何国家，不管多大，都没有必要离开不列颠帝国，因为不列颠帝国是国家的联盟（Commonwealth）^①。"罗斯伯里活着看到这个从有先见之明的天才嘴里说出来的词汇在50年后成为成文法。今天，它包含了数量最多、分布最广、千差万别、自愿但依然已成惯例的国家和民族的联合，这一点有据可查。

他的政治生涯的不协调和最终崩塌源于他的自尊，有时也是因为他太高傲，不会让自己屈服于现代民主的机制和党派小集团的迫切需要。为了成为一场马拉松之后的最终胜利者，鲍德温先生拥有忍受众多不愉快甚至屈辱局面的沉着冷静。如果罗斯伯里拥有那样的能力，他甚至会是以色列的先知及士师。他太敏感，太容易受伤，做不到这些妥协和屈服。他是那个逐渐消失，现在已不可见的寡头世界的孩子和杰出幸存者。多少世纪来，那个寡头政府建立了英国的强大和自由。他经常明显地与环境脱节；也许这不是对他的指责。然而必须强调，他的体质不适合承受压力。面临危机和责任的时候，他活跃而丰富的思维和想象力折磨着他。他失眠，小题大做。他没法将眼前的棘手冲突与他清楚明白的一连串事件区分开来。没有特别事件发生时的强硬不是他擅长的那种坚毅形式。他过度关注戏剧性事件，沉迷于做出优雅姿态的愉悦。1880年，他拒绝加入格莱斯顿先生的政府，因为那似乎是他参与中洛锡安郡竞选活动的直接回报。他自愿在戈登（Charles George Gordon）将军死后加入喀土穆（Khartoum）的英军，因为当时的情况需要"同舟共济"。在一场折磨人的严峻考验中，他的想法游离到引退时能够发表的漂亮演说上。之后他当然从未获得运用真正权力的机会。他从未占据拥有庞

---

① 后来这个词就表示英联邦。✱✱

大、忠诚、坚定的多数支持的职位。他背后从来没有一个团结的政党，从来没有一次做出超前两三年的计划。

看看这些维多利亚时代的人如何忙着为鸡毛蒜皮而争吵！他们关于高雅的个人和政治问题的往来书鸿多么冗长、聪明、热烈，而现代政治进程对这些问题不屑一顾！我们已经并且依然面对着国家灭亡的可能性，他们从不需要这样做。他们的主要基础从未受到撼动。他们生活在英国拥有无可争议的强大领导权的时代。统治艺术在有限范围内得到运用。世界革命、巨大失败、民族征服、无序退化甚至国家破产的魔爪没有伸向他们安稳、宁静、满足的生活。罗斯伯里活跃在一个大人物、小事件的时代。

首相职位——他称之为"国王的首相"——标志了他人生巅峰的第三个转折点。这确实是一段奇怪的插曲。1894 年初，84 岁的格莱斯顿先生辞去女王陛下政府和自由党的领导位置，以此抗议海军预算和他所称的"当时日益增长的军国主义"。最有可能继承他的有两个人——罗斯伯里和哈考特（William Harcourt）。罗斯伯里在上院，哈考特在下院。威廉·哈考特爵士是一个温和、聪明的老议员和忠诚的党员，老谋深算，野心勃勃。这个福斯塔夫式的人物热切但是难免出错地盯着这个重大机会。通过爱尔兰的选票维持在台上的自由党政府遭到远远更为团结的联合派阵营的猛烈攻击，正依靠有时不到 20 票的多数，在随意使用的上院否决权的影响下艰难地走向一场丑陋的选举。这是一份贫瘠、危险、消耗性的遗产。

正是在这个时候，他最深切地感到对几年前去世的妻子的需要。怀着对罗斯伯里近乎过度的崇拜，她一直是他生活中一个起到安抚和镇静作用的元素，因为他不能完全信任其他任何人，他再也没能找到这样的元素。她是个不同寻常的女性，他依赖她，没有了她，他举步维艰。

内阁一致同意，他们不会在哈考特手下工作。自由党确定他不是符合要求的人选。罗斯伯里成为首相，但哈考特作为财政大臣和下院领袖握有实权。他规定了特别条件。他将在议会出现紧急状况时在下院决定政府的行动。他必须了解外交事务的所有细节。他必须在他选择的任何时候召集内阁。他必须参与官员的任命。只要这些要求不算过分，反驳它们就没有必要。它们肯定是在实践中日复一日逐渐让出的。但一份正式的协议是个新事物。罗斯伯里直截了当地说他根本不想当首相，但如果要当，他必须是一个真正的首相。然而最后，哈考特实现了他的条件。对他的指责是他没有遵守协议中关于他的部分。罗斯伯里没有从他那里得到公平条件。相反，哈考特频繁而有效地利用各种机会来折磨和骚扰首相，让首相位置如同针毡。因此罗斯伯里不到两年的首相任期成为一段烦恼不断的时期。他唯一的安慰是在首相任上，他的"拉达斯"和"维斯托爵士"这两匹马连续两次赢得德比马赛（Derby）。这在新教徒心中激起极大愤慨。[1] 为游说阴谋所嘲笑、挫败、削弱，最终被联合派力量的强大崛起压倒，1895 年夏，罗斯伯里及其自由党被扫入谷底，做了十年分崩离析的反对党。他再没任过公职。

最后一击还在后面。1896 年，土耳其对亚美尼亚人的屠杀[2] 刺激了失败的自由党人。他们强烈要求干涉和施行针对土耳其的强硬措施。拥有外交部视野的罗斯伯里不认同这种情绪。他没有为自由党的情绪发声。退隐的格莱斯顿先生起而发表一次回忆中洛锡安郡时代的长篇讲话。罗斯伯里辞去有争议的自由党领导职位，决心永远退出政治。但他还不到 50 岁，生活还得继续。

---

[1]　新教徒认为有赌博成分的赛马是一项罪恶。＊

[2]　19 世纪 90 年代，一连串基督教地区在外国势力的支持下，从奥斯曼帝国分离出去。在俄国煽动的民族情绪下，亚美尼亚人骚动不安。土耳其人担心亚美尼亚人成为第五纵队，于是武装了库尔德人，在 1894 年至 1896 年杀害了东安纳托利亚的许多亚美尼亚人。据估计受害者达 8 万至 30 万人。＊

布尔战争给自由党带来了新的裂痕。那时候，该党包含了蠢蠢欲动的英国社会主义的全部力量。罗斯伯里坚定地支持这场战争，和他一条战线的是后来一些最有才干的自由党政治家——阿斯奎斯、格雷①和霍尔丹②。他们出于互相保护的目的，形成了自由党帝国同盟（Liberal Imperial League）。但自由党精神已散。它的普通成员希望同时攻击保守党政府和布尔战争。年轻的威尔士人劳合·乔治以激烈嘲弄的口吻说出他们所希望听到的一切——甚至更多。随之是多年无益的内讧。罗斯伯里无法从他现在满心憎恶的政治斗争中脱身。他面临着爱尔兰人的敌意。他遭到自由党激进派和工党人的反感。他厌倦了聆听党派媒体无休止的抗议。不过有时，他的声音还是回荡在这片土地上。1901年12月，他在切斯特菲尔德一次引人注目的演说中要求在"一家路边客栈"召开一次会议，它应该带来与英勇暴烈的布尔人指挥官间的和平。这是导致《弗里尼欣和约》（Treaty of Vereeniging）③的一个公认因素。他在维持自由贸易体制的斗争中发挥了突出作用。1905年某个时刻，他似乎会在一次自由党重新掌权中得到他的位子。但他疏远了朋友，或者他们疏远了他；而且他一直重申永远不会再履公职。因此1905年组成的大政府里没有他。近四分之一个世纪里，他乐意而坚决，同时又不安地一直充当着可怕而致命事件的看客。

正是在外交领域，罗斯伯里如鱼得水。他是这一行的大师。他

---

① 爱德华·格雷（1862—1933），1905年至1916年任外交大臣。在1914年8月3日英国参加一战之夜曾说出名言："灯光正在整个欧洲熄灭，我们有生之年将不会看到它重新点燃。" ✳
② 霍尔丹（1856—1928），英国军队改革家。担任过自由党下院议员（1885—1911）、上院议员、陆军大臣（1905—1912）。曾以德国模式组织国家总参谋部，创建了本土军队，在第一次世界大战爆发时促成英国远征军总动员。1912年任大法官，至1915年被解职，因он对德国太熟悉而被指控亲德。 ✳
③ 1902年5月31日签订的《弗里尼欣和约》结束了南非战争，布尔人投降，并被承诺了德瓦士兰和奥兰治在大不列颠治下最终自治的地位。 ✳

将历史学家和外交官员的知识与常识和政治家颐指气使的习惯结合起来。他不需要根据摆在面前的一沓沓文件来形成他的观点。他知道所有这些民族的全部漫长历史：他们两三百年来如何生活，他们争斗什么，哪些曾被征服并且在现代主义的光鲜表面下涌动着的对旧有不公的怒火。他深知英国——我们还可以加上美国——其他要人只在巴黎和会期间和之后才发现的许多事实。他不仅知道英国在过往事件中的角色，还知道全部的欧洲故事。南斯拉夫和捷克斯洛伐克（当时尚未诞生）、被肢解的波兰的缺陷与活力、消失的斯特凡·杜尚[①]帝国，这些对他都是——无疑以其他象征表现出来——活生生的现实。他从骨子里、指尖上感觉到所有隐藏的、无意识的运动，引发世界大战[②]的巨大敌意正在缓慢、无情、难以阻挡地积累。他不辞辛劳地审视了欧洲和平的基础；他看到了裂缝在哪里，哪里的下沉会带来崩塌。他心中本能地对力量平衡的任何调整或扰动做出反应。在罗斯伯里的时代，外交事务和战争危险被赋予某种虚幻的魔力，并掩盖在愚钝无知里。但上西里西亚某个学校老师被开除时，罗斯伯里对我说："整个普鲁士都轰动了。"德尔卡塞[③]被迫辞职时，他说德国陆军部队正在整装。当兰斯多恩侯爵靠着保守党的全部威望支持，在自由党人和世界各地和平主义者的一片赞扬声中签署 1904 年 8 月[④]的《英法协约》时，罗斯伯里公开说，"它远远更有可能导致战争而不是和平"。

我认为最后这件事是他洞察力的最有力证明。那时我还很年轻，

---

① 斯特凡·杜尚（1308—1355），塞尔维亚国王（1331—1346），塞尔维亚、希腊和阿尔巴尼亚皇帝（1346—1355）。 ✳

② 指第一次世界大战。本书写于二战前，当时一战还叫世界大战或大战。 ✳

③ 泰奥菲勒·德尔卡塞（1852—1923），法国外交部长（1898—1905），对 1904 年英法协约的达成起了重要作用。当满腹怀疑的德国人向德尔卡塞施压时，法国总理动摇了，因此德尔卡塞被迫辞职。 ✳

④ 此处似有误。英法协约签署于 1904 年 4 月 8 日。 ✳

但生动地记得当时的情景。保守党的统治正如日中天。但英国还有与法国的长期争论——曼谷的炮艇，后来法国对法绍达（Fashoda）事件的不满；① 所有的自由党人都大声呼吁和平，要求与法国和解，要求消除危险而激烈的敌意。"让我们与隔壁邻居达成协议。让我们各退一步，不再担心与法国的战争。"如此完全的全民一致难得一见。英国外交大臣在普遍乃至几乎众口一词的喝彩声中前行。英法间签署了协议，所有的龃龉在真诚的欢庆中一扫而光。只有一个人——罗斯伯里——响起不和谐的声音：公开场合的"远远更有可能导致战争而不是和平"，私底下的"直奔战争"。

千万别以为我为实际采取的决定感到遗憾。德国日益增长的膨胀军力和怒气迟早会挑战世界和平，我认为欧洲棋盘上的任何举动都阻止不了它。形势可能会有不同，时间可能会有推迟，大国集团也许会不一样，但考虑到世界在 20 世纪初的实际情况，我怀疑有任何举措能够避免那场惨烈冲突。如果它终将到来，我们得感谢上帝它以这样一种方式到来，即世界与我们一起经历了这场冲突。

罗斯伯里自信地徜徉其中并获得声望的还有另一个领域。一些政治家在靠不住的大臣名望和演说家的短暂成功之外添上了更持久的文学成就，罗斯伯里是其中之一。他的一些最优美的作品出现在他的《院长致辞》（*Rectorial Addresses*）和他对彭斯（Robert Burns）和史蒂文森（Robert Louis Stevenson）这些伟大诗人和作家的评论中。他的私人书信数量众多，充满了拜伦式的机智和情调。他的风格清楚直白，富有韵律

---

① 1893 年法国向曼谷派遣炮舰。时任外交大臣罗斯伯里，报复性地派遣英国军舰保护在法属老挝和英属缅甸之间的暹罗（今泰国）。法国封锁了港口。危机在两国协商后过去了，但直到 1896 年 1 月才最终解决。**1898 年英、法两国为争夺非洲殖民地在苏丹发生的一场战争危机。当年 7 月由 J. 马尔尚上尉率领的一支法军占领了尼罗河上游苏丹的法绍达。同年 9 月，基钦纳率领的英军也抵达法绍达。两国关系紧张，后和平解决。**

而克制，是向世界传递他的历史研究财富的绝妙媒介。他的一系列简洁、含蓄、权威的传记研究丰富了我们的语言。它们将长期受到大西洋两岸读者的喜爱，给他们以愉悦和教诲。《皮特、皮尔、伦道夫·丘吉尔》（Pitt，Peel，Randolph Churchill）是文学明珠，同时《查塔姆》（Chatham）和《拿破仑》（Napoleon）在更大规模上对历史评价做出了真正贡献。然而即使在这一领域，一些特有的自我强加的限制依然存在。他从未计划或创作一部一流作品——一部在一个世纪内后无来者的作品。他的鉴赏力、洞察力和学识用到局部的工作上，在这些方面，他吸引和刺激了读者，却没有讲完他的主要故事。罗斯伯里的《查塔姆》在伟大时代开始前就结束了，他的《拿破仑》却在它已经结束后才开始。我们被吊起胃口；我们要求更多；我们追求故事的高潮。但作者却再次退隐。大幕落下，明灯熄灭——这一次，唉，永远熄灭了。

他害怕的战争循着他预见的轨迹来了，但他的心为英国而剧烈跳动。他的小儿子，那个迷人而有才的尼尔战死在巴勒斯坦。老人被这一记重击打垮，一蹶不振。随之而来的是多年的虚弱和对一个帝国心灵来说永远的痛苦——无能为力。停战前一个月，他中过一次风。胜利的钟声传过爱丁堡的街道时，他没有意识或神志不清地躺在那儿的一所小屋里。苏格兰人不会轻易忘却那些领导过他们的人。在那快乐的一刻，一大群人打着火把自发聚集起来；成千上万人围到他门前与他分享他们的胜利。但他瘫痪在床，悲痛而虚弱。

他又活了十年，他的思维又重新活跃起来。他活到80岁。如果说他是一星期一星期波澜不惊地享受生活，他也将死亡看成一种解脱。他做出了一个应该对我们所有人都有益的声明。有一段时间，他接受了一种特别的胰岛素治疗。一天，药量被错误地加了倍。他陷入昏迷，护理人员确信最后时刻来了。他昏迷了许多个小时。第二天上午，从巴黎赶来的女儿克鲁夫人来到他床边。她欣慰而意外地发现他又恢复了心智。"如果这就是死亡，"他以一个经历了远航并有所发现的人的口吻说，"那绝对是小事一桩。"

他快活而平静，但步履蹒跚。虽然是虔诚的教徒，定期去教堂，频繁领受圣餐，他却为自己的离去做出一项奇怪而独特的准备。他叫仆人买了台留声机，吩咐在他死的时候用它播放《伊顿船歌》（"Eton Boating Song"）。仆人真的这样做了，尽管他可能没听到。他就这样希望童年的快乐记忆在他生命的终点围绕着他，就这样将死亡作为一个必要和无须恐慌的过程摆在正确的位置上。

还有个特征必须一记，那就是他对苏格兰的爱和他为苏格兰民族及其历史感到的自豪。四分之一个世纪前，他在苏格兰皇家灰骑兵团（Royal Scots Greys）南非阵亡官兵纪念碑揭幕式上的讲话，完全可以作为他自己生命的结语。

"致敬一去不归的勇士。我们再也看不到他们的面容。为了国王和祖国，他们经历了死亡的痛苦，长眠在成千上万英里外的莽莽荒野。他们的营地、战友、马鞍再也见不到他们，因为他们再也不会像以前一样回到我们中间。但在一个更伟大、更崇高的意义上，他们今天难道不是回到了我们中间吗？他们带着关于职责、关于勇气、关于爱国主义的信息回到我们中间。他们带着忠实履行崇高义务的记忆，带着以他们为榜样的激励，回到我们中间。愿他们的灵魂安息，永远记住他们。苏格兰万岁！"

威廉二世^①

---

① 威廉二世（1859—1941），普鲁士王国国王和德意志帝国皇帝（1888—1918）。实行专制统治，镇压革命运动。对外推行侵略政策，大力发展海军。在近东和非洲扩张势力。强占中国胶州湾，出兵参加八国联军镇压义和团运动。制造摩洛哥危机，干涉巴尔干事务，加深了与法、俄、英的矛盾。1914年挑起第一次世界大战。1918年德国十一月革命爆发后，逃亡荷兰。**

退位的威廉二世在多伦
Keystone View Company

评判威廉二世的作为前，你应该先问一问，"处在他的位置，我会怎么做？"想象那是你自己，从童年起就一直相信你是一个强大国家的上帝选中的统治者，相信天生的优越血统让你高居普通人之上。想象一下在20来岁时继承了俾斯麦连续三场胜利的战争所取得的奖品：土地、权力和骄傲；想象数量、力量、财富和野心日益膨胀的伟大的德意志民族聚集在你脚下的感觉；想象淹没在忠诚的人群雷鸣般的赞美和谄媚的廷臣连绵不绝的熟练阿谀中。

"你是，"他们说，"至高无上的。你是最高军事统帅，下一场战争到来时，你将率领整个日耳曼民族走向战场。作为世界上最强大、最优秀的军队的首脑，你将在更大的规模上重现1866年和1870年的军事辉煌。国家总理和大臣由你选择，陆海军首长任你挑选。帝国上下大小官职，没有你不能罢免的。你说出的每个字，听者都会满怀喜悦，至少是尊敬，欣然接受。只须有个愿望，你就会心想事成。无尽的财富和光辉伴随着你的每一个阶段。60座宫殿和城堡等着它们的主人；数百件闪光的制服填满你的衣柜。如果你厌倦了露骨的奉承，更微妙的方法将得到采用。"政治家、陆海军将领、法官、神学家、哲学家、科学家和财政学家热切地等待着传授他们的宝贵知识，满怀感激地接受你能想到的对他们各自领域的任何评论。亲密友人在身边一天天报告你对某某某大专家的学科不可思议的熟悉给他留下的深刻印象。总参谋部似乎敬畏于你对高级战略的理解。外交官员惊讶于你根据形势表现出的果断坦率或耐心克制。画家聚集在你绘出的讽喻画前啧啧称羡。外国人接受招待时与你自己的臣民竞争，四方传颂

"世上最荣耀的君主"。这些日复一日，年复一年地进行了 30 年。

你是否确信，"尊贵的读者"（借用一个过时的形式），你能承受这样的待遇？你是否确信，你会保持内心的谦卑，不夸大自己的重要性，不过分依赖自己的意见，谨守谦虚美德，一直追求和平？

但请注意，如果你这样做了，一个不和谐的音符将立即混入一片颂扬声中。"我们有一个软弱的国王。我们的军事统帅是个和平主义者。这个拥有巨大扩张力量的新晋德意志帝国后起之秀要由一个基督教青年会（Young Men's Christian Association）的会长来领导吗？不朽的弗里德里希大帝与伟大的俾斯麦的谋划和征服，为的就是这个吗？解放战争的伟大领导人围绕着普鲁士要塞建设起条顿势力的巨大堡垒，为的就是这个吗？德意志各邦国分裂了那么久，成为各方势力长期的笑柄，终于团结起来。他们的力量势不可挡。只用一击，他们就羞辱了奥地利，再用一击，他们打败了法国。在整个欧洲大陆，我们无与匹敌。任何两个国家联合起来都打不败我们。那么我们是不是该被限制在欧洲？老态龙钟的英国海狼还将统治世界和海洋吗？堕落的法国长期迫害我们，现在在我们联合起来的力量面前瑟瑟发抖，它还要享受、获取和扩大一个庞大的殖民帝国吗？我们还要被门罗主义禁足美洲，被一纸英法协议挡在北非之外，被国际合谋严格排斥出中国和东方吗？荷兰还要凭着富饶的东印度繁荣昌盛吗？甚至连小小的比利时都要在广袤的刚果为所欲为吗？"

"就算我们是后来者，就算我们数世纪来一直是欧洲的苦力和雇佣兵，现在我们有了力量，站起来了。辛苦的工作、积极的思考、组织、商业、科学、哲学——哪里有我们的对手？而且，我们有铁与火和只等上面一个信号的无数铁骑的踩踏。我们'在世界上的位置'要被拒绝吗？我们不断扩张的工业将永远不能依赖德国拥有的石油、锡、铜、橡胶等等吗？所有这些都要由英国人、美国人、法国人和荷兰人提供给我们吗？没有一处温带地区可以让德国人建立更有学问的斯图加特的学校、更富有的柏林的交易所，或新波茨坦的整修一新的操场？我们是后来者，但我们将拥有我们那一份。现在，德意志帝国在我们信任的德国之神和它自己的强大军队护佑下崛起壮大，请在饭桌上为它留一席之地，不然我们就将你们推下椅子，自己动手割烤肉！在我们历史上的这个最强大的时期，在我们不断壮大的力量的光辉黎明，我们的军事统帅会是一个'低声下气'的弱者吗？不是这样；他有儿子。上帝偶然在其中一个身上注入了武士国王的精神。"所有这些都在一片鞠躬、敬礼和碰靴子声中，由闪亮的眼睛和紧闭的嘴唇表达出来！

　　如果植入年轻皇帝精神的第一课是他自己的重要性，第二课就是他宣称德意志帝国重要性的义务。在光鲜的尊敬表面下，如涓涓细流般通过上百条渠道，威廉二世被教导，如果要维持臣民的爱戴和敬仰，他必须是他们的守护者。

　　而且社会主义者和不满的农民一点也不关心德国的伟大，不关心国王甚至王朝的长治久安。他们不会欢呼，除了履行强制兵役期间，也不会敬礼。他们反对作为这个国家真正脊梁的贵族和地主阶级。他们对优秀的军队毫无敬意，正是靠这支军队，德国得到了它的自由，正常维持了统一的存在。年复一年，他们不断投票反对威廉二世喜爱的一切，反对身为他的忠实仆人同时又是他的意识主人的所有阶级和利益集团。而且，他们多么粗鲁啊！他们显得多么愚蠢可笑啊！他们谎话连篇，而且更糟的是，他们的真相是多么可耻啊！他要做他们观点的代表吗？那些人夸耀说他们没有国家，他们掌权后的第一项行动就是废除王权。他要为了表达那些人的意见，与所有维持他的国家和王位的强大力量争论吗？在四面八方压倒性的军事和雄性力量敦促他要正直，传承多少世纪的浪漫、传统和激励他要勇敢的祖先咒语的时候，他是否要默许外国人的观点——也是他的社会主义对手的观点呢？那么读者，你是否发自内心地确定，在这些压力下，接受着这种王室的灌输，你还会是一个温和、平凡、保守或开明的政治家？我严重怀疑！

当我们衡量这些诱惑，考虑这些形势时，威廉二世遵循的生活准则引人注目。他不应受到过度谴责。30年来，他和平地统治着。30年来，他的军官团被教导——至少是对普通外国人这么说——说防止战争是他的宗教的一部分。机会来了又走了。俄国这个举足轻重的平衡力量在日俄战争中一蹶不振。两线战争的危险消失了三四年。法-俄同盟只不过是一张废纸。法国任他摆布。他和平地统治着。挑衅并非没有。德国在阿尔赫西拉斯（Algeciras）承受了外交失败，在阿加迪尔（Agadir）受到几近羞辱的待遇。[①]威廉二世寻求依靠他的陆海军，通过声明和姿态达到目的。"武力威胁"，"闪光的装甲"，"大西洋海军上将"。"Hoc volo sic jubeo, sit pro ratione voluntas（拉丁文，大意：我要什么就是什么，我的意志就是足够的理由）。"他在慕尼黑黄金书上写道。

"但不要战争！"没有深思熟虑的狡猾的俾斯麦式阴谋，没有埃姆斯电报[②]。只是昂首阔步，摆出姿势，以武力相威胁。他希望的只是摆出拿破仑的样子，徒有其表而不需要打拿破仑打过的战役。显然非如此无法被人们接受。如果你是一座火山的顶峰，至少你可以做到

---

① 1906年召开的阿尔赫西拉斯会议旨在调解法国和德国因第一次摩洛哥危机而产生的纠纷。第二次摩洛哥危机发生于1911年，该年7月1日，德国派出军舰到摩洛哥港口阿加迪尔，宣示德国在摩洛哥的利益。法国在两次危机中从摩洛哥获得巨大利益。✻

② 1870年普鲁士与法国在西班牙王位继承问题上发生争执。7月13日，法国大使贝内德蒂奉命到德国西部威廉一世的休养地巴特埃姆斯（Bad Ems），要求普王保证"将来任何时候"都不同意霍亨索伦家族成员为西班牙国王候选人。普王表示拒绝，并将此事电告首相俾斯麦。俾斯麦乘机篡改电文内容，使之具有挑衅的口吻并予公布，拿破仑三世感到受了侮辱，十分恼怒，7月19日对普宣战，普法战争由此爆发。✻

冒烟。因此他冒了烟，从远处看上去就是白天的一道烟柱，夜里的一道火光；缓慢而稳步地，那些不安的观察者为了互相保护聚集起来，抱成一团。

我有幸在1906年和1908年的德国陆军演习期间成为威廉二世的客人。当时正是他荣耀无比的时刻。他骑在马上，身边围绕着国王和亲王，他的军团在他面前列队行进，似乎永远也走不完。这时的他代表了这个世界以物质形式所能给予的一切。我记忆中最生动的形象是他在两次演习开始时进入布雷斯劳市（Breslau）。他骑着高头大马，走在一队穿着白色制服、戴着鹰饰头盔的胸甲骑兵前。这座西里西亚都城的街道上挤满了热情的臣民，两边排列的不是士兵，而是更加令人印象深刻的成千上万穿着铁锈黑外套、戴着高顶礼帽的老兵，似乎德国的伟大历史在向它更辉煌的未来致敬。

12年前后的对比多么惊人啊！一个绝望的人缩坐在一节铁路车厢里，在一座荷兰边境车站一小时一小时地等着获准作为难民逃脱一个民族的诅咒。他率领这个民族的军队经历了无可估量的牺牲和失败，挥霍了这个民族掠夺的土地和财富。

可怕的命运！它是罪恶还是无能的报应？当然，无能和轻率过了头也能达到罪恶的程度，这样说也有道理。然而历史应该倾向于更宽容的观点，免除威廉二世计划和阴谋世界大战的罪恶。但所有可能的辩护都于他的自尊无所裨益。简言之，它更类似在梅斯（Metz）投降的巴赞（Achille Bazaine）元帅因叛国罪受审时，[①] 那位著名法国律师提出的辩护词："这不是背叛。看看他，他只是铸下大错。"

这份轻率确实不可能再夸大了。整整一代人时间内，它领着德意

---

① 巴赞元帅在普法战争中率领法国最后一支野战军投降，献出梅斯，使法国国防政府失去了与德国谈判的一切条件。 *

志帝国一步步蹒跚着走向灾难。年轻的国王满不在乎地解除了俾斯麦的职务，他将很快使德国失去建立在与俄国谅解基础上的所有保障与安全。俄国被驱向对立阵营。"威利"（Willy——威廉二世）和"尼基"（Nicky——沙皇尼古拉二世）间的大量亲密通信和私人关系的全部巨大优势带来的却是一个法–俄同盟。统治全俄的沙皇发现，与一个以《马赛曲》为国歌的共和国总统联手，比与他的皇帝同胞、同党、表兄弟和知交合作更自然。

下一个致命的错误是与英国的疏远，连更牢固的血缘、亲属和历史纽带在此都被消磨殆尽。这项工作漫长而艰难，但威廉二世及时完成了它。在这一点上，他受到他对英国生活、风度和习俗的欣赏和对爱德华七世国王的嫉妒的激励。对那位威严的外祖母维多利亚女王，他一直尊敬有加，但对爱德华七世，不管是作为威尔士亲王或是国王，他都只有一种奇怪而恶意的混合了竞争与鄙视的感觉。他写信给他，对他的私生活说三道四。他冷嘲热讽的箭四处乱射，甚至在它们没击中目标时，也给人捡起来拿到那边去了。"你们的国王眼下在哪儿呢？"一天，他问一个英国来访者。"在温莎，陛下。""啊，我想他正和他的杂货商①一起划船呢。"就这样，本可强化两国友谊的家族联系日益成为不和的起因。英国是君主立宪制，君主的个人感觉不影响现政府的政策。但更严重的冒犯并非没有。威廉二世就詹姆森突袭（Jameson Raid）事件发给克鲁格（Paulus Kruger）总统的草率电报招致英国狮子发出德国人前所未闻的咆哮。②最后还有海军问题。最强大陆军的统帅还必须拥

---

① 汤姆斯·立顿（Thomas Lipton）爵士。†（指 1937 年 The Uinvasioy of Chicago Press 版注，后同）

② 驻在索尔兹里堡的南非公司职员詹姆森率领一支英国南非警察部队侵入德兰士瓦，但被轻易地击败和捕获。德皇威廉二世给克鲁格拍去贺电。这一事件在英国引起严重的政府危机和紧张气氛，终于导致布尔战争。✻

有一支连最强大的海军力量都要敬畏的海军。

就这样，英国带着整个不列颠帝国逐渐倒向法国，并且在阿尔赫西拉斯（1906）、奥地利对波斯尼亚和黑塞哥维那的吞并（1908）和阿加迪尔（1911）等事件的反复冲击下，英国默默地、非正式地但在实际上与法国和俄国联合起来。跟着英国而去的还有意大利。最初的《三国同盟条约》（Treaty of the Triple Alliance）的一个秘密条款免除了意大利参加任何对英战争的义务。德皇已经在1902年大大得罪了日本。

经过多年隆重的中世纪式的搔首弄姿之后，德国的政策主宰者让他的国家失去了几乎所有朋友，只剩下一个软弱、笨重、内部四分五裂的哈布斯堡帝国。俾斯麦的安全网络的所有残余都被摧毁；另一方面，一个巨大的潜在联盟悄悄形成，法国复仇的火焰在它的中心熊熊燃烧。阿尔萨斯^①！在1914年7月的燥热气氛中，威廉二世能做的只有放手让奥地利为萨拉热窝的谋杀惩罚塞尔维亚，自己则走开乘游艇巡游了三个星期。

此时欧洲已经成为一个火药库，这个粗心的游客将他燃烧着的烟头丢进它的前厅。它阴燃了一阵子。回来后，他发现火药库烟雾弥漫——散发着硫黄味的呛人的黑烟——四处乱窜的火焰则进入了火药室本身。一开始，他认为问题似乎很好解决。面对低声下气的塞尔维亚人向奥地利最后通牒的屈服，他声称，"一次非凡的外交胜利；没有战争借口，没有动员的必要！"此刻他的本能反应显然是阻止这场火灾。太迟了！面对一触即发的爆炸，德国陆军接手了。恐慌的民众、鲁莽的观光客、地方消防队被正在四处清理街道的军人严密而牢

---

① 法国东北部地区，与德国和瑞士交界。1870年至1871年普法战争后，阿尔萨斯曾和部分洛林地区被普鲁士吞并，一战后归还法国。※

靠的警戒线匆匆赶了回去。在这场混乱中，个人统治的表面辉煌、谄媚的廷臣、帝国装束、轻松得来的和平，所有这些都被无情地扫除。权力和指挥棒转到更强硬的手中。难以控制的民族激情脱笼而出。数百万人的死亡阴影悄然浮现。所有的大炮发出怒吼。

令人担心的"两线作战"毫无悬念；意大利对三国同盟的背叛毫无悬念；日本的敌对毫无悬念；对比利时的侵犯不可避免；欧洲中部帝国的大军从几个小国边境发起进攻。但它现在是一场三线作战。英国的最后通牒来了。现在，这个长期作为德国盟友的海洋帝国作为德国最无情的敌人加入了铁与火的包围圈。

此时威廉二世确实意识到他将自己的国家引向了何处。在一次痛苦和恐惧的爆发中，他写下这些引人注目的自我表白："所以那个著名的对德国的包围最终成了一个完美的现实……一项伟大的成就，连作为它的结果将被摧毁的那个人都对它心生景仰。死掉的爱德华七世比我——依然活着的我——更强大。"

真相是根本就不该有人被放在这样一个位置上。因为德国人民对野蛮的独裁思想的顺从，一副重担落在他们头上。这是历史对他们的控诉——虽然他们有大脑，有勇气，但他们崇拜权力，那就让他们给人牵着鼻子走。对许多国家来说，一个不承担政府责任的世袭君主制是最明智的政策。在不列颠帝国，这一制度已臻于完美。世袭的国王拥有威仪和荣耀，而领薪水的频繁更换的内阁官员拥有权力和责任。但国家威仪和权力在单一职位上的结合将一个凡人暴露在超出常理的压力和超过其力量的任务面前，即使他是最好最伟大的人物。在变革和动乱时期，独裁也许有它的优势，但在那些情况下，独裁者崛起于与全部艰难险阻的真正联系。他叱咤风云，因为他身处其中。他是非常时刻的巨子。他很可能拥有主宰成百上千万人思想和改变历史进程的力量和品质。他应该与危机一起逝去。制造出一个永久的独裁制度，不管是世袭的还是遴选的，都是在准备一场新的灾难。

除开气派，威廉二世没有一点现代独裁者的特质。他是世界舞台中央一个漂亮的傀儡，被要求表演一个远远超出大部分人能力的角色。多少世纪来，时不时有一些伟大的王子因为偶然的出生而成为国家和帝国的首脑，他与他们没多少共同之处。他无可否认的聪明和才艺，他的个人魅力与活力只是掩盖了他的不足，加剧了他的危险。他知道如何摆姿态，如何说话，如何表现出帝国风度。他可以非常夸张地顿足嗤笑，或点头微笑，但所有这些装腔作势及其虚饰之下是一个非常普通、自负，但总体上怀着善意，希望自己被看成弗里德里希大帝第二的人。他的脾性里没有伟大的思想或精神。他没有自己谨慎治国的长期政策、深谋远虑和深刻的洞察给予他的臣民。

最终，在他自己在多伦隐居忏悔期间写下的回忆录里，他天真地向我们揭示了他的真正能力。你想象不出，还有什么比这份天生浅薄的揭示更让人安心，还有人比他更缺乏理解和分寸感，以及文学能力。那股一旦发动就能毁灭世界的力量，在一个能力如此有限的人的一颦一笑前俯首帖耳了30年，细思令人震惊。这不是他的错，这是他的命运。

劳合·乔治先生是个实干家，本人就是个演员，如果遂他所愿，他会为了满足胜利群众的激情让我们失去这宝贵的揭示。他会给这个凄惨的流亡者重新披上滔天大罪和超常责任的灰暗长袍，引他走向替罪羊的断头台。他会将一顶殉道桂冠戴在帝国王冠被打落的额头上；死亡将带着抹杀一切的姿态，在一个罹难者的坟墓上重建霍亨索伦王朝。①

如此可怕的仪式未获许可。乏味的建议占了上风。倒台的皇帝舒适、平庸、安全地活着。流逝的岁月让他的退休生活有了尊严。他的

---

① 巴黎和会召开时，劳合·乔治誓言"绞死德意志皇帝"。　＊＊

私人品格第一次没有扭曲地表现出来。他活着看到胜利者的强烈仇恨凝结成蔑视，最终消失在冷漠中。他活着看到一个伟大的民族经历最严酷失败的苦难。他活着从他们手里拿到数百万金钱。德国还有道德力量，宁可付出这笔钱，也不愿犯下拒绝应付款项的罪过。他活得健健康康，品行端正，过着快乐的家庭生活，而他轻率地浪费国力创立的舰队却在苏格兰一座港口的海底生锈；他在和平时期长时间策马检阅过的威震世界的光荣陆军被解散，被取消；他忠实的仆人、军官和老兵在贫困和忽略中凋零。这也许是更难算清的一笔账。

但是他活得还要长；时间让他意外而荒谬地报复了一次他的征服者。他来到一个时期，这时欧洲的大部分，尤其是他最强大的敌人英国和法国，会将他们此前恨得无以言表的霍亨索伦王室复辟看成一个相对较有希望的事件和一个危险正在消退的标志。如果伴之以宪法限制，它会被整个世界看成国外和平和国内宽容的保证。这不是因为他个人的蜡烛烧得更明亮，更稳定，而是因为周遭加深的黑暗。赶跑了世袭君主，获胜的民主国家认为他们走在进步的道路上。实际上，他们走得更远，结果更坏。回首历史传统，展望未来的延续，一个王朝给民族的自由和快乐提供了一份保障因素。这永远不可能来自独裁者的统治，不管他们的能力有多强。这样，随着历史兜完一个大圈子，垮台的皇帝也许在多伦的炉边能找到令他苦笑的安慰。

西线的最终崩溃到来时，怂恿者曾力劝他准备一次攻击，劝他倒在最后残存的忠诚军官面前。他向我们道出了拒绝这份邪恶建议的理由。他不会仅仅为了给自己的退场搭一个舞台而牺牲更多勇士的生命。现在没人怀疑他的正确。毕竟，坚持活下去也是值得称道的。

萧伯纳[①]

① 萧伯纳（1856—1950），爱尔兰剧作家、小说家。生于都柏林。1876年移居英国伦敦，从事新闻工作。1879年起开始文学活动。1884年参加组织费边社，1889年参与写作并编辑"费边论丛"，成为费边社会主义的主要代表之一。一生共写有剧本51部、小说5部和其他著作多种。1925年获诺贝尔文学奖。**

萧伯纳
Elliott & Fry，Ltd.

萧伯纳是我早期反感的人之一。实际上，我的差不多第一篇文学随想就是对他和他一篇文章的猛烈抨击。那是 1897 年，我在印度任陆军中尉时写下的（从未出版）。萧伯纳那篇文章贬低和嘲笑了某场小战争中的英国陆军。四五年后，我认识了他。与艺术和戏剧圈子一直相处融洽的母亲带我和他一起吃饭。我立即为他充满活力和欢快的谈话所吸引，他只吃水果蔬菜与只喝水的习惯也给我留下深刻印象。我打趣他的后一个习惯，问："你是不是真的一点红酒也不喝？""我有足够的决心维持这种状况。"他回答说。也许他听说了我年轻时对他的偏见。

在以后的年代里，尤其是在大战后，我可以回忆起几次愉快和值得我记住的政治谈论，尤其是关于爱尔兰和社会主义的话题。我认为这些交锋对他不可能是不愉快的，因为他很友好地送我一本他的代表作《给智慧女性的社会主义指南》（*The Intelligent Woman's Guide to Socialism*），（紧接着错误地）评论说，"这是阻止你读它的可靠方式。"不管怎么说，我还存着这个聪明、机智、狂热和体谅的人物的一副生动形象，我会痛惜失去这在阳光下闪闪发亮的冰霜。

* * * * *

他的传记作家之一爱德华·尚克斯（Edward Shanks）说到萧伯纳："更重要的是记住他从 19 世纪 90 年代开始功成名就，而不是记住他生于爱尔兰。"确实，只有那些一心要在他身上找到爱尔兰影响的人才能发现它们。另一方面，19世纪90年代的影响非常强烈——不是颓废分子的肤浅影响，而是新新闻主义、新政治运动和宗教运动的急切冲动。所有那些"新运动"的空想和别出心裁的措辞吸引了他。在贫困窘迫和与成功无缘的痛苦中，他在伦敦生活了九年。他的黄褐色西服、倒戴（因为某种无人知晓的经济原因）的帽子、慢慢融为绿色的黑色外套，所有这些都渐渐为人所知。但所有这些年里，他只挣到6英镑，他说，其中5英镑还是代写广告的。除此，他依赖母亲，没有报酬地写了几部平庸的小说。他依然默默无闻，不得不在文章一开头就语出惊人，吸引读者。工作慢慢找上门来——音乐评论、戏剧评论、政治小品和小报道，但直到1892年，他的第一部剧《鳏夫的房产》（*Widowers' Houses*）才问世。

他在爱尔兰的早年生活让他对名望和宗教心生厌恶，部分因为它们是那时候的年轻人流行的嘲弄对象，而萧伯纳一直是那个时代的产物；部分因为他的家庭——他们要么是为了努力配得上一个准男爵表亲的地位，要么是为了努力平衡他们的贫困，忠实地维持着这两者。他被拉入低教会派（Low Church）和非国教教堂，被禁止和商人的孩子一起玩耍，这些给他带来永远难以平复的强烈情绪反应，让他公开大声反对"定制的道德"和对上流社会的驯服顺从；一言以蔽之，反对如今被吉卜林（Rudyard Kipling）先生称作"事物的肥胖灵魂"所总结的一切。当他最终走出来时，是作为一个反叛的先驱，一个既有信念的扰乱者，一个提出最难解的斯芬克斯之谜的快活、调皮、反叛的小妖精。

30来岁的他精力充沛，上下求索，愤怒，贫穷，写过一些不成功的小说和尖锐的评论，拥有大量音乐和绘画知识，满心愤愤不平。中年时，他遇上亨利·乔治（Henry George），立即满腔热情地加入了费边社。他在旅社、街角演讲。他克服了他的紧张不安。他给他的风格涂上了一层辩论色彩，这出现在他所有戏剧的开场白里。1889 年，他第一次表现出一点马克思主义的影响。后来他背弃马克思，倒向悉尼·韦伯（Sidney Webb）先生。他一直承认后者在形成他的意见方面的影响比任何人都大。但这些资源还不够，他必须找些什么来代替宗教作为约束和指南。尚克斯先生说："终其一生，他都为一个障碍所困扰，那就是他羞于使用……上帝的名字，又找不到任何恰当的替代。"因此他必须想出那个"生命力"，必须将救世主扭曲成一个不够热心的社会主义者，并且将天堂建在他自己的政治幻想中。

"艺术，"我们的主人公在另一篇文章里声称，"是除折磨外唯一的老师。"然而和往常一样，抱着他的信条，他没有听从这个导师的教诲。他从不涉足无利可图的事务。几年后，他写道："我的所有为艺术而艺术的尝试都失败了，它就像将'iod.'牌钉子钉进一沓纸里。"他反复无常的兴趣将自己与叔本华、雪莱、歌德、莫里斯（William Morris）等各种不同的导师联系起来。在他的批判能力明显沉睡的某个时刻，他甚至将威廉·莫里斯与歌德相提并论！

与此同时，他继续吸引能够吸引到的所有关注。他在《魔鬼伦理》（*Diabolonian Ethics*）中写道，"我将美妙的退休生活留给那些先为绅士，后为文学工人的人。板车和喇叭留给我。"而用于唤醒和激励的喇叭则发出一片胡乱的嗡嗡声，如（在《易卜生主义的精华》[*Quintessence of Ibsenism*] 一书中）："将异教徒架到火刑柱上烧死的理由不输于拯救沉船船员；实际上，前者的理由更充足。"

直到 19 世纪 90 年代后期，真正耀眼的成功才姗姗来迟，并且自此长驻在萧伯纳先生身边。他的戏剧以恰当的间隔，越来越有信心地一部接一部相继推出。《念珠菌》（*Candida*）、《芭芭拉少校》（*Major Barbara*）和《人与超人》（*Man and Superman*）吸引了知识界的关注。带着更机敏的风趣、更激烈的对白、更具挑战性的主题、更紧凑的结构、更深刻更自然的理解，他踏入王尔德毁灭后留下的真空。萧伯纳戏剧的独特特色举世闻名。今天，不仅在英语语言的广阔地域内，也在世界各地，他的戏剧是除莎士比亚戏剧外排演最频繁的。每个国家，各个阶级，所有人都关注着它们的到来，欢迎它们的回归。

这些戏剧首演就引发轰动。易卜生通过构建比以往更好的戏剧来打破"佳构剧"，萧伯纳先生则通过根本不"构建"来打破它。他曾听说，詹姆斯·巴里（James Barrie）爵士开始写作《我们该加入女士那边吗》（*Shall We Join the Ladies*）之前，就完全构思出它的情节。萧伯纳先生震惊了。"想象一下，在你开始一部戏之前就知道它如何结束！我开始写一部戏时，对后面要发生的事毫无概念。"他的另一个主要创新是他的戏剧不依赖人物与人物或人物与环境的相互作用，而是依赖讨论与讨论的相互作用。他的观点成为角色，自己互相斗争，有时带来强烈的戏剧效果，有时没有。除少数例外外，他的人物不是因为他们是什么或做了什么，而是因为他们说了什么而存在。然而他们存在着。

最近，我带孩子去看《芭芭拉少校》。从我上次看它起，20年已经过去了。这是这个世界经历的最可怕的20年。几乎每一个人类机构都经历了彻底改变。存在了多少世纪的标志被一扫而光。科学改变了我们的生活条件和城乡面貌。静悄悄的社会发展，剧烈的政治变革，社会基础的急剧扩大，从传统和限制中的大解放，民族和个人意见的深刻重塑，所有这些都跟上了这个伟大时代的滚滚车轮。但《芭芭拉少校》里没有一个人物需要重新刻画，没有一个句子或意见陈旧过时。孩子们惊讶地得知，这部戏，这个现代性的最高点，居然写于他们出生之前不止五年。

* * * * *

很少有人不是说一套做一套，萧伯纳先生更是如此。也很少有人比他更能左右逢源。他的精神家园无疑在俄国，他的故土是爱尔兰自由邦（Irish Free State）①，但他舒服地生活在英国。他那些对生活和社会起削弱作用的理论，被坚决地阻拦在他的个人举止和家庭之外。没人过着比他更体面的生活，也没人比他更脱离他自己颠覆性的空想。他嘲笑婚姻誓约，有时甚至嘲笑爱这种情感本身；然而没有人的婚姻比他更快乐，更明智。他沉溺于一个不负责任的话匣子的全部自由中，口若悬河地从早说到晚，同时却主张取消议会机构和建立铁腕独裁，而他则很可能成为独裁的第一个受害者。这是约翰·莫利对卡莱尔（Thomas Carlyle）的评论的又一个例子："啰唆先生的 30 卷沉默真理。"他与温驯的英国社会主义者相谈甚欢，斯大林或墨索里尼的微笑显然都令他感到满足和荣幸。他宣扬制定严格的法令，规定所有收入都应该均等，任何占有物比别人更多的人就算不是骗子，也具有个人恶意——也许是无意识的。他一直鼓吹各种形式的财富为国家所有；然而当劳合·乔治的人民预算案首次开始征收微薄的额外税时，抗议声音最大的莫过于这位已经富有的费边主义者。他同时是一个贪婪的资本主义者和真诚的共产主义者。他让他的人物快活地谈论为一种思想而杀人，却不厌其烦地避免伤害一只苍蝇。

他似乎从所有这些对立的习惯、立场和态度中得到同样的愉悦。他嬉笑怒骂，活泼机智，他用自己的言行戳穿他曾用于任何问题两面的每一个论调，取笑和迷惑每一群曾听他讲话的听众，在自己的嘲弄中加入他曾支持过的每一项事业。世界长时间耐心而饶有兴趣地看着

---

① 1922 年至 1937 年的南爱尔兰。**

这条独特的双头变色龙灵活滑稽地转来转去，在此期间，这个生物则一直渴望得到重视。

＊＊＊＊＊

我猜想，在中世纪的宫廷里发挥了重要作用的弄臣靠了不偏不倚，才免于被打得皮开肉绽，免于脖子被拧断。这些不偏不倚的气球（bladder）①打向各个方面，一体打向所有人。一个君主或大人物还没来得及拔剑报复一份尖刻的讽刺，他的对手或伙伴的际遇就已经让他笑得浑身发抖。每个人都忙着按揉自己的小腿，没人有空去踢那个踢人的人。于是弄臣活了下来，于是他得以进入最令人生畏的圈子，在野蛮和专横者目瞪口呆的注视下沉溺于随心所欲的滑稽举动。

萧伯纳式的奶牛——换个例子——刚产出创纪录的奶量，就将奶桶踢到饥渴和赞赏的挤奶工身上。他对救世军的工作给予无上的赞扬，转身就让它显得荒谬而无助。在《英国佬的另一个岛》（*John Bull's Other Island*）里，我们刚刚迷上爱尔兰的魅力和情调，就看到爱尔兰民族穿上了骗子的外套，为意志的薄弱所限制。自由党地方自治官满心指望从萧伯纳那里得到对他事业的辩护和赞同，却在瞬间发现自己成为舞台上罕有匹敌的讽刺对象。圣女贞德的受审和牺牲在我们心中唤起的强烈情绪立即被构成最后一幕的丑角表演一笔抹消。工党的国际歌《红旗》（"The Red Flag"）被这个最耀眼的社会主义知识分子称作"炸鳗鱼的葬礼进行曲"。他论述社会主义的最严肃作品是一部论理杰作，是萧伯纳漫长丰富的经历所形成的最坚定信仰的体现，是对人类思想的贡献，为此他花费了足以创作六部名剧的整整三

---

① 滑稽戏里用来打人脑袋的气球。＊

年时间。就是这部作品，资本主义社会读得兴致勃勃，收获颇丰，工党政治家则禁止了它。

每个人都遭受过痛斥，每种观点都被撼动过，然而一切如常。我们面对着一位富于独创性、启发性的深刻思想家，但这位思想家依赖矛盾，想到什么说什么，而不费心考虑它与他过往言论的关系，或它对别人信仰的后果。然而，这是矛盾的精髓，没人可以说萧伯纳不是发自内心地真诚，或者他一生发出的信息前后不一。

当然，在我们中间有个弄臣反倒是一件好事。

* * * * *

若干年前，萧伯纳远游俄国的描述出版，吸引了我的注意。他选择阿斯特夫人（Lady Astor）为共同代表或旅伴。这是个愉快而恰当的选择。与萧伯纳先生一样，阿斯特夫人拥有世界上最好的一切。同时作为时尚社会和现代女性民主的领袖，她在横跨新旧世界的大西洋两岸风光一时。她将一颗善心与一条摇摆不定的毒舌结合起来。她是第一个下院女议员这种历史奇观的化身。她以无可比拟的词汇谴责赌博恶习，又与一个无与伦比的赛马饲养场关系密切。她接受了共产主义的款待和奉承，同时又维持着普利茅斯保守党员的身份。她把所有这些对立的事情做得如此圆滑自然，疲于批判的公众只有干瞪眼的份。

"那是十六七年前，"模仿柏克（Edmund Burke）的名句，"我第一次在伦敦上流社会见到现在的阿斯特子爵夫人，并且肯定从未在这些她似乎难得涉足的地方见过更喜人的场景。"她衣冠楚楚地从美国走来，为的是激励和吸引这个快活但依然庄重的圈子，紧接着，她就在其中活跃起来。每扇大门都为她打开。保守的男性偏见被扫除，自古就对妇女封闭并且外国出生的人一直难以进入的下院入口立即敞开来接受她。转眼间，她由贝尔福先生和劳合·乔治先生引到她的座位上，并且很快发表了她的第一次演讲，提供了一幅将保存在威斯敏斯特宫的难忘场景的画面。这些确实是惊人的成就。

当那里的领导人等着在他们严酷的领土上上演一出快乐的滑稽戏时，内心一定惴惴不安。俄国人一直喜欢马戏团和巡回表演。因为他们监禁、枪毙或饿死了大多数优秀的喜剧演员，他们的来访者也许会给一个明显的真空填上一块。两人分别是世界上最著名的知识分子小丑和老丑角的合体，及资本主义哑剧里那个迷人的科隆比纳（Columbine）①。于是人群聚集起来。众多训练有素的游行人员戴着红围巾，扛着红旗摆出阵势。集结的乐队奏出震耳欲聋的音乐。强壮的产业工人的喝彩声响彻云霄。国有铁路提供了最好的食宿。卢那察尔斯基委员发表了华丽的长篇演说。李维诺夫委员不顾小巷里购买食物的长队，准备了奢侈的宴会；那个拥有"钢铁意志"的最高委员斯大林大开严密守卫的克里姆林宫圣殿，以充满同志情谊的微笑迎接他的客人。

啊！但我们别忘了，这次访问的目的是教育和调查性的。亲身调查关于俄国的真相，通过个人体验发现五年计划如何进行，这对我们的公共人物该有多重要。知道共产主义是否真的比资本主义好，知道新政权统治下的俄国大众在"生命、自由和对幸福的追求"方面做得如何，这该多么必要啊。谁会对致力于这些艰巨任务的几天时间心生不愿呢？对这个有着冷漠的微笑和保险的投资的年老弄臣，这是对着他的热心东道主的老套把戏投下一连串令人尴尬的砖块的绝好机会。至于阿斯特夫人，根据报纸上的说法，美国法院前一周刚刚判给她丈夫 300 万英镑退税，对她而言，所有这些不同社会制

---

① 在滑稽表演和类似的哑剧中，老丑角是配角，是小丑的笑柄。科隆比纳是一个漂亮的妇人，经常是老丑角的仆人，为丑角提供爱情上的关注点。✲

度间的兄弟姐妹般的交往一定是一场愉快的盛典。但最明亮的时刻正是消逝最快的。

如果我详细描述这些场面的滑稽神态，那会引出一段严肃的道德说教。有句话说得好，喜剧天才和悲剧天才基本上是一回事。在俄国，有这样一个沉默的庞大民族生活在一支战时征召的军队般的纪律之下：一个在和平年代承受着最坏战役的严酷和剥夺的民族；一个恐怖、狂热和秘密统治下的民族。有这样一个制度，它的社会成就将五六个人挤在一个房间里；它的工资在购买力上几乎比不上英国的失业救济金；那里生活不安全；自由闻所未闻；优雅和文化正在消亡；那里充斥着武装和对战争的准备。有这样一片上帝遭亵渎的土地，而陷入现世苦难中的人在坟墓两边都指望不上一丝怜悯——按罗伯斯庇尔那句表达抗议的惊人说法，他的灵魂"只不过是消失在坟墓入口的一阵微风"！有这样一个大国，它积极地、持续地通过秘密行动、宣传，有胆的时候通过血腥的力量，努力从事推翻现存文明的活动。有这样一个国家，它数以百万计的公民在北极圈的黑夜里腐烂、冻僵，在森林、矿井和采石场劳累至死，而许多人的罪过只是沉溺于那个让人逐渐超越动物的思想自由。

体面善良的英国男女不该如此轻率地超脱于现实，以致他们对如此故意而无情地施加的痛苦没有一句诚实的愤慨之辞。

* * * * *

如果真相必须说出，那么我们的不列颠岛在遇到麻烦时，没得到萧伯纳先生多少帮助。当各民族为生存而战，当那个弄臣舒舒服服居住的宫殿本身受到攻击，从王子到侍从的所有人都在城墙上战斗时，弄臣的笑话只回荡在空空的大厅里，他的妙语和赞扬在朋友和敌人间一体均分，震伤了匆忙的信差、服丧的妇女和受伤的男人的耳朵。这窃笑与警报，或小丑的杂色彩衣与绷带格格不入。但这些考验结束了，不列颠岛安全了，世界安静下来并且再次开始获得自由。自我怀疑的时刻回来了，穿着绣花披风的风趣和幽默在修补过的舞台上重新找到座位。废墟得到重建，又有一些庄稼归了仓。想象力脱出了牢笼，感谢上帝，我们又可以笑出声来。①而且，我们可以为我们著名的弄臣骄傲，并且在重新获得的安全中，为我们与许多土地上的许多人一起欢笑，从而继续人类亲切单纯的伙伴关系。因为归根到底，战争不是那个弄臣的错。要是我们都沉醉在他的思考和俏皮话里，世界该多么美好！多少面孔我们还能见到！对于任何民族，养育出那些记录人世的精灵之一都值得骄傲。这些精灵可以向遥远的后代展示我们所生活时代的方方面面。圣人、智者和小丑；德高望重的、深刻的和劲头十足的，萧伯纳收到的，就算不是一代人的敬意，至少也是掌声。他们将他誉为各民族的另一个人性纽带，英语世界在世最伟大的文字大师。

①　唉，我们笑得太早了。†

约瑟夫·张伯伦[①]

① 约瑟夫·张伯伦（1836—1914），英国扩张政策的倡导者。初为自由党激进派，后为保守党右翼。1895—1903年任殖民事务大臣，推行扩张政策，力图加强控制各自治领的经济，倡议帝国特惠制。**

约瑟夫·张伯伦
Elliott & Fry，Ltd.

伟人的一个标志是能够给他遇到的人留下持久印象。另一个是他一生处理过的事务的后续进程持续受到他作为的影响。从张伯伦最后能发表公开演说至今已经 30 年过去了，从他进入坟墓至今也已经过去了近 25 年，他当然同时满足了这两条苛刻的标准。那些在他活力充沛的成功时期见过他的人，总能意识到他留下的棱角分明的印象；而我们英国今天的所有事务都为他的行动所纠缠，所偏向，所激励。他点燃的灯塔火炬依然在燃烧，他吹响的号角的回声还在召唤固执的士兵走向战场。张伯伦重启的财政争议不仅在英国，在今天的世界政治中也是一个现实问题。在英国，甚至通过其影响在世界各地，他给予帝国意识的推动力都在历史篇章中留下了深深的印记。

他的传记作者加文先生将十年闲暇时间的思考花在为他作传上。那位杰出人物将他的记录托付给加文，而作为他的私人历史学家，加文显然敏感地注意到自己的责任。加文先生虽然是"乔"·张伯伦的狂热崇拜者和张伯伦事业的斗士，但他站到了党派争斗和派系之上，带着全部的真诚和善意，向我们呈现了关于他的主人公一生和时代的不朽描述。显然他带来了一部堪称典范，每个学习维多利亚时代晚期历史的学生不仅希望拜读，而且希望摆上自己书架的作品。①

张伯伦在伯明翰长大的时期，世界政治还是辉格和托利派贵族及其在不同国家的对应人物的保留地。他作为第一个以新的民主人士身份进入这大范围精英圈子的入侵者脱颖而出。他早年全部活动的背景都在

---

① *The Life of Joseph Chamberlain*, Vols. I-III, J. L. Garvin.†

故乡城市。他需要谋生，需要建立他的商业王国，需要成功。他到40岁才进入下院。他没有特权家族或阶级提升的现成道路。他得在他居住的城市，在他的初步成功在当地招来的无数嫉妒中，一步步奋力向上。他选择这种形势下必需的战场和武器。激进主义是他的战马，市政政策是他凭以跨上马鞍的马镫。伯明翰市长、满足地方需要的主人；一个关心煤气和水、公共浴室和洗衣房、极早期的城镇规划改进方案的超级市长；远比他的同行更有效率；对付所有与他冲突的人时坚强有力；一个相对小的池子里一条显然最大并且无疑最凶猛的鱼。

这个卓越人物及世界趋势的强力推动者的职业生涯可分为两个时期，一是他走向世界舞台的时期，一是他影响它的时期。第一个时期，他是无情的自由党激进派，如果你挑战他，他就是共和主义者；第二个时期，他是沙文主义的保守党人及帝国建设者。所有这些都是特定压力和环境自然而然的结果。这些压力和环境在一个独特人物生命的一个或另一个阶段影响着他。

于是我们有了张伯伦这个自由党激进派的市长——远比今天任何一个不听话的社会主义者恶劣——在威尔士亲王（后来的爱德华七世）访问伯明翰时，他质疑自己是否可以作为市长屈尊驾驶迎接他的马车；一个推广或宣扬主要以王权的金色圈子为中心的庞大帝国概念的张伯伦。于是我们有了张伯伦这个最能干、最锐利、最坚信的自由贸易倡导者；一个点燃了关税改革和食品税火炬的张伯伦。在不同时期，他完全真诚地朝着相反方向发挥出巨大力量。于是我们有了一匹漂亮的花斑马：先为黑色，后为白色；或者按政治术语，先为火红，后转为纯蓝 ①。

开始登上世界舞台之前，一流品质的男女在达到他们的真正位置

---

① 红色是激进派的传统颜色，蓝色代表真正的保守派。✲

前浪费的能量永远无法估量。你可以说，他们不得不付出的全部精力中的 60% 甚至 70%，花费在仅仅为了到达战场而没有其他目标的战斗中。才智卓著的保守党乡绅迈克尔·希克斯－比奇（Michael Hicks-Beach）爵士一生奉献给了国家事务，当过 30 年的王国政府大臣。我记得曾听他在 1904 年的关税改革冲突中说，"在张伯伦先生的政治生涯还没走出伯明翰的时候，我就是个帝国主义者。"确实，在那场争论的背景下，它是中肯的，但他到晚年才达到居高临下的角度，那不是张伯伦的错。他一直想到达那里，但路漫漫其修远兮，每一步都得经过争夺。

首先是"激进乔"的神话。我们看到这位孔武有力、咄咄逼人的改变与颠覆的斗士挺身反对几乎所有维多利亚时代神圣的既定制度。我们看到他时而举起轻剑，时而挥舞大棒，为了给人民大众确立崭新的政治和社会地位水平而战斗。他大踏步前进，毫不畏缩，不惧任何对手。王室、教会、贵族阶层、上院、"农业党"、伦敦上流社会、有限特许权、庞大的既得利益集团和同业公会——所有这些都相继成为他的目标。

但这不是一场只有煽动、叫嚣、谴责、推搡与斗殴的运动。它是一个人艰辛、冷静，基于充分信息的努力。尽管此人因为良好的教育和足够的收入而远离大众，但他理解他们的生活，理解他们承受的巨大压力，理解他们胸中郁积的不公不平，理解他们会做出反应的欲望和抱负；他全心全意要充当他们那个无所畏惧的领袖。

有意无意地，通过两套互不相干的训练和经验，他为这次冒险做好了准备。这两套训练和经验本身通常都足以安身立命。靠着商业竞争中的精明灵活，他建立了一个利润丰厚的崭新产业，即使没有针对国内外竞争对手的偏袒和保护，它也足以自立。他的商业成功与它制造的螺钉一样锋利、牢固和耀眼。作为伯明翰的一个螺钉制造商工作了 20 年后，他得以揣着辛苦挣得的 12 万英镑资本从张伯伦与内特弗德公司（Chamberlain and Nettlefold）退休。金钱再也引不起他的兴趣。他通过自己的努力实现了自由。自此他包裹在一整套自立的保护铠甲内，能够正面对抗这片土地上最强大的势力。张伯伦的一生最为典型的做法是步步为营，向不断扩大的目标前进。他总是自豪地回顾他制造螺钉的日子。在1900年的"卡其"大选（Khaki election）^①白热化期间，他在奥海姆（Oldham）发表支持我的演说时，诙谐地眨着眼对我说，"我第一次来这里是向他们推销螺钉"。

但是这第二阶段也是准备性质的。他作为一个公民和制造商了解伯明翰，成了它的市政首脑。英国地方政府从来没拥有过这样伟大的市政官员。"有上帝之助，"他声称，"这个城市将认不出自己。"贫民区的清除、干净水源的恩惠和煤气的光与温暖很快对居民产生了影响。许多街道的人口死亡率在几年内下降了一半。1876年6月，他得以写出："伯明翰市将会有公园、平整的道路、立法会、市场、煤气和供水，城市将得到发展——所有这些都是三年努力工作的结果。"

一家高效英国制造厂的创立与伯明翰的重生，这些伟大成就是他到40岁时完成的。即使有商业争夺和激烈改革免不了的各种冲突，他在这两个不同领域审慎周密的工作还是给他钟爱的城市留下了深刻印象。伯明翰追随他经历了所有那些政治变幻与起伏。它蔑视每一次对他前后不一的指控，在他的要求下改变它自己的政治立场和目标。

从他于1870年进入地方和国家政治到大战前夕离世——一段超过40年的时期——伯明翰的忠诚从未间断。他的话就是法律。在他身上——无论他是极端激进派还是极端沙文主义者，自由贸易派还是保护主义者，自由主义的鼓动者还是破坏者，是格莱斯顿先生还是其

---

① 1900年大选的结果受到了正在进行的布尔战争（1899—1902）的极大影响。"卡其"大选即得名自军队制服的颜色。保守党获胜，索尔兹伯里侯爵继续担任首相。＊后指在战争前、战争中或战后召集的大选，目的是利用紧张局势获得最多选票。＊

死对头的同僚，在战争还是和平时期——伯明翰的市民只看到他们的市长。死后，他通过继承将权力转给儿子，他们以他的名义将忠诚保持至今。这在我们任何一座大城市的政治生活中是一项绝无仅有的记录。它将此前只在苏格兰高地的逼仄峡谷兴盛的忠诚带到了伯明翰拥挤的街道、啪嗒作响的工厂和贫民窟。封建主义的浪漫和世袭原则重置了新装，披到一个着手废除这两者的领导人身上。

41 岁时，张伯伦站到一场彻底变革的门槛前。他对我们民族生活的观点虽然一直很强烈，但直到那时还是狭隘和短视的，现在它开阔了，眼光长远了；他明白了，不以人的意志为转移的事件发展实际上与他青年和壮年时期的预期相反。他的余生将花在与他自己大力鼓动起来的力量作斗争上。1870 年，他大力猛攻《福斯特教育法案》。当时遭到教会和格莱斯顿先生的拒绝，最后他得到了支持——无疑不情愿地——1902 年的《贝尔福教育法案》，后者最终将教派教育确立为英国生活中的一个重要因素。在他的早期阶段，他相信英国君主统治必将结束；他活着看到它成为整个帝国体系的关键，将自己的晚年奉献给这个体系的建设。作为英国贸易委员会主席，他发表了有记录可查的对保护主义和食品税最鞭辟入里的抨击；而对他的记忆将永远与它们的适用联系起来。

在更广泛的领域，他的政策导致了他没预见到的结果。他是带来南非战争的事件的主要动议人，一些人说那场战争开启了一个军备和暴力的时代，最终导致那场最重大的灾难。他在拒绝《爱尔兰自治法案》方面冲在最前，结果是一代人之后，一项协议在格莱斯顿先生本人都不敢接受的条款基础上达成，而它的后续影响则是有记忆以来最为可怕的之一。

现在一代人很难理解《爱尔兰自治法案》对他们的父亲和祖父生活的巨大影响。桀骜不驯的爱尔兰在现在我们的眼里不过是无关英国事务发展的一群粗鲁的农业郡，但在 19 世纪 80 年代，它支配着帝国议会。爱尔兰激情、爱尔兰思想、爱尔兰领导人、爱尔兰罪行影响了英国公共生活的整个结构。爱尔兰议会党凭智慧、雄辩和恶意摧毁了下院那古老的典型英国式的程序。他们用行动吸引了世界的关注。他们成就和毁灭了政府和政治家。如同古罗马的禁卫军一样，他们将帝国摆上拍卖台，拍板卖给出价最高的人。因此在超过 20 年的时间里，爱尔兰问题是最高的问题。它是整个英国政治生活围绕着旋转的轴心，对它如何解决或避免的理解能力决定了人们权力或名望的浮沉。

在这场冲突中，格莱斯顿先生一脚踢走了作为自由党和激进派选民领导人的张伯伦先生。这是最奇怪同时也是最重大的斗争之一。故事始于张伯伦这个自由党激进派——或者按我们现在对他们的称呼，社会主义群众——的拥护者。在我们的现代历史上，从来没人向受凌辱、遭遗忘的千千万万人发出如此有力的呼吁。他 1885 年秋的"非法纲领"（Unauthorized Programme）[①]由一系列演讲构成，它们的吸引力、知识、自信、权威和挑战超过了我们的现代政治有记录的任何制度煽动。莱姆豪斯（Limehouse）的劳合·乔治在一个旅行容易得多的时期走得更远，[②]许多人将记住那给他们带来了多大的震惊。但张伯伦拥有辩论时的韧劲、十足的干劲、超越后者的锐利，是现代选举制度下一个更富创造性的改革者。

格莱斯顿先生威严地统治着自由党政府的英国。借着无与伦比的魅力、传统和雄辩，77 岁的他高高俯视着这疾风暴雨似的场面。他是

---

① 1883 年到 1885 年间，张伯伦和约翰·莫利以《自由党激进派纲领》（"Radical Programme"）（1885）为名，组织在《双周评论》（*Fortnightly Review*）上出版了一系列论述土地、住房、宗教、教育和税收的文章。张伯伦在言辞激烈的序言中宣扬"激进党的一个确实可行的纲领"。说这个纲领"非法"是因为它未经自由党领导层批准。✳

② 1909 年 7 月 31 日，劳合·乔治曾在伦敦莱姆豪斯发表激进演说。✳

一个逝去时代的巨人。他很少支持工人阶级对改良的实际需求。所有那些社会改革、劳工、住房、健康、照明、净水的问题只唤起他虽然善良但相当冷淡的兴趣。他考虑世界层面的问题，知道搅动英国之心的是观点而非自私，是原则而非利益。长期以来，他一直是伟大的自由党的灵魂人物，这个党就不该被一个来自伯明翰的新贵夺走它的拥趸，不管此人多能干，多受人欢迎，多么适应这个新时代。因此当张伯伦先生向工人阶级大谈面包和黄油政治时，这位大长老想的是海外或爱尔兰海峡另一边的慷慨的改革运动，对事物的物质一面不屑一顾。

张伯伦的要求微不足道。他所有那些当时被认为相当惊人的改革已经实现并且被我们匆忙的步伐远远甩到身后。一旦国家的生存得以确保，人民的福祉、小家的快乐就成了统治者的首要职责，这现在已经成为保守党的原则。但在1886年，格莱斯顿先生在"乔"自己的激进派战场上打败了他。他打败了他，击垮了他，将他赶下政治舞台。在这位长老的政治生命期间，张伯伦从未再拥有过公共职务。这场战役非常残酷，尽管格莱斯顿先生在他的党内获胜，但在帝国层面受到致命重创，自己也被赶下台。不到六个月时间内，张伯伦给称雄一时的格莱斯顿和巴涅尔联盟带来了议会内的失败和大选中的灾难。那位大长老将这个竞争者逐出自由党的门墙，却付出了保守党和自由党联合派实际长达20年统治的代价。①

张伯伦从没搞明白爱尔兰民族主义运动，它的特性一直让他反

---

① 1886年，格莱斯顿为了在大选中争取爱尔兰人的选票，满足了爱尔兰民族主义者的要求，将《爱尔兰自治法案》提交议会。坚定维护英国统一的张伯伦忍无可忍，辞去外贸大臣职务，带领支持他的激进党另组自由党联合派，并与保守党结盟反对格莱斯顿，终于迫使格莱斯顿下台。由张伯伦带领他的激进党（自由党联合派）与索尔兹伯里侯爵的保守党组成联合政府。※

感。所有野心勃勃的政治家都想与巴涅尔建立联系。奥谢（William Henry O'Shea）上尉是一个默默无闻的爱尔兰议员，他的家上演了那出名为"永恒三角"的景象。巴涅尔是奥谢夫人的情人，奥谢在威胁和默许间摇摆，那位爱尔兰领导人的强笑和勉强的政治支持让他沾光不少。张伯伦长期以来通过上尉与巴涅尔接触。需要得到信息时，格莱斯顿有一个通过那位夫人的可靠通信手段。类似地，张伯伦向爱尔兰提供了构想极好的与联邦制度概念相关的地方政府计划。格莱斯顿最终出手，否定了一个"学院绿地（College Green）①上的议会"。在两次事件中，他都抓住了事件的关键。但格莱斯顿本人只看到了问题的一部分，对新教的北爱尔兰的要求和路线视而不见。他拒绝面对北爱抵抗的事实。对于支配了自由党思想整整一代的北爱居民的权利，他极力主张忽视。他将这种短视提升到学说原理的水平。最终，我们共同造就了一个分裂的爱尔兰和一个分裂的英国。

不过反对《爱尔兰自治法案》的斗争依然是张伯伦政治生涯的辉煌时刻。正如生活中常见的那样，双方都没有一个清晰的立场。张伯伦曾努力尝试得到爱尔兰民族主义者的支持，但遭到拒绝。格莱斯顿曾以强迫手段疏远了爱尔兰，又怀着对前后一致的完全蔑视再次赢回他们。对这两人，奚落和嘲弄的理由数不胜数。然而经过了这么长时间，故事经过了所有的加工重述，我们可以看出两人都自然而真诚。他们的观点永远不可能被改变。按哈廷顿②那简练的说法，他们"指的不是同一件事"。直到在这场致命格斗中面对张伯伦，格莱斯顿才知道他的力量。"他从未这样为我们说过话。"在张伯伦对《爱尔兰

---

① 是都柏林市中心的一个三角形广场。其北侧建筑物今天是爱尔兰银行，在1800年以前曾是爱尔兰国会大厦。✲

② 斯宾塞·康普顿·卡文迪许，德文郡公爵八世（Spencer Compton Cavendish, 8th Duke of Devonshire）。德文郡公爵都有一个哈廷顿侯爵的副头衔。✲

自治法案》的一次无情攻击之后，他抱怨说。格莱斯顿肯定经常责怪自己没有亲身花更多力气将他这个反抗的副手带在身边。但我们现在可以看出，那也无济于事。根子里，那一分裂是断然而彻底的。

1885 年冬到 1886 年冬之间，张伯伦经历了一连串令人难以置信的打击。在我们国家，这样的打击很少落在一个公共人物头上。他一生的政治成就被一扫而光。他对自由党激进派选民的所有吸引力都被摧毁。他最亲密的朋友和同志自此成为一生的对手。与约翰·莫利的政治决裂和查尔斯·迪尔克（Charles Dilke）的悲剧不仅打破了他的公共生活圈子，也打破了他的私人生活和思想圈子。他与莫利的友谊只得跨越政党对抗的鸿沟来保持。他对迪尔克的友谊勇敢但徒劳地横跨在个人灾难的深渊上。他不得不在一个狭小的集团里，与同一个哈廷顿和他将要从议会舞台上赶跑的同一群自由党人交朋友，共事许多阴暗的日月。他曾寻求唤起新选民反对保守党人，现在不得不学习他们的语言。

爱尔兰人是他最顽固的敌人。他们给英国政治注入一股仇恨的潮流。这仇恨完全属于他们自己，属于英国幸运避开的数个世纪。他们知道，正是他毁了格莱斯顿先生，挫败了《爱尔兰自治法案》。他们的怨恨之恶毒超越了我在这个混乱的世界上见过的一切。他回以轻蔑和不紧不慢的长期耐心对抗。他让他们感觉到他们恨他是对的。

所有这些考验展现出一个最佳状态的张伯伦。他的热心，他的坚定，他完美的自控，他的"交友天才"，按莫利多年后的说法，全都在这些压力中大放异彩。他是个忠实的朋友。没人比他的战友和同事约翰·莫利与他更不相同，或者更一贯地反对他。《爱尔兰自治法案》、自由贸易、南非战争为他们间的公开冲突提供了永远新鲜的理由。然而他们保持了两人的私交。从没有哪一年，他们找不到会面的机会。会面时，他们的谈话充满了旧同盟的自由和热情。政治动荡和政界彼此打击与伤害的痛苦影响不了莫利对他的感情。这样的感觉从未存在于张伯伦和格莱斯顿之间。格莱斯顿根深蒂固的托利天性和教养与这个来自英国中部和中产阶级的挑战者格格不入。那位大长老不喜欢有人超过他对工人阶级的吸引力。他很不情愿地让张伯伦进入他的内阁；他信任其他更温顺的同事，与他们亲密交往，但拒绝这样对待张伯伦。直到他在水火不相容的斗争中与张伯伦遭遇，他才真正理解了"乔"的个人力量。也许这不是坏事。我首次进入下院时，常常坐在"吉姆"·劳瑟（James Lowther）先生旁边。他曾与迪斯雷利一起进入内阁。他是旧时代的真正遗老，死硬保守党的完美样本，一个伟大的绅士，还是个运动爱好者。"谢天谢地，"一天他评论说，"如果那两人联手，他们早把我们的衬衫剥光了。"

当《爱尔兰自治法案》胎死腹中，保守党的长期统治开始时，张伯伦在冉冉上升的政权里只找到一个私交。在 1885 年的选举中，伦道夫·丘吉尔勋爵领导了保守党选民对抗伯明翰的全部七个议席。成群成群的工人谴责着"马朱巴山"①和"谋杀戈登"，满怀爱国热情，对抗并且几乎战胜了张伯伦家乡城市高效熟练的激进主义。但在 1886 年，这些敌对力量成为他的主要支持。伦道夫·丘吉尔勋爵在伯明翰保守党人中的权威处于绝对危机中。他致信张伯伦（6 月 19 日）："我们会全力支持自由党联合派，不要求任何回报，不吹嘘，也不嘲笑。我将保证你的联合派所有候选人得到我们党的全面支持。"这样的纪律无懈可击。整个伯明翰，保守党选民游行支持所有那些他们最憎恶的人，以可靠的多数回报了那些直到最近还是他们的政治存在压制对象的人。

但一段漫长的严酷时期随之而来。从 1886 年到 1892 年，在倒台

---

① 布尔人在第一次布尔战争的马朱巴山战役中大败英军。**

的格莱斯顿派的低声责备和爱尔兰民族主义无法平息的仇恨中，张伯伦先与哈廷顿，后（哈廷顿成为德文郡公爵后）独自坐在下院反对党议席前排。他坐在下院，保持着联合派在台上。他毫不动摇。几乎发生在这个开端的伦道夫勋爵的辞职似乎剥夺了张伯伦与内阁的唯一一联系。他是"光荣孤立"①的一个例子。索尔兹伯里（Robert Gascoyne-Cecil，3rd Marquess of Salisbury）政府跌跌撞撞地顽固坚持着。无比的耐心和自控必不可少。张伯伦不缺乏这些。直到 1895 年，他才作为殖民大臣和那个伟大的帝国主义者进入他那段最终及现在最为人所知的时期。

我留有关于这位著名的"乔"的许多生动回忆。他一直对我非常好。他曾是我父亲的朋友、敌人，然后再次成为朋友。有时候，他在我父亲成功的日子里是敌人，有时候，他是父亲身处逆境时的朋友，但他们间一直存在着一份争吵不休的同志关系和个人喜爱。在我从我的军队摇篮看出去，为政治而激动的时期，张伯伦先生是英国公共事务中无与伦比的最活跃、最耀眼、最反叛、最有趣的人物。在他上面，不知多久前就当上首相的德高望重而威严的索尔兹伯里侯爵统治着上院。在他身旁的政府席位上，理智、谨慎、优雅、理解力强、轻率而无畏的亚瑟·贝尔福领导着下院。但"乔"是那个真正的掌权者。他是那个为群众所知的人。是他拥有社会问题的解决方案；是他在必要时手握刀剑，随时准备扑向英国的敌人；是他的话语萦绕在帝国所有年轻人的耳中和许多人的心中。

我与他的真正交谈肯定大大超过了与我自己那早逝的父亲。他总是非常愿意透露消息，同时惊人地坦率直接。我记得的第一次谈话发生

---

① 以前的英国外交政策，表示不卷入欧洲政治旋涡，此处用作讽刺语，意为完全的孤立或隔绝。**

在南非战争爆发前那个夏天。圣赫利尔夫人（Lady St. Helier）在泰晤士河畔有一所宜人的屋子，我们都在她家做客；一整个下午，我们乘一艘汽艇在河上巡游。他对我极为友好，拿我当一个平等的成人和我交谈，之后——按奥斯丁（Austen Chamberlain）过去经常描述的——给了各种各样的嘉许。与克鲁格总统的谈判当时正处于一个极端微妙的形势。我无疑迫切希望采取强硬路线，并且记得他说，"吹响冲锋号，转身发现没人跟着，那没用"。后来我们经过一个端坐在河边草地椅子上的老人。圣赫利尔夫人说，"看，拉布谢尔（Henry Labouchere）在那里。""一捆垃圾。"这是张伯伦将头从他这个恶毒的政敌身上转开时的评论。我注意到他脸上稍纵即逝但非常强烈的轻蔑和厌恶表情。我突然意识到，我这个令人愉快、礼貌、快活的同伴在他与自由党和格莱斯顿先生的不和中招致和回报了多深的仇恨。他的前追随者和同事什么话都说出了口。"犹大""叛徒""忘恩负义的人""变节者"——这些是自由党激进派对他不断攻击中伤的常用说法。

六年后，在他分裂了保守党及通过提出贸易保护主义问题震动了这个国家之后[①]，我和他有了最后一次重要谈话。我正在记叙父亲生平，写信索要他手中信件的副本。那时候，我们正处于全面的政治斗争中。虽然人微言轻，但面对面在议会和整个国家前，我以一个年轻人的全部闯劲攻击他。我是在反对他决心实施的政策和一生最后的努

---

① 张伯伦认为，自由帝国的政策再继续下去，英国将回归到与英伦三岛的面积相称的国际地位上去。要维持英国的大国地位，必须建立一个联系紧密、坚强有力的大英帝国实体。他主张建立一个"帝国联邦"，用联邦的形式使大英帝国联结成一个真正的、统一的国家。但未获各殖民地的响应。此后他转而鼓吹帝国关税同盟，想在经济上先统一帝国，为政治统一打下基础。然而，大多数英国政治家仍固守自由贸易政策传统，张伯伦的主张遭到激烈反对。于是，1903 年，张伯伦辞去殖民大臣职务，带领支持者组织起"关税改革同盟"，掀起声势浩大的关税改革运动，此举不但使得保守党分裂，更造成了英国自 17 世纪的内战以来最大的议会分裂。✷

力方面最为突出的年轻保守派之一。出乎我的意料，他对我的信的答复是建议我去海伯里（Highbury）和他待一晚上，看看那些文件。于是我怀着一丝忐忑不安去了。我们两人一起吃饭。上甜点的时候，他开了一瓶 1834 年的波尔图葡萄酒。我们只简短提到当前的争议。"我觉得你很对，"他说，"跟着你的感觉加入自由党。你得预料到加在你身上的与我经历的同样诋毁。但如果一个人对自己有信心，它只会让他更敏锐，更有力。"除此以外，我们的谈话围绕着 20 年前的争议和人物进行。

我们一直谈到夜里两点。"乔"拿出 19 世纪 80 年代的日记、信件和备忘录。随着每个片段唤起对那些逝去岁月的回忆，他话里有了令人开怀的兴奋、同情和吸引力。我觉得这是老政治家的一幅令人愉快的画面，在他职业生涯的顶峰，在他战斗最艰难的时刻，如此慷慨超脱地招待一个年轻、活跃、咄咄逼人，并且他深知是水火不容的政治对手。我怀疑英国这种不让政治卷入私生活的传统是不是经常发挥到比这更深的程度。

* * * * *

我们来到一个约瑟夫·张伯伦的主要努力获得成功的时期。英国最终作为一个奉行贸易保护主义的国家加入了世界大家庭①。没人可以设想我们会退出这一新制度，除非一次世界范围内的财政政策改变；即使所有关税和贸易壁垒经历一次大修改，偏向不列颠帝国内部

---

① 1915 年，英国议会通过了《马克凯恩法案》，定出了 33.333333% 的关税率，以保护它的汽车工业。1921 年，又通过了《保护工业部门法案》，对进口的精密仪器、化学品、金属制品课征 50% 的关税。1923 年，通过《进口关税法案》，至此英国完全脱离了自由贸易原则，变成了一个贸易保护国家。✱

的观点依然会维持它的全部效力。这确实是一个历史性的和谐的事件，它让张伯伦自己的儿子作为财政大臣去实现他的任务和使命。精心设计的社会改革措施，这个世纪在我们岛上创立的养老金和保险制度，在世界各地以不同程度执行但全都没有英国这样强度的高财富税——所有这些都是以改善大众物质条件为目的的最初冲动的发展。在"激进乔"的全盛时期，他非常有力地实现了这种大众物质条件的改善。但他在保守党内复兴了迪斯雷利的梦想，让不列颠帝国遍布世界各地的民族认识到他们是一家，认识到他们的未来在于依照这一观念行动，认识到张伯伦一生的工作进入了它最广阔、最崇高的领域，这些是在他作为一个帝国主义者的时期实现的。不列颠帝国的概念不是他的，他也不是它最早的倡导者，但在使它成为现实方面，没人做得比他更多。这是没人可以质疑的一份永恒名声的基石。

约翰·弗伦奇爵士①

---

① 约翰·弗伦奇爵士（1852—1925），英国陆军元帅。第一代伊普尔伯爵。英布战争期间扬名。历任骑兵旅长、师长、军长等职。1912 年任陆军总参谋长。1913 年晋升陆军元帅。第一次世界大战爆发后，任英国远征军司令。在前两次伊普尔战役中损失 11 万士兵，被认为不适应堑壕战，1915 年 12 月改任英国本土武装部队司令。1916 年镇压了爱尔兰的复活节起义。1918 年 5 月，被授予爱尔兰总督的头衔。**

约翰·弗伦奇爵士

伊普尔伯爵（Lord Ypres）更广为人知的名字是约翰·弗伦奇（John French）爵士。他的一生奉献给了一个单一目标，而这个目标实现的程度远远超出了他最狂野的梦想。然而世事往往如此，野心的实现带来的是失望。在一场欧洲战争中指挥一支庞大的英国军队是他漫长而冒险的职业生涯所期盼并为之努力的工作。没有哪个白日梦有这样不现实。很少有任何事比马尔博罗①和威灵顿②时代的重现更不可能，也很少有什么事比 19 世纪那支小小的英国陆军再次踏足欧洲大陆更不可能。这个大陆以普遍征兵制召集的军队数量达到了数百万之众！这是那些直到发生才让人相信的事件之一。

弗伦奇一开始想加入海军，但在帆船依然常见的时代，恐高这个缺陷对海军候补少尉的职业生涯是致命的。他很快转到一支轻骑兵团。随着岁月流逝，到南非战争前夕，他已经被看成英国陆军最好的骑兵指挥官。当一支远征军被派到好望角时，他在一场几乎一切都依赖骑兵的战争的开始指挥着骑兵部队。

正是在这一时期，我第一次与他有了接触。也许连"有了接触"的说法都过了，因为我们在近十年时间里都不会再碰面。与那时候的

---

① 约翰·丘吉尔，第一代马尔博罗公爵（1650—1722），英国军事家、政治家。在西班牙王位继承战争中大展神威，是近代欧洲最出色的将领之一。本书作者是他的直系后裔。＊＊

② 阿瑟·威尔斯利（1769—1852），第一代威灵顿公爵，是历代威灵顿公爵中最为人熟悉的一位，人称铁公爵。拿破仑战争时期的英国陆军将领，19 世纪最具影响力的军事、政治人物之一。1815 年联合普鲁士军队在滑铁卢战役中彻底击败拿破仑·波拿巴。＊＊

许多将军一样，弗伦奇不赏识我。我是那种下级军官与读者众多的战争记者的混合，后一种人在军方思维里天然招人厌恶。一名年轻中尉风风火火地穿梭于战场间，信心满满地讨论最宏大的政策和战争问题而且有人倾听，褒贬经验丰富的指挥官，显然不受规则或惯例约束，从头到尾都在收获战争经历和奖章——这可不是一种值得鼓励或效仿的模式。

而这些一般偏见之外又加上了一层个人反感。我的老团长布拉巴宗（John Palmer Brabazon）将军一度自认为是弗伦奇在骑兵界的竞争对手。虽然他在南非战争开始前几年确确实实地被超过，1899年冬，在科尔斯伯格一带艰难紧张的行动中，他得到一个旅，在弗伦奇手下工作。弗伦奇严格细致。布拉巴宗年龄大得多，实际军衔更高，任性而且口无遮拦。摩擦开始了，争吵发生了，至少一部分布拉巴宗的刻薄话语被恶意传到弗伦奇耳中。布拉巴宗被剥夺了正规旅的指挥权，被派去任一个指挥义勇骑兵队的闲职。大家知道我同情我的前指挥官，是他的亲密朋友。因此，我也卷入这个更大范围的交战区。

尽管我参加了弗伦奇所部的许多行军和战斗，尽管我与他的几名参谋过从甚密，弗伦奇完全忽视了我的存在，对我没有任何礼节或好意的表示。对此我很遗憾，因为我听过他的种种事迹，如在科尔斯伯格战线巧妙防守，勇敢地冲过布尔人防线驰援金伯利等，我非常钦佩，而且这个笼罩着声名鹊起的光芒的勇敢人物也吸引了我。但我有自己的工作要做。

南非这层严霜造成的麻木直到1908年秋才消解。我当时在威尔特郡出席了弗伦奇指挥的一些重要的骑兵演习。他现在被视为我们在发生战争情况下的主要作战指挥官。我是一个〔在议会〕占有较大多数和可靠任期的政府的内阁大臣。他派一名军官向我提议见一次面。我们以大致平等的身份走到一起。一份友谊几乎从我们第一次谈话起就开始了。经历了随后十年的剧烈动荡，这份友谊依然可靠而温暖。

日益紧张的欧洲局势隐藏在和平的温暖天空与老生常谈之后，不为公众所知。但德国海军力量的稳定增长开始在不列颠帝国不断扩大的圈子里引发深深的不安。自 1905 年 [①] 的阿尔赫西拉斯会议以来，（声称不承担政策义务的）技术关系就存在于弗伦奇和英国总参之间。我和约翰·弗伦奇爵士都得到这些秘密事务的全面通报。于是我们在完全信任的自由氛围中讨论了未来及其巨大危险。1911 年的阿加迪尔危机之后，我被派到海军部。此举的明确目标是提升我们的海军戒备到最高级别及——重要性仅稍次的——在特定情况下为了将整支陆军运到法国，建立海军部与陆军部的有效合作。约一年后，当弗伦奇成为帝国参谋部参谋长时，我们在重大问题上的合作成为一份积极而快乐的私交的核心。我们交换了各自职务所能获得的所有信息。他多次到我的海军部游艇"女巫"号（*Enchantress*）上做客，多次参观了舰队的演习、训练和重要的炮击演练。我们讨论了当时能想到的关于法国和德国间的一场可能战争和英国通过海上或陆地干涉的每一个方面。

我还记得他说过在 1913 年的德国骑兵演习上受到的待遇。数十个中队旋风般列队行进，威风凛凛地展示。完成之后，威廉二世请他共进午餐。德国皇帝完全利用了他作为君主、元帅和主人的地位，大言不惭地说，"你看到了我的剑有多长，你还会发现它同样锋利！"弗伦奇这个议会政府的公仆只能默默接受这份发作。他是个性格暴躁的人，费了老大劲才克制住。

---

① 　原文如此。阿尔赫西拉斯会议时间应为 1906 年。**

* * * * *

现在，爱尔兰问题粗暴地闯入英国政治舞台。自由党政府在激烈的政党冲突中为爱尔兰争取该党的《爱尔兰自治法案》。新教的北爱尔兰准备好用武力抵抗被排除出联合王国。在某个时刻，北爱的各种兵站和弹药库被认为有落入橙带党人①之手的危险。有人提议用来自爱尔兰南部的强大帝国部队增强北爱卫戍部队，结果导致所谓的卡拉兵变（Curragh Mutiny）。军官们在私人感情和政治上同情橙带党人，错误地认为有人要命令他们率部对付后者。他们大批大批要求退役。士兵当然站在自己的军官一边。政府与陆军之间产生了巨大的分裂。正全神贯注于欧洲事务的弗伦奇坚定地站在政府和陆军大臣西利（John Edward Bernard Seely）上校一边。随着所有各方认识到这场危机的可怕特征，事件很快平息。但卷入争议细节的陆军大臣辞了职，而帝国总参谋长在军队同僚眼中的形象大受打击，感觉必须追随陆军大臣而去。这是 1914 年 5 月末的事。

弗伦奇的前途似乎完全终结。一个士兵在和平时期重新回到最高职位的事情不常发生。空缺被填补，小小的裂缝很快合上；一个新人上台；新的忠诚得以建立。另外，对一个在很大程度上将自己与自由党政府联系起来的将军，高级军官中有一股强烈的军事偏见的潮流。所有有影响力的团体间流传着各种消息：他无意继续指挥；他精疲力竭；他已经把握不了陆军的意见。他此时已近 60 岁。这是他的低谷期。

约在这一时期，在一片政治纷争中，我正在为定于 1914 年 7 月中的舰队测试动员做准备。这支舰队之前从未全面动员过，我说服了

---

① Orangeman，橙带党（Orange）是主张北爱尔兰继续隶属联合王国的新教政治组织。**

海军部的顾问相信，对皇家海军，一次实用的机械大修和程序革新比通常的海上大规模演习更有价值。我正在视察泰恩河上的大造船厂，请弗伦奇同行。7月初，我们乘船沿东海岸南下，在驶向朴次茅斯的路上视察了各种各样的海军设施。作战舰队8个中队的64艘战列舰及巡洋舰和小型舰艇已经在朴次茅斯集结。一周时间里，除了几名年轻军官外，只有我们两人在一起。将军正深陷麻烦中。他确定他的军旅生涯结束了。满怀热情和精力，他被迫面对退休和无所事事的漫长空虚的岁月。如果大战终将到来，他只能作壁上观！他对这一切安之若素，他个人极好的脾气和率直平静地表现出来。我记得一天早上破晓前，我们从一只哨艇爬上岸，观看一架环绕飞机的初次试飞。我的年轻朋友阿奇博尔德·辛克莱（Archibald Sinclair）爵士在这架飞机上花费了巨额资金。我还记得与将军长时间在迪尔的海边旷地上散步。虽然弗伦奇神态自若，留给我的印象却是一个心碎的人。

现在，看看运气是如何快速变换和打开大门的！这趟阴郁的航行后的14天内，约翰·弗伦奇爵士实现了他最乐观的梦想。在人类有史以来打过的最大战争开始时，他成为英国派往海外最优秀最庞大陆军的总司令！我再次看到他是在1914年8月5日那次重要的战争委员会会议上。其时英国已经对德国宣战，会议决定派整支英国远征军在他的指挥下进入法国。十天后，这次重大行动由海军部安全地及时完成。登上等在多佛尔的快艇前，他严肃但两眼闪着快活的光芒向我道别。但战争的结局却是辛酸的！

＊　＊　＊　＊

弗伦奇是天生的战士。尽管他没有黑格（Douglas Haig）的智力，也许还没有黑格骨子里的坚忍，但他有深刻的军事洞察力。在细节的准确性上，他不是黑格的对手，但想象力更丰富，也绝不会将英国陆军拖入长期持久的惨重伤亡。

这场战争的第一个震惊堪称紧张程度最高的戏剧。约翰·弗伦奇爵士很早就与指挥第五集团军和最左翼全部法军的朗勒扎克（Charles Lanrezac）将军闹翻了。朗勒扎克是一名杰出的指挥官，是战略军事科学的大师，在法国军事学院任教多年。出于多少个世纪的传统，许多法国人几乎是从生理上不喜欢英国人，他是其中之一。他瞧不起英军司令部，似乎认为他们弱小的军队获准来援助法国是他们的荣幸。不仅对盟友，对自己的参谋，他的举止也令人讨厌，这导致他的迅速毁灭。不过朗勒扎克从一开始就看出霞飞"第十七号计划"的愚蠢。他看出德军经由比利时的大规模右翼机动，看出它将成为这场战争的主旋律。他的情报地图一天天表明了这场庞大的曲线作战的发展。从 8 月的第一周起，他不断地向法军总司令部大声呼吁，说他的集团军应该转移到桑布尔河和默兹河，说他应该得到最大程度的增援。最终，他获准向北转移他的集团军。他们行军了一个星期。他到达沙勒罗瓦一带。在此，他将左翼让给英军，和他们一起以一比二的兵力对比守在德军穿过比利时的入侵路线上。

约翰·弗伦奇爵士也通过强行军到达该地区，除了与他合作别无选择。当时只是一名中尉的斯皮尔斯（Edward Spears）将军在他那本非凡的《联络官 1914》（*Liaison 1914*）中为我们描绘了这个场面。英军总司令去拜访法国第五集团军司令部。弗伦奇的法语是英国人在那一语言上努力的极限。与 18 世纪的英国传统一致，他的法语单词发音用的是最粗暴的英国方式。他经常说到"'Compiayny'在'Iny'和'Weeze'的会合处"。此际，一个战略要点在默兹河于伊（Huy）段。约翰爵士开始了这场礼节性交谈，问朗勒扎克是否认为德军企图在于伊强渡默兹河。于伊是他尝试过发音的最糟糕的名字。斯皮尔斯指出这个音只能用口哨吹出来！约翰爵士则将于伊念成"Hoy"。朗勒扎克陷在他对总体形势的深刻理解中，压抑不住对如此笨拙无知的蔑视。当约翰爵士的问题最终用听得懂的话翻译给他时，他很无礼地回答，"哦，不，德国人只有打渔才会到默兹河！"约翰爵士服现役多年，是手握五个步兵师和一个骑兵师的职业士兵，立即明白自己受到了无礼对待。在这个基础上，两位司令官肩并肩打了沙勒罗瓦和蒙斯（Mons）的大规模惨烈战役。

在林木纵横、崎岖不平的乡间，弗伦奇的炮兵几无用武之地。德国大军的重压摧毁了第五集团军战线。朗勒扎克洞若观火，下令立即连续撤退。他通过撤退挽救了局面是无可置疑的，但英国远征军也很有可能被包围或消灭。在蒙斯战役中独立坚持的英军面临两翼受敌的危险。约翰·弗伦奇爵士在他的回忆录中天真地告诉我们，说他一度想退入莫伯日（Maubeuge），等待希望中的收复战线。那里有围绕着宽阔的铁丝网和堑壕的堡垒。约翰爵士告诉我们，说他免于这一灾难是因为记起了哈姆利（Edward Bruce Hamley）的名言："一支撤退军队的指挥官躲进一座堡垒的举动无异于沉船的人抱着锚。"当然，他从未认真考虑过如此荒谬的举措。相反，他也以最快的速度撤向巴黎。来自国内的指示让他可以独立行事，支持他在不确定的情况下退向沿海。他感觉自己指挥着帝国仅有的训练有素的主力部队，如果这些人损失了，凭以组建新军队的核心就没了。然而，他也尽力与法军的撤退保持协调，在一片混乱中寄望杀一记回马枪来挽救巴黎。他意在为这最后一搏保持英国远征军的战斗力。

到达巴黎一带后，有感于这座都城即将到来的命运，他促请霞飞奋起一战，承诺自己也不退后。这也是霞飞的意图，但反击的时间地点尚未确定。约翰爵士收到一份直白的拒绝，同时法国司令部提到塞纳河以南很远的各个城镇是英国远征军应该撤到的地点，甚至没人告诉他"我们正在寻找战机"。接着，当霞飞选择或巴黎军区司令加列尼迫使霞飞接受的时刻到来时，英国远征军突然被要求回头。确信法军正向巴黎后方撤退的约翰·弗伦奇爵士没有立即摆脱这个念头，不想死守巴黎。我们只能说，"毫不奇怪"。到那时，朗勒扎克已经在人们所说的一致同意下被解除了指挥职务，此前他在吉斯打了一场硬仗，指挥了自己部队巧妙神速的撤退。他带着对战略的深刻理解、他的粗暴举止和怨恨回了家。

接着是法军相当马虎，但依然意义非凡的第二次艰巨努力。这就是决定性的所谓第一次马恩河战役，尽管它实际从巴黎一直延伸到凡尔登，再绕到南锡——一条超过250英里（约合400千米）的战线。一旦确定了霞飞的决心，并且得到国内增援，约翰爵士转身向前突进。结果，英国远征军直接插入德军展开的右翼两支集团军之间张开的空隙。英军渡过马恩河并插入这条空隙的进军决定了这场挽救巴黎的宏大战役。经过相对小规模的战斗，德军右翼被突破，入侵军队的整条战线收缩了30英里（约合48千米），退到一个防守位置。这是有史以来最大的战事之一，约翰·弗伦奇爵士有资格分享这份荣耀。

接下来是"奔向大海的赛跑"（race to the sea）①。我们的军队经过连续补充，现在有七八个师和大量骑兵。法国政府批准我们转移到沿海侧翼。一些最优秀的法国将军（尤其是后来的法国陆军参谋长比亚 [Edmond Buat] 将军）告诉我，如果法军左翼的推进再大胆一些，德军将会被赶出其所占地区的很大一部分。正是在这个意义上，保有安特卫普变得极端重要；因为当时的战线有可能稳定在安特卫普—根特—里尔。当然，约翰·弗伦奇爵士为此极力争取。在圣奥梅尔附近

---

① 指一战初期（大致在 1914 年 9 月 17 日—10 月 19 日间），德国和英法军队间的一系列侧翼迂回运动及与之伴随的战役。**

下火车后，他向阿尔芒蒂耶尔和伊普尔推进。但德军准备了他们的反击。四个由年轻但经过训练的志愿者组成的预备役军在强力监督下被投入到英军的推进路线上。现在，约翰爵士在最真实的战争概念上冒了巨大危险。他将他的战线延伸到铤而走险的极端。右翼，他在阿尔芒蒂耶尔作战；左翼，他奋力向梅嫩（Menin）进发。一系列残酷悲壮的战斗随之打响。有时候，我们只剩下一线由伤亡惨重的士兵坚守的散兵坑；炮台也弹尽粮绝。但战线固若金汤，四个年轻的德国军被打败。这场苦战肯定在英国陆军史上占据了很高的位置。如果将军可以给现代战役带来任何贡献，没人的贡献会超过那位英国远征军司令。

仁慈的冬天降临苦难深重的战线，疲惫使双方大军陷入堑壕战。弗伦奇一生的最高篇章结束了。他之后的指挥浪费在突破由铁丝网、机枪和炮火组成的钢铁屏障的徒劳尝试上，既没有足够兵力，也没有必要的装备发起一场攻势。1915 年 3 月，福煦在阿图瓦损失了 10 万法军士兵。4 月和 5 月，约翰爵士在新沙佩勒和费斯蒂贝尔损失了 2 万英军。但他最大的失败是卢斯战役（Battle of Loos）。这是霞飞迫使约翰·弗伦奇爵士打的。它将从北侧协助 50 个法国师在香槟（Champagne）发起的攻击。

那一整年，我都与弗伦奇过从甚密，而且一直努力在他和基钦纳之间调解说和。我请求他不要同意 1915 年的这场秋季攻势。他自己的判断也是如此。我在内阁反对这次战役，直至被其他意见压倒。除非我们拥有压倒性的重炮、大量炮弹、步兵的绝对优势，当然还有适用于那一特定任务的机器——坦克，否则我们没有任何突破德国堡垒防线的手段。但没什么能打破霞飞的意志力和法军参谋部的看法。法军在 9 月下半月承受了可能多达 25 万伤亡的惨重损失，英军也招致了相应比例的损失。我以微薄之力尽力阻止它。我警告约翰·弗伦奇爵士说，新的战役对他将是致命的。它不可能成功，而他则会成为疯狂的希望挫败后的替罪羊。一语成谶。

* * * * *

1915 年的这些灾难之后，我们进入这场战争的低谷。英国政府已经决定放弃达达尼尔海峡。我已经辞去战争委员会的职务，启程加入我在法国的义勇骑兵团。辞职的大臣总会遭到非难，那些解释不了辞职原因的人无一例外地受到谴责。那一刻，我当然不会尝试任何解释。我乘着驶离英国的船渡过英吉利海峡，在船上打量各种各样的人群。他们属于英国陆军的每一个团，和他们走出战壕一样，他们正返回部队——满不在乎的人物、快活的人物、憔悴的人物——一群熙熙攘攘的好脾气的人。我已经有一段时间没听到弗伦奇的消息了。我前面提到，我是卢斯战役的强烈批评者。我在战争委员会极力反对法国司令部要求他执行的这项计划，我知道他为此受到伤害。我不担心。一个人的好运走到尽头时，会有一种已经坏到底的轻松感觉。然而，当船靠上布洛涅码头，我们列队走下跳板，踏上饱受苦难的法国土地时，港口接卸军官告诉我："我们接到命令，请你去见司令。司令部的车在这里。"

几小时后，我与约翰·弗伦奇爵士在布郎克庄园一起用餐。他当时住在那里。那些没在大战中打过仗或至少在陆军服过役的人很难理解，从一名团级军官到指挥许多许多军的总司令，一级一级要向上排列多么巨大的高度。弗伦奇忽略了所有这一切。他对待我就好像我还是海军大臣，再次与他探讨战争的未来。

在那之后，他和我谈到他自己的处境。他说，"我只能随波逐流"。他描述了施加在他身上的各种各样的压力——这些是为了劝说他不吵不闹地放弃指挥权。（在英国，为了在不引起争吵的情况下完成已经决定好的事，人们通常会费上老大劲。）我在内阁的时候，还没意识到这些程序已经走到这一步了，但从他告诉我的情况，我认识到这个形势。

我最后要描绘的是他作为总司令的最后一天。他带我从前线回来，一整个白昼，我们一起驱车从一个集团军到另一个集团军，从一个军到另一个军。我们走进各级司令部，和他的将军道别。我这个非官方人物就在车里等。我们在毁坏的村舍里用一只设计精美的食品篮吃午饭。放弃高级指挥权的痛苦非常强烈。他宁愿放弃生命。然而，他坚定地相信灵魂的不朽：他觉得，如果你从胸墙上探出头，让一颗子弹穿过你的头，那也只是你再也不能与你的伙伴和同志交流。你还会在那里；知道（或许只是看到）所有的事件；形成你的想法和希望，但根本不能交流。只要你还关注世事，它将会让你担心。一段时间后，你的兴趣会转移。他确信新的光芒将会照耀；最终对所有人都更好，更明亮，更遥远。

然而，如果你故意从胸墙上探出头，你在新世界的开局会很糟糕。

那天的雨下了整整一天，这段谈话一直印在我的记忆里。

约翰·莫利①

---

① 约翰·莫利（1838—1923），英国大臣，作家。毕业于牛津大学。曾任《双周评论》编辑和《明星晨报》主编，宣传政治和宗教信仰自由。1883—1908年为下院议员。历任爱尔兰事务大臣（1886、1892—1895）和印度事务大臣（1905—1910）。1908年封为子爵，进入上院。1909年与印度总督明托共同提出关于印度立法会议改革的草案（《莫利－明托改革法案》）。著有《论妥协》《格莱斯顿传》《克伦威尔传》等。✳

作者与约翰·莫利

约翰·莫利是维多利亚时代的人，在著名的维多利亚女王治下那段长期和平、繁荣和发展的时代长大、发达。那是英国的安东尼①时代。这个时代养育出来的人不理解，它为什么没有早点开始，或者它为什么还要结束。法国大革命已经平息；拿破仑战争也终止于滑铁卢；英国海军沐浴在特拉法尔加②的长期恩泽下，全世界的海军加在一起也比不上它那敦实的力量。伦敦及其金融体系主导了世界金融。蒸汽成倍地增加了人的力量；棉都在兰开夏郡确立；铁路、新发明、无与伦比的优质煤供应，这些在岛上随处可见；人口增长；财富增加；生活成本下降；工人阶级的条件随着他们数量的扩张而改善。

英国人确信他们已经为生命的物质问题找到了圆满的解决方案。他们的政治原则经历了各种考验。现在需要的只是更全面地适用它们。媒体和个人自由、贸易自由、选举权的扩大、代议政府和议会制度的完善、特权和腐败的清除——所有这些都将和平地在实质上实现——是摆在他们面前的任务。政治家、作家、哲学家、科学家、诗人，全都怀着希望和乐观，怀着形势一片大好和一切会更好的确信而前行。

任务鼓舞人心而风险很小。在一片

---

① 安东尼·庇护（86—161），罗马帝国"五贤帝"中的第四位，在他统治时期帝国达到全盛。＊

② 英国海军在1805年的特拉法尔加海战中大胜法国海军，从此确立了英国的海上霸主地位。

从判例到判例，

自由在那里慢慢扩展到下层。①

的土地上，活跃的激进派改革者大有用武之地。他不需要害怕专制权力的镇压，也无须害怕革命成功的暴力。世界似乎摆脱了野蛮、迷信、贵族暴政和王朝战争。可以争议的话题很多，但没有一个会影响到生活或国家的基础。一个形形色色的精英社会，在外部形式上谨守着传统道德，发展它自己的文化，同时急于将它的福利更广阔地扩散到整个国家。安全感，对快速开启的发展道路的骄傲，对政治智慧和公民道德的回报是无尽的福祉的信心，这些是维多利亚时代的杰出人物的生活和行动所依据的确定基础。我们能怀疑吗？每一次进步都带来快速收获的好处：选举权越扩大，国家越稳定；税收越少，收入越多；货物进入这个岛越自由，从海外获得的市场就越多、越丰饶。那么过朴素的生活，娴静地走在财富的阳光下，回避外部的冒险，避免错综复杂的义务，在政府厉行节约，释放国内人民的天才，让财富的果实落入人民的口袋，让职业生涯广泛自由地向每个阶级的有才干者开放，这些都是深深地标记出来，非常容易踏上的康庄大道，走上这些道路是明智的，令人愉快的。

莫利是约翰·斯图亚特·穆勒的精神门徒。莫利坐在他脚下，以他的智慧为食。"在我关于政治原则之类的观点上，"他在 1907 年的印度预算案演讲中说，"我的联盟领导人是穆勒先生。他是智慧和人性的一盏伟大而仁慈的明灯，我和其他人在那盏灯上点燃我们的小蜡烛。"对于我，当我第一次看到约翰·莫利先生的"小蜡烛"时，

---

① 出自英国诗人丁尼生（Alfred, Lord Tennyson）的诗 "You Ask Me, Why, Tho' Ill at Ease"。**

它已经成为一道非常明亮的光束。我欣赏它，无须借助它的光芒。我走到足够近，在它的光下阅读，感觉到它舒心、亲切、愉悦的温暖。从1896年起，我开始与他会面，享受他的陪伴。罗斯伯里的谈话常常更令人印象深刻；亚瑟·贝尔福总是更随和更令人鼓舞；张伯伦更威严有力，但莫利的谈话里有一种充实和积极的品质，在警句和戏剧性说法的灵活运用上不输给我曾聆听过的最令人愉悦和最聪明的四人中任何一个。他的神态举止令人着迷。他在私人谈话上的做法是理解对立的观点，以相当的同情和耐心对待它，同时坚持自己的看法，以至听的人常常得出结论，认为他们自己与他意见一致，至少尚存的差别很小而且不是决定性的。这有时候引来失望；因为莫利虽然在谈话中灵活优雅地围绕着自己的观点打转，向另一方发出他的致意和旧式战争的轻松赞美，但总是返回他的堡垒营地去睡觉。

* * * * *

作为一个演讲人，不管是在议会还是公共讲台上，莫利都是他那个时代的佼佼者。他的雄辩中有一种引人入胜的特征。他喜爱华丽的辞藻，也喜爱独特的用语，他的演说的许多段落常驻在我的记忆里。如你可能猜到的，他在一个确定的场合比在一场动态的辩论中表现更好。他为不受欢迎的目标辩护的勇气和真诚为他赢得了议会的尊重。他的才智和品质得到各方赞赏。我年轻的时候，他已经老了。有时候，他的活力在长时间演说的压力下消退了，那时他就处在失去议会支持的危险下。但我清楚地记得1901年，他谴责布尔战争时那些激烈而动人的措辞。"血流掉了。我们成千上万的女性成为寡妇，成千上万的孩子失去了父亲。凭借辛勤劳作和技艺积累的成百上千万的财富被丢进深渊……1.5亿英镑的支出带来了物质方面的混乱和罄竹难书的毁灭、没有消除的和长期难以抑制的种族敌意、一项无比艰难的政治重建任务，及这场战争的其他无须我赘言的后果。我认为这是一场可恶的战争，一场毫无理性的愚蠢战争，一场伤害得不到补偿的战争，一场错误无法弥补的战争。"

然而我们终将找到一个比他的预见更好的结果，并且为之共同奋斗。

当亨利·坎贝尔－班纳曼（Henry Campbell-Bannerman）爵士的政府于1905年12月组成时，我敢说，他曾想当外交大臣。那次大选直到新年才举行。在此之前，我去印度事务部那间虽小但装饰华丽的圆形房间去见他。我发现他很沮丧。"现在，"他说，"我在一座镀金的宝塔里。"他对即将到来的大选没什么指望。他有了长期的失败经历，培养不出一份乐观的希望。他说到保守党对英国具有的天生力量。我和他说着鼓励的话。"它会是一次〔赢得〕绝大多数〔的选举〕——有史以来最大的一次。"结果真是如此。

在印度事务部，他独断专行，执行纪律一丝不苟。几年后，他形成了关于印度代议政府的第一份温和提议，今称《莫利－明托改革法案》（Morley-Minto Reforms）。作为爱尔兰自治政府的狂热信徒，在宣称他对任何"印度自治法案"之类的敌意时，他没有一点矛盾感。他不遗余力地挑战自由党激进派在这个问题上的立场。在一次动人的演讲中，他向自己的支持者警告了在广袤的印度适用他赞成在爱尔兰和南非适用的原则的危险。"我知道有一种想法，认为我们也许该理智地退出印度，认为印度人可以比我们更好地管理自己的事务。任何人，如果他想象一下随之而来的无序和血腥混乱，他也许会摒弃那个险恶的决定。"还有："穿越那黑暗的路途，你们会听到阴沉的咆哮和屠杀与混乱的尖叫，你们的心会因为你的所作所为而责备你们。"他的所有思想和见解都给我留下强烈印象。但时代已变，我活着看到了保守党魁首纷纷走上激进的莫利害怕踏上的道路。只有时间可以证明他的恐惧有没有依据。

他的文学产出非常丰盛。他以笔谋生。他关于"妥协"的著名文章多年来是自由党青年人的指南针。在生活的每个领域，就每一个信条和制度，他的文章都坚持独立的个人判断，这在那些极权邪说盛行的日子是一剂健康的补药。他是个令人畏惧的批评家和评论员。他编辑了"十二名英国政治家"（Twelve English Statesmen）系列，罗斯伯里的《皮特、皮尔、伦道夫·丘吉尔》即为其一。在对这部作品的一致赞扬声中，莫利的评论奏响了一个不和谐音："没有比它读来更愉快，或写得更聪明的了。不过它也有一丝滞重，这部分因为名词的过度使用，部分因为取悦作者的意图和意见的愿望过于强烈。"尖刻！

另一个更大的系列是"英国文人"（English Men of Letters），对此他贡献了《柏克》（Burke）。他和我父亲相处甚欢，这份友谊让他对我的《伦道夫·丘吉尔勋爵的一生》（Life of Lord Randolph Churchill）的校样青眼相加。类似罗斯伯里伯爵，他对这份记录产生了浓厚兴趣。我有一卷极富教益的长信，那是他就此写来的评论和建议，都用他那漂亮的字迹写成。他自己的作品在每个精打细算的现代图书馆里都占据了一长串书架。他的《格莱斯顿先生的一生》（Life of Mr. Gladstone）不仅是一部杰出的传记，也是关于《爱尔兰自治法案》之争的一篇最权威的当代描述。它本身将永远在我们的文学和历史记录中占据一席之地。他的《克伦威尔》（Cromwell）、《科布登》（Cobden）和《沃波尔》（Walpole）是质量极高的作品。他深入研究了自《百科全书》编纂者及其颂扬的大革命时期以来的现代法国历史。《狄德罗》（Diderot）、《伏尔泰》（Voltaire）和《卢梭》（Rousseau）"是，并且也许将一直是，"摩根（John H. Morgan）将军的赞语中写道，① "英语作品中最深刻、最协调并且信息最丰富的研究成果。" "他的风格，" 同一个作者说，"朴实无华。它的优雅胜过魅力；它光芒四射，但从不发热……他是我们伟大的散文作者里最客观的。" 确实，他允许自己在雄辩中运用的色彩只是很有节制地用在他的写作中。

他和我父亲一样相信英国人民。一天，我向他提起伦道夫勋爵的 "我从不害怕英国老百姓" 和 "相信人民"，说我就是听着这个长大的，他说："哦，太对了。英国工人不是我所知道的法国社会主义者那样的逻辑学家。他考虑的不是新制度，而是在这个制度下获得更公正的待遇。" 我发现情况确实如此。

从 1908 年起，我在内阁中的位子就在他旁边。六年连续的、友好的，并且对我很有促进的近距离接触！一周又一周，经常一周几次，我们并肩面对国家、党和个人的困难和一个激烈政争时期的职责。内阁里坐在一起的人如果是朋友，他们会有私下交流的天然倾向，尤其是关于他们的同事及其表现。悄声说出和匆匆写下的评论来来往往。外表上，他们从同一个角度审视委员会的现场；私底下，他们互相吸引。对我，约翰·莫利一直是个有趣的伙伴，一个连接过去的人，我父亲的朋友和同代人，伟大原则的代表，有历史性争议的角色，英语散文大师，注重实际的学者，政治家作者，在几乎每个有实际意义的话题上都有广博知识的宝库。我有幸得以在重大和令人困惑的事件的飞速变幻中，跨越 35 岁的年龄差距，平等地与他共同商讨安排。

这样的人现在已经没有了。当然，他们在英国政坛也绝无仅有。民主的潮流和战争的火山爆发已经将海岸一扫而光。我看不到任何类

---

① *John, Viscount Morley*, by J. H. Morgan, Murray. †

似或让人回想起维多利亚时代的自由党政治家的人物。要迎头痛击那个时代的贵族统治，这个兰开夏郡的小伙子，布莱克本（Blackburn）一个无钱无势的医生的儿子，需要每一种智力武器，需要最高超的个人技巧，需要学识、举止、尊严和坚持所能赋予的一切。现如今，按莫利辛辣的评论，当"任何人都不比别人差"时，一切都不成问题。特权阶层的领导权已经失去，但还没有为卓越人物的领导权所承继。我们进入了群众效应的领域。空缺了若干年的基座现已拆除。然而，世界还在前进；而且前进得那么快，以至只有少数人来得及问一声——去往何方。回复这些少数人的只有嘈杂声。

但在约翰·莫利的全盛时期，道路是清楚而自觉的，那些问题也没有大到超出人类控制。

* * * * *

1910 年，我这位朋友开始感觉到年龄的重压。他当时已过了 70 岁，印度事务部成为他无法轻易承受的负担。他把辞职的想法告诉了阿斯奎斯。阿斯奎斯无疑意识到存在于莫利和格雷间的外交政策分歧。总之他同意了。听说这事后，我很伤心，于是给首相写了下面这封信：

致首相：
1910 年 10 月 22 日
　　谨就一件阁下可能认为在我职责之外的事务，谦卑地致信阁下。
　　昨与莫利一席谈话，我发现他心中明显有种觉得轻易就被丢弃的失落感。对于我得出这样一个结论，他当然会对我非常恼火，至于我将此告诉阁下，他肯定更为生气。但我这么做是因为我坚持认为，莫利在这个阶段完全离开政府，最终会对我们非常不利，也是因为我对他有很深的私人感情，在内阁与他并坐也令我自豪。

从他昨天所说，我相信即使现在，你也可以在某个没有行政职责的重要部门保留他的职务。这样一个部门此时还有空缺；因为克鲁不仅是殖民事务大臣，还是掌玺大臣。因此，我恭敬而真诚地斗胆建议阁下邀请莫利留在我们中间。给他的职位将减轻对他而言非常沉重的行政负担，与此同时以一种有效而特别的方式将他与阁下的政府联系起来。如果阁下能做出此等提议，内阁将免于承受顾问和荣誉两方面的重大损失。

另外，我今天上午见到财政大臣，他授权我转告阁下，"他认为莫利此时完全离开我们是非常危险的"。

请原谅我就此话题致信阁下的冒犯。唯有它的重要性和我乐见阁下政府成功的愿望才促使我这样做。无论如何别让莫利知道我写过这封信。

几周后，我很高兴地看到这次调动的实现，尽管是通过一个稍有不同的方法，而我尊敬的伙伴也作为枢密院议长继续坐在我旁边的老位子上。

* * * * *

大战终结了莫利的政治生活。他死后五年，也是大战爆发后15年，他的文学遗产执行人公开的《辞职函》是一份有趣而且有长久历史意义的文件。它的特点是对日期和事件发生的顺序相当模糊。当然，它是一份不完全的个人记录。即使如此，它对英国内阁内部那次大战危机的描述之真实生动不输于任何已有或将有的描述。一切尽在其中。相比出自无数人的那些严谨准确、卷帙浩繁的叙述，这些精心选择、编排妥帖的片段是了解真正事实的更好参考。它的风格吸引了对陈词滥调感到厌倦的眼睛。以这种风格，莫利部分有意地，但在大部分情况下无意识地揭示了与大战所意味的过去的决裂，及他自己在理解现代世界的崭新规模和暴力方面的无能为力。

经由与他的近距离亲密接触和友谊，我见证了大战对这个政治家的可怕影响。他比当时活着的所有人都更能代表维多利亚时代和格莱斯顿的传统。我发现这个邻居还活在一个远离可怕现实的世界里。在这样一个关键时刻，他的历史感没有了指导意义，反而成为障碍。回顾克里米亚战争、1866 年和 1870 年的战争，假设与这些战争的宣告或进程相伴的任何政治反应现在会再来一遍，这样的做法徒劳无益。我们面临着整个人类体验中绝无仅有或史无前例的事件。这件可怕可恶的事被人们悄声谈论了很长时间，现在真的搁到了我们头上。所有的大敌都在动员。1200 万到 1400 万名战士正穿上铠甲，举起致命的武器，通过每一条公路和铁路，奔向早就指好的目标。

莫利坚决支持中立，倒不是不惜一切代价，而是——在我看来似乎如此——以致命的时间代价。他全神贯注在谈和、自由主义的命运和党派形势这些想法里。他穷其一生在议会、在支持者中、在民族思想中打造反战的屏障。想必所有这些公共意见的城墙不会一起轰然倒塌。他老了，他很脆弱，但在这间内阁办公室之外，就没有激进民主的力量强大猛烈到足以迎头痛击那份疯狂吗？那疯狂正横扫欧洲，甚至，哎呀，正影响最初由坎贝尔 – 班纳曼爵士本人组建的自由党政府。另一方面，我的责任是确保不管发生或不发生别的什么，英国舰队都会做好准备，及时出现在合适的位置上。这涉及在采取某些措施的时机成熟时由内阁逐步提出要求。于是在这个火热的一周，我们一小时接一小时地坐在一起。

内阁多数意见是随法国、德国和其他大小国家怎么打，莫利则被一个聚集起来的团体看成领导人。但问题模糊不清，错综复杂，有比利时和对条约的信守问题，有不设防的法国海岸线和德国舰队"在我们家门口"轰炸加莱的可能性，而作为与我们的默认协议的结果，法国主力舰则驻扎在地中海。莫利既不是教条主义者，也不是狂热派。"家门口"的理由对他起了作用。它也说服了内阁。约翰·彭斯（John Burns）独力反对，辞了职。内阁一致同意应告诉德国人，我们不会让他们进入英吉利海峡。这是个影响深远的决定。从那一刻起，莫利也开始了灾难性的急剧下滑。那一周慢慢过去。英国舰队悄悄进入北方基地。内阁批准了"预警期"措施。

"那些日子里，有一次，"莫利写道，"温斯顿在我这边坐下时，我拍拍他肩膀：'温斯顿，我们到底还是打败了你。'他愉快地笑了。哦，他也许很高兴。O pectora caeca！（拉丁文，大意：哦，他们的心多么盲目啊！）"

但他要打败的不是我，是旋风，是雪崩，是三国同盟咆哮向前的地震。因此他后来告诉我说他必须辞职时，我说如果他再等两三天，一切都会明朗起来，我们的意见会完全一致。德国人将会让每个人心安理得。他们会承担所有责任，打消一切疑虑。他们的先头部队已经涌过卢森堡，接近比利时边境。没有什么能让他们回头或转向。他们已经发动，此刻迫在眉睫并且确定无疑的灾难将史无前例地说服大英帝国，让它团结起来。"他们现在停不下来。如果尝试这样做，他们会陷入一片混乱。他们必须继续前进，不顾边境、条约、威胁、呼吁，借助残暴和恐怖，一路踩躏，直到他们遇上法国陆军主力，直到有史以来最大的战役开打。记住，所有其他人也在进军。"

我提出在地图上演示形势。但他转到另一个方向。"你也许是对的——也许是——但我在战争内阁不会有什么用，只会妨碍你们。如果非打不可，我们必须以一往无前的信念战斗。这样的事务里没有我的位置。"对此我无言以对，只能重复说一切都会很快明朗，说48小时后，比利时，也许还有北海，将要发生的事件会让他对情况有完全不同的感觉。但他依然坚持。他温和地，几乎是快乐地，从我们中退出，从未通过言辞或暗示去妨碍老朋友或给国家增加负担。

我只能猜测，要是听从我的意见，他会怎么做。德国对比利时的入侵，比利时国王和人民的抵抗，列日的抗争，鲁汶的恐怖，所有这些对他坚定、英勇和威权性的精神会有什么影响？私底下，我相信，只消等上48小时，他会一心一意地行进在他的国民前列。但回首往事，我很高兴自己没能说服他。他"作证"——不管多么无力——及对奔涌而至的洪流竖起无用的抗议和指责之手，这对他，对他的名声，对他所体现的伟大时代和观念都更好。文化和品质、等级制度和传统、价值和礼仪的旧世界应该有它的支持者。它注定要消亡，但并不缺乏自己的旗手。

最终，莫利成了孤家寡人。我试图向他预告的事件带来的压力很快给那些支持过他的同事提供了足够的理由、机会和借口，他们靠着各种运气和不同的解释留了下来。劳合·乔治非常成功地适应了新形势，成为首屈一指的不屈不挠的战争领导人、"致命一击"的支持者、无可争议的制胜大师。莫利辞职函里最尖锐的指责正是留给这些走回头路的同事的。"我如慈父看待儿子一样看待的温斯顿"从来不是他的责备对象。我对此感到高兴。当一个人回首他一生那已经褪色的漫长旅程时，与一位敬重的朋友在一个重大问题上强烈对立而不失去他的友谊或谅解，这里本身就有一些持久的慰藉成分。

莫利在一个灿烂的充满希望的世界登上高位，成为老人。他活着看到那个美好的世界分崩离析，它的希望化为泡影，它的财富付之东流。他活着看到那场可怕的大决战，"这场可怕战争的愤怒景象"，各个国家在这场人类最大、最具破坏性和近乎最残暴的争斗中扑向对方。他活着看到他为之奋斗和相信的几乎一切毁于一旦。他忍受了火与剑的大灾难，但他也活着看到他深爱的这座孤岛在这场终极考验中再一次胜利崛起。他甚至活着认出了巨大的、诱人的然而神秘莫测的新的增长。在他熟识的建筑的废墟中，到处都可以见到它们正喷薄而出。

兴登堡^①

---

① 兴登堡（1847—1934），德国陆军将领，魏玛共和国总统（1925—1934）。参加过普奥战争和普法战争。第一次世界大战初，任德军第八集团军司令，打败俄军。旋任东线方面军司令，晋升元帅。1916年升总参谋长、陆军总司令。在西线建立兴登堡防线。1919年退役。1925年、1932年，两度当选总统，支持军国主义和保皇组织。1933年授命希特勒组阁。著有《我的生平》。**

兴登堡与希特勒
Graphic Photo Union

兴登堡！这个名字本身就透着威严，与这个高大魁梧的人物相得益彰。他下垂的眉毛、坚毅的面庞和厚实的下巴是现代世界熟悉的形象。这是一副你可以放大十倍、百倍、千倍，而它会显得愈加高贵甚至威严的面容；一副放大后最令人敬畏的面容。1916年，德国人制造出一座高大挺拔的兴登堡木像；成千上万忠实的仰慕者付款购买战争公债，只为了得以亲手将一颗钉子钉入这座代表德国对抗世界的巨像身上。在战败的痛苦中，巨像被劈成柴火。但它的影响保留下来——一个巨人：思考和行动不紧不慢，但自信、坚定、忠实，好战然而温和，比常人更伟岸。

他的一生是战士的一生，他的青少年时期就是在为战争做准备。经历数世纪的纷争之后，俾斯麦通过战争最终将德意志民族坚不可摧的力量强大地统一起来。兴登堡作为下级军官参加了所有那些战役。1866年，他在克雷格尼茨与奥地利作战；1870年，他参加了对法国的战争。号称普鲁士近卫军坟墓的普里瓦山坡上血流成河，兴登堡毫不畏惧地大踏步前进。他所属的近卫团倒下一半。他参加了色当的战役。看到排成一大圈的普鲁士大炮轰炸败局已定的法军，他热情洋溢地评论说，"拿破仑在那个大锅里也炖烂了"。

他热爱普鲁士的旧世界，生活在弗里德里希大帝举世皆知的传统中。按德国军事格言的说法，"Toujours en vedette"——"永远保持警惕"。他醉心于"波茨坦的传统普鲁士精神"；这个军官阶层贫穷、节俭，但以对封建主人般的忠诚追求荣誉，他们的整个生命都奉献给了国王和国家；这个阶层最为尊重的是统治阶级与合法建立的权威，最为反对的是改变。除了武器，兴登堡对现代科学和文明毫无兴趣；除了责任，他没有生活准则；除了祖国的强大，他没有野心。

时光流逝。这位下级军官在军中步步高升，占据了一系列重要指挥职务。他是德国陆军的一员大将。他一直等待着有一天，他将领导一整个军，而不是区区一个连，与宿敌法军作战。然而时光流逝，年轻一代开始涌现。长期的和平消磨着各个国家。在晋升阶梯的顶端，兴登堡只找到了退伍这一级。因此，伟大的时光只会属于别人。他波澜不惊地解甲归田。1911年起，他像辛辛纳图斯①一样住在自家农场里，就算他没有忘记世界，世界似乎也忘记了他。接下来是战争的爆发。整个德国边境，被压抑的德国力量扑向敌方。兴登堡参与完善的精巧军事机器同时向法国和俄国发动。但他置身事外，干坐在家里。那些世界级的大战役里没有他的身影。俄国大军涌入东普鲁士。他钟爱这片土地，熟悉它的一草一木。他会永远接不到召唤吗？这场史无前例的斗争中会没有他的一席之地吗？"老兴登堡"已成过去了吗？

召唤来了。俄国大军在东线耀武扬威。西线的进军如火如荼。突然，1914年8月22日下午3点，一封电报来了。它来自最高统帅部："你有没有准备好立即服役？"答："我随时待命。"几小时内，他已经在飞速赶往东线的途中。他将去指挥德军对抗俄军，对抗一比三到四的劣势。火车上，他见到他的参谋长，后者已经在至高无上的德军总参支持下管理一切，签发各种命令。没有任何关系比兴登堡与鲁登道夫维持的关系更加契合。他们显然是一对绝妙的搭档。兴登堡这位副手是一个军事模子浇铸出的脑力天才。兴登堡没有嫉妒，他不是鼠肚鸡肠，不会吹毛求疵。他负起了对这个年轻得多的聪明下级构想

---

① 辛辛纳图斯（前519—前430），古罗马共和国时期的英雄。公元前458年，时任执政官的米努基乌斯统率的罗马军队遭到意大利埃奎人包围，退隐务农的辛辛纳图斯临危受命，出任独裁官，保卫罗马。退敌16天后，他辞职返回农庄。✳

和实施的一切的责任。鲁登道夫的信心时有动摇，这时候，兴登堡那坚实而质朴的力量会支撑他。坦嫩贝格（Tannerberg）的恶战摧毁了俄国北路集团军，入侵者被稍多于自己三分之一兵力的力量赶出德国领土。他们的损失超过了对手总兵力的两倍。

东线的辉煌大捷来得正当其时。当时的德国人民开始认识到，他们在巴黎已经被打退，指望六周内结束战争的强力猛攻已经失败。他们靠兴登堡大败俄军的好消息舔舐伤口，自我安慰。从那以后，兴登堡和他那出人意料的参谋长鲁登道夫成为德国信心的支柱。英国军事史学家曾用犹太教神秘哲学符号"HL"表示这对著名搭档。战争期间及对外部世界来说，这个组合至少可媲美李与杰克逊[①]的同志情谊及更久远的马尔博罗与欧根[②]的手足之情。HL很快成为最高统帅部的对手。毛奇已经在马恩河的失败后退隐，德军指挥官中能力也许最强的新参谋长法金汉指挥德军。他依然将西线看成将取得决定性胜利的战场。那里有最伟大的军队，那里有宿敌法国，而且那里有按他的话所称的"我们最危险的敌人……英国，反对德国的阴谋即与它共进退"。

但东线将领不这么想。他们认为再有六到八个军，他们就可以迅速摧毁俄国军事力量。让他们拥有这支甚至更少的部队，将它用于一次从北方向左转的大机动，他们将把华沙突出部的逾百万俄军连根拔起，让咬住奥地利的南路俄军立即撤退。在那以后，所有人都可以回到西线，摧毁法军。这是战略思想上的差异。这场共同事业中还有利益的不同和荣誉的竞争。

这些分歧虽然掩盖在严格的军事纪律形式下，但很快严重起来。

---

① 罗伯特·爱德华·李（1807—1870），美国南北战争南方联盟总司令；托马斯·乔纳森·杰克逊（1824—1863），美国南北战争南方名将。二人在战争中配合默契。✱✱
② 马尔博罗与欧根亲王冯·萨伏伊（1663—1736）在西班牙王位继承战争期间合作对抗法国军队。✱✱

西线的法金汉七次调动兴登堡的部队。他是德军最高统帅；威廉二世对他言听计从；他控制了总参。HL靠着从他那里讨来的资源过活，他们只是低级合伙人。但他们有一个巨大的优势。他们只须与俄国人作战。与俄国人作战的所有德国将军很快顶上了胜利的光环。与奥地利人作战的俄国将军也是如此。但一如与德国人作战的俄国指挥官只有可怕的灾难报告，西线的德国人也面临着文明程度至少不逊于自己的军队。法金汉向着英吉利海峡各港口大规模推进。他派部队对付从阿尔芒蒂耶尔到大海的喘不过气的英军防线。如果是在东线，这些军队满可以一锤定音。其中四个新军由前述那些勇敢的德国青年志愿者临时组成。他们倒在英国职业陆军师及其法国援兵组成的稀疏但牢不可破的防线前。同时在东线，兴登堡和鲁登道夫凭着不够充足的兵力，在非常不利的形势下两次大胆地尝试夺取华沙，均告失败。1914年在冷漠、严厉的互相指责中结束了，不过所有那些争吵都严格限制在军令如山的德国参谋部圈子里。

但整个1915年，法金汉都保持了控制。他不仅在东、西线孰轻孰重上与HL意见不一，在东线战略上也有自己的看法。他不赞成兴登堡从左翼北上的攻击。相反，奥地利必须得到帮助，留在战场上。如果必须在东线做出额外努力，它们必须向南发动，在德军的右翼进攻后方带上奥地利军队。在这一点上，英国针对达达尼尔海峡的行动强化了法金汉的观点。赢得保加利亚和打倒塞尔维亚，打通与土耳其的连接，优先考虑这些目标似乎不容置疑。这类大型行动在法金汉的命令下得到执行并取得胜利。夏季，在马肯森的指挥下，德军东线的进攻在戈尔利采－塔尔诺一带的奥地利战线上打响。战斗获得巨大成功。在他们的压力下，俄军在遭受可怕的损失后退却；同时因为其他原因，英军对土耳其的攻击失败。与此同时，HL虽然积极配合行动，在一场极为宏大的规模上指挥战争，但他们还是闲坐在北方。

1915 年是法金汉的一年。他的德国镰刀还收获了在东线生长的轻松胜利的果实。

战略意见的差异，加之一些导致摩擦的简单原因，倾向于使 H 孤立于统帅部。兴登堡及其野心勃勃的副手继续提议在北方的大行动。他们一起被限制在一个小角色上。法金汉乘着胜利的势头，制定了他的 1916 年计划。现在，他犯下了致命错误。他决定在西线发起他的主要攻势。他选中凡尔登作为决战地点。这是法国防线的大堡垒，几乎是它最坚固的位置，事关法国生死存亡的关键位置。他将用上德国军事机器的所有后备力量及其庞大炮兵的绝大部分。

这是一项最无望成功的任务，这一点在当时应该非常明显。因为面对德军能够聚集的任何相对优势，西线的英法军队都有能力保护自己，一个地方不行还可以在另一个地方。但法金汉一意孤行，以身犯险。整个 1916 年春，他的大炮猛烈轰炸凡尔登，在那里迎战他的是法兰西民族的精华。结果德军和法军一样打到弹尽粮绝。到 6 月，伟大的凡尔登攻势已现颓势。它将很快以失败的面目呈现在世界面前。

到 7 月，协约国的索姆河大反攻开始了。新上阵的英军与左翼法军联合加入战斗。他们遭受了可怕的损失，但在他们的巨大压力和日复一日、月复一月的连续攻击下，法金汉被迫结束他的凡尔登战役，仅仅通过步步退却及付出德国精英部队的代价才守住索姆河。在这个关键时刻，被认为已经一败涂地的南路俄军攻向奥地利军队，在勃鲁西洛夫指挥下消灭了奥地利防线的很大一部分。有鉴于此，长期摇摆不定的罗马尼亚宣布站到协约国一方。这是德国在这场战争中的第二个重大危机。

之所以描述这些事件，是因为没有这些知识就不可能理解兴登堡和鲁登道夫的崛起。他们已经等了很久。他们代表了德国总参内不受待见的少数派。但他们的批评为西线的可怕教训所证实。现在，他们似乎完全站在正确的一方。1915年的全部收获被挥霍一空。法国和英国似乎不可战胜，俄国依然健在。一个长期依附德国的新国家加入了它还在聚集的敌人队伍。

8月28日上午，还在布列斯特－立陶夫斯克的兴登堡接到立即向威廉二世司令部报告的命令。"军事内阁长官给我的唯一理由是，'形势严峻'。我放下听筒，想起凡尔登、意大利、勃鲁西洛夫和奥地利东部防线，接着想到'罗马尼亚向我们宣战'的新闻。强大的心理不可或缺！"

兴登堡对接下来发生事件的描述是他特有的。

> 在普莱斯（Pless）的城堡前，我发现我的最高统帅正在等王后殿下到达。……皇帝立即称呼我为总参谋长，鲁登道夫将军为我的第一军需总监。帝国首相从柏林赶来，显然与我自己一样对总长一职的变动深感意外。陛下当着我的面向他宣布了这项变动。

自那以后，德国战争机器的方向完全落入这对可怕搭档的掌控。不仅如此，他们逐渐摄取了德国的主要政治权力。他们稳定了对抗俄国的奥地利战线。他们摧毁了罗马尼亚。他们维持了对英军的战线完整，直到一直渴望的冬日到来。随着新年到来，他们明智地在西线撤退，完全打乱了协约国的计划。突然之间，德军悄悄地迅速撤到了新的兴登堡防线的庞大工事后，得到了四个月的喘息时间。交战双方都提高了赌注，这场大战愈发激烈。俄国陷入革命和毁灭，分崩离析。随着《布列斯特－立陶夫斯克和约》的签订，HL现在可以展望1918年一次最后的大机会。与英军在帕斯尚尔的血腥争夺没有打断他们的计划。他们知道自己可以从俄国前线调来100万士兵与5000门大炮的增援，这样在 1918 年，他们自大战开始以来第一次在西线拥有了巨大优势。

但这些大的通盘考虑还伴着一个致命错误。HL 误认为，一场规模宏大的潜艇战将扼住英国的喉咙，迫使英国求和。不顾威廉二世的意愿，不顾德国首相和外交部的呼吁，他们坚持无限制潜艇战。1917 年4 月 6 日，美国向德国宣战。此处，兴登堡是在他和同事擅长的军事领域以外采取行动。他们在一个纯粹机械的装置上下了太高的赌注。他们过于轻视了协约国、整个世界，特别是他们自己人民的强烈心理反应。德国人必须密切关注反对德国的力量中一个崭新的强大对手。他们完全低估了美国的力量。而且，他们在机器方面也出现了误算。英国海军在潜艇攻击的极大压力面前并非不堪一击。虽然没有巨大优势，但他们非常坚定地进入海面之下，摸索、发现并且扼死了德国潜艇。到 1917 年夏，情况已经明朗，大海将保持畅通，英国人将得到补给，数以百万计的美军部队将被运到法国。

现在剩下的唯一问题是，德国军队得到从俄国撤出的部队增援后，能不能像他们曾打败意大利人那样，在压倒性的敌对力量于西线逐渐集结之前打败英法军队。这是在 1918 年必须努力解决的重大问题。没必要重述从 3 月 21 日到 7 月初，撕开英法防线的那些重大战役。但这场努力过多消耗了德国力量，他们紧咬不放的两个大国储备的力量和优势比德国所能聚集的更多。美军的力量不断增长。最终，在压倒性的大炮和优势兵力的压力下，德国皇帝的军队屈服了。他们身后，长期为英国封锁所苦的平民爆发了骚乱。现在，确实是整个世界成为一股反对他们的势不可挡的大潮。数百万士兵、数万门大炮、数千辆坦克；法国人英勇的坚持和他们一直公认的英国人不屈不挠的意志，还有美国正在迅速聚集的深不可测的力量。太多了！

德军防线被打破，防线后的祖国被压垮。这支骄傲的军队退却了，鲁登道夫被解职。兴登堡陪着他的国王到最后。我们只能认为是他批准甚至下令德国皇帝出走荷兰。他自己则带着部队回国。与失败相比，革命算什么？

最后这些决定性的时刻，我陪在我的最高军事统帅身边。他把带军队回国的任务委托给我。11 月 9 日下午，我离开我的皇帝后，再也没见过他！为使他的祖国免于更多牺牲，为了它能够得到更有利的和谈条件，他走了。

几年的沉寂；接着在被征服的德国的混乱和痛苦中，兴登堡突然登上了权力顶峰。德国人民在绝望中将他看成一个可以依靠的磐石。德意志共和国总统！① 他会接受这个职位吗？首先，德国皇帝必须将他从效忠誓言中解脱出来。皇帝同意了。自那之后已经过去了近十年。② 一个感觉到其恢复力，正在恢复其世界地位的国家庆祝了兴登堡的 84 岁生日。如果我们可以在此结束这个故事就好了。我们不能在此阐述他在德国自此被抛入的悲哀而可怕的动乱中所发挥的作用，但他显然时不时发挥了决定性作用。这份作用于他的名声无补。

然而有桩事件必须一提。兴登堡一生最大的污点是对他的总理布吕宁——不仅是对布吕宁，而且是对成百上千万德国人——的做法。这个民族的绝大部分在布吕宁的呼吁下，将他们免于希特勒的统治及其所代表的一切的希望寄托在兴登堡身上。总统选举一结束，兴登堡刚在布吕宁的帮助下击败希特勒，这个老元帅就背叛了同事和战友，

---

① 兴登堡于 1925 年 4 月 25 日当选魏玛共和国总统。✳✳
② 写于 1934 年。†

辜负了支持者的信任。他三言两语就解除了布吕宁的职务。一些正式的表态，一次鞠躬，这位领导德国快速重归欧洲的重要和受尊敬地位的总理就被赶下了台。①那个瘦削的，默默无闻的，眼神涣散，穿着硬领的官员，此前仅因为在美国处理德国事务不当而为世界所知的冯·巴本（Franz von Papen）②出乎所有人意料地被随意推上权力巅峰。据说但没必要纠缠的一点是，关于东普鲁士容克地主庄园的补偿金这样微不足道的见不得人的问题在这个可怕的决定中发挥了影响，而兴登堡总统的儿子自己与那些事务有关。

局势滚滚向前发展。从巴本到施莱歇尔（现已被谋杀）和从施莱歇尔到希特勒只是几个月的事。在这个最终阶段，我们看到年老的总统背叛了所有再次选举他上台的德国人，勉强甚至带着轻蔑与纳粹头子携起手来。对这一切有一个辩护理由，我们必须为冯·兴登堡总统说出来。他已经衰老了。他不理解自己的所作所为。打开对德国，也许还有对欧洲、对文明的罪恶闸门，他无力在身体上、思想上或道德上承担这个责任。我们也许可以确定，这个声望卓著的老兵除了对祖国的爱之外没有别的动机，他以不断退化的脑力处理一个统治者从未面对的问题时已经尽了力。

* * * * *

薄暮转为黑夜。睡觉的时间到了。噩梦、丑陋的选择、解不开的

---

① 兴登堡在 1932 年 4 月 10 日的第二轮总统选举中击败了希特勒。他于 5 月 31 日解除了布吕宁的职务。次日任命冯·巴本为德国总理。✻

② 冯·巴本（1879—1969），1932 年 6 月至 11 月任德国总理，1933 年至 1934 年在希特勒内阁中任副总理。一战中他在美国任驻华盛顿武官，因涉嫌炸毁铁路与桥梁被驱逐出境。在二战后的纽伦堡审判中，他是被判无罪的两位纳粹高官之一。✻

谜、手枪声扰乱了一个老人的昏睡。道路在哪里？永远在攀登！更坏的还在后面？ Vorwärts（德语，向前）——永远 vorwärts——然后沉默。

鲍里斯·萨文科夫①

---

① 鲍里斯·萨文科夫（1879—1925），俄国革命家、临时政府三巨头之一。社会革命党战斗组织领导人，信奉恐怖主义。曾参与多起针对俄罗斯帝国高官的暗杀行动。二月革命后任临时政府战争部副部长，后因参与科尔尼洛夫政变而辞职，并被社会革命党开除党籍。十月革命后，曾组织反布尔什维克暴乱，并在苏波战争期间前往波兰。苏波战争结束后，被波兰当局驱逐出境。后他秘密返回苏联被捕，在卢比扬卡监狱中自杀。**

鲍里斯·萨文科夫在苏联受审

"你与萨文科夫相处得如何？"1919年夏，与萨宗诺夫[1]在巴黎会面时，我问他。

这位沙皇的前外交大臣做出一个不赞同的手势。

"他是个杀手。我很惊讶自己会与他共事。但我能怎么办呢？他是最有能力的，富有才智，充满决心。没人如此优秀。"

这个老绅士头发花白，沉浸在故国亡失的痛苦中，一个为战争所毁灭的流亡者在胜利的庆祝中努力代表俄罗斯帝国的幽灵。他悲哀地摇摇头，盯着那间公寓，眼神中有无法言说的疲惫。

"萨文科夫。啊，我没指望我们还会一起共事。"

* * * * *

后来轮到我自己需要见这个奇怪的危险人物。"五巨头"[2]刚刚决定支持高尔察克先生，鲍里斯·萨文科夫则是他信任的代理人。我只在舞台上见过俄国民粹主义者，我的第一印象是他的形象非常适合这一角色。身材矮小，动作细微、轻巧、沉着；一双引人注目的灰绿色眼睛生在一张近乎死人般苍白的脸上；语调平静、低沉、平稳，几乎没有音调起伏；一支接一支地抽烟。他的举止自信而庄严；一声乐意而正式的招呼，带着僵化但不冷漠的沉着；带着一个不寻常人物和

---

① 谢尔盖·德米特里耶维奇·萨宗诺夫（1860—1927），俄国外交大臣（1910—1916）。1919年他代表俄国白卫军参加了巴黎和会。**

② 指英法美日意五国。**

强烈克制的隐藏力量的全部感觉。更仔细地打量这副面容，观察它的活动和表情，它的力量和吸引力越发鲜明。他的容貌还过得去，但尽管才40多岁，他的脸上已爬满皱纹，皮肤上有些地方——尤其是眼睛四周——似乎是揉皱的羊皮纸。这双深不可测的眼睛稳定地凝视着一个方向。这份凝视是超然的，不带个人色彩的，在我看来似乎满含着死亡和命运。但那时我知道他是谁，他的一生经历了什么。

鲍里斯·萨文科夫的一生都花费在阴谋中。没有教会所宣扬的宗教；没有人所规定的道德；没有家，没有国；没有妻子儿女，没有远亲近邻；没有朋友；没有恐惧；猎捕和被猎；不宽容，不屈服，孤独。然而他找到了他的安慰。他的存在围绕一个主题组织起来，他的生命奉献给了一项事业。那项事业就是俄罗斯民族的自由。在那项事业里，他无所畏惧，无所不能忍受。他甚至没有狂热这样的刺激因素。他是那种不同寻常的产物——一个为了温和目标的恐怖分子。一项只要必须就冒着死亡危险，借助炸药来实现的合理开明的政策——英国的议会制度、法国的土地所有权、自由、容忍和善意。什么伪装也迷惑不了他清晰的观点。政府形式也许会彻底变革；上层也许会成为底层，底层成为上层；词语的含义、观念的联系、个人的作用、事物的外表；所有这些都可以变得面目全非而骗不到他。他的直觉非常可靠，他的路线不可动摇。不管风向改变，潮流变幻，他永远知道自己驶向的港口；他永远在同一颗星的指导下航行，那就是红星。

前半生，他经常是单枪匹马地发动对俄罗斯帝国王权的战争。后半生，他还是经常单枪匹马地与布尔什维克革命战斗。他不断地反抗那个由刺刀、警察、间谍、狱卒和刽子手构成的障碍。艰难的命运、逃不脱的结局、可怕的毁灭！要是他生在英国、法国、美国、斯堪的纳维亚、瑞士，所有这些都伤害不到他。无数快乐的职业生涯等着他。但怀着这样的思想和意志出生在俄国，他的生命就是一场逐渐增强到折磨而死的痛苦。在这些苦难、危险和罪行中，他展示出政治家的智慧、指挥员的品质、英雄的勇气和烈士的忍耐。

* * * * *

在他以笔名写作的小说《灰色马》（The Pale Horse）中，萨文科夫以毫不掩饰的坦率描述了他在普勒韦先生和谢尔盖大公遇刺中扮演的角色。他以无可置疑的准确描绘了一小群男女的行事方法、日常生活、心理状态和令人毛骨悚然的冒险。这个小组半年来合作行刺一个高层要人，而他是小组领导人。从他怀揣一本兰斯多恩侯爵签发的护照，"偷偷藏着 3 千克炸药"，装成一个英国侨民到达 N. 镇那一刻，到在大街上将"总督"炸成碎片和他四个同伴中三个的死亡、被处决或自杀，全都写得清清楚楚。其中暗示实际恐怖分子与民粹主义中央委员会关系的描述最予人以启发。这个委员会安全地深藏在欧美大城市的地下世界。

"部长先生，"他对我说，"我对他们很熟悉，列宁和托洛茨基。多年来，我们为俄国的解放并肩工作。现在，他们比以往更恶劣地奴役它。"

萨文科夫第一次对沙皇与第二次对列宁的绝望战争之间有一段简短但不同寻常的插曲。大战的爆发以完全同样的方式打击了萨文科夫和他的革命家同道布尔采夫。他们在协约国的事业中看到了一个走向自由和民主的运动。萨文科夫心向西方自由国家，他经受考验的狂热的俄罗斯爱国主义将他与他长期交往的犹太国际主义者分隔开来。即使在沙皇统治下，布尔采夫也被邀请回到俄国，献身于国防任务。萨文科夫是带着革命回去的。1917 年 6 月，时任陆军部长克伦斯基任命他为加利西亚战线的第七集团军政委。部队在兵变。死刑被废止。德国和奥地利特工在整个军区散播布尔什维克主义。几个团谋杀了自己的团长。纪律和组织没了。武器弹药长期缺乏。同时敌人不断猛攻支离破碎的防线。

这是他展现品质的机会。没有一个革命家可以指责他那血染的民粹主义资格。没有一个忠诚的军官可以怀疑他对胜利的热情。至于政治哲学和俄国人在毁灭之路上聊以消遣的没完没了的争论，这个新晋政委是马克思最有成就的学生和最激烈的批评者。尽管带了武器，他独闯刚刚打死其军官的团，让他们重归本职。一次，据说他亲手打死了一个布尔什维克士兵委员会的代表，后者正引诱一支此前一直忠诚的部队。与此同时，他以排除万难的组织才能修复了管理机构。一个月后，他给士气低落的集团军司令及其参谋注入了新的活力，大力重整了集团军纪律，以至它能够于7月初在布热扎尼采取攻势，赢得一场大胜。

克伦斯基在一次对第七集团军战线的视察中亲眼看到萨文科夫胜任工作的证据，意识到这一点后，立即任命他为当时由古托尔将军指挥的西南方面军战线总政委。萨文科夫一到现场，防线就被德军在塔尔诺波尔（Tarnopol，1917年7月16日至19日）打破。这场军事灾难后是大规模的叛逃、兵变、对军官的屠杀和广泛的平民起义。应萨文科夫要求，7月20日，古托尔被科尔尼洛夫将军取代。我们现在来到了俄国历史上最大的厄运之一。萨文科夫相信他在科尔尼洛夫身上发现了那个与自己品质互补的人，一个简单、固执的士兵，在官兵中广受欢迎，对纪律有严格要求，没有阶级偏见，对俄国有一份真诚的爱，拥有全面执行他人所提计划的知识。如果要稳定陆军，拯救国家，时代要求一个强硬无情、完全团结的人。与在陆军事务上观点一致的科尔尼洛夫一起，萨文科夫要求重新实施对后方和作战部队中的怯懦、擅离职守或间谍的死刑。于是在这个决定俄国命运的最关键时刻，克伦斯基同时拥有了解决这场危机所需的政治和军事实干家。

而且这两人全心全意地团结一致。这样，已经在权力顶峰的是甚至可以在最后一刻挽救俄国于即将来到的可怕命运的三人档，他们本可一举获得俄国的胜利和自由。那些团结起来本可以恢复一切的人，结果却被各个击破。

* * * * *

篇幅不允许我解开这厄运和精明策略缠成的令人沮丧的一团乱麻。那些策略离间了科尔尼洛夫和克伦斯基，让萨文科夫无力防止这场分裂。有一段时间，三人都走在正确的方向上。科尔尼洛夫成为全俄陆军总司令，萨文科夫成为陆军部副部长。一手连着自负、教条主义但依然强力和善意的政府首脑，一手连着忠诚的硬汉士兵，萨文科夫似乎是俄国的救世主。再有一点时间，一些帮助，一点信心，几个诚实的人，苍天的保佑和更好的电话设施——万事大吉！但混乱的大潮快速累积，德军炮火在前线轰鸣，布尔什维克在战线后方传播。深远而狡猾的阴谋离间了多疑的克伦斯基与固执的科尔尼洛夫。9月9日，将军被指控要发动一场谋求独裁权力的政变，在克伦斯基的命令下被捕。萨文科夫虽然在一次对政变共谋的调查后被宣告无罪，并且在危机期间被授予彼得格勒的全面指挥权，但也成为极端分子的目标，被迫辞职。他是唯一可能避免即将到来的毁灭的人，然而在这个关键时刻，忠于克伦斯基，忠于科尔尼洛夫，尤其忠于俄国的萨文科夫失去了对形势的控制。

10月的布尔什维克革命随之而来。克伦斯基与他那消极苟安的政府从舞台上消失。萨文科夫逃过他的敌人，加入了顿河的阿列克谢耶夫将军，拔剑反对新的暴政。这场绝望并且最终失败的斗争占据了他的余生。他成为俄国事业在欧洲的正式代表，先代表阿列克谢耶夫，接着代表高尔察克，最后代表邓尼金。这个前民粹主义者负责与协约国和同样重要的当时构成西方"屏障地带"的波罗的海和边境国家的全面关系，表现出无论是指挥还是阴谋方面的各种能力。最终，1919年，当俄国土地上的抵抗失败，为守卫俄国而召集的新军队被打败或摧毁时，身处波兰领土的萨文科夫组建了自己的军队。这最后的壮举简直是奇迹。没有资金、人员或装备，只有他自己的老朋友毕苏茨基作为保护人，还有他在反布尔什维克的俄国人中一直受到怀疑和争议的权威，但到 1920 年 9 月，他还是聚集了 3 万名官兵，将他们组成两个有组织的军。这场最后一搏虽然惊人，但也注定要失败。布尔什维克力量的巩固，大国与那个成功的专政日益增长的达成协议的倾向，形势对边境小国的压力，他一贫如洗的军队的内部不和，所有这些驱散了最后一点残余力量。被迫退出波兰的萨文科夫继续从布拉格发起战斗。用武力入侵俄国的所有希望都破灭后，他在苏联领土的大片地区组织了遍布各地的绿卫军（Green Guards）游击队——某种形式的罗宾汉战争。渐渐地，经历了各种无情的恐怖和屠杀，所有对俄国布尔什维克的抵抗都被扑灭，从太平洋到波兰，从阿尔汉格尔斯克到阿富汗的广大人口被冻进另一个冰川纪的漫漫长夜。

在这次最终失败前不久，我最后一次见到他。劳合·乔治先生搜求关于俄国形势的信息，我获准带萨文科夫到契克斯别墅（Chequers）①。我们乘车同行。到达时的场面对萨文科夫一定是一次新奇的体验。那天是星期日。首相正招待几位著名的独立教会（Free Church）牧师，他本人围在一队威尔士歌手中。这些人从他们的家乡威尔士赶来为他合唱。他们以最优美的声音演唱了几个小时的威尔士赞歌。之后我们有一番谈话。我只记得它的一个片段。首相认为，革

---

① 英国首相新的乡间别墅。†

命就像会经历通常过程的疾病，俄国的最坏情况已经过去，面临实际统治责任的布尔什维克领导人将放弃他们的理论，不然他们就会起内讧，和罗伯斯庇尔与圣－茹斯特（Saint-Just）一样倒台，其他更软弱或更温和的人将继承他们。这样通过连续的动乱，一个更宽容的政权将得以建立。

"首相先生，"萨文科夫以他的正式口吻说道，"请允许我说一下，罗马帝国衰亡后，接下来的是黑暗时代。"

* * * * *

最终，布尔什维克的计划得以实现。经过两年的秘密谈判后，他们诱使他回到俄国。克拉辛一度是中间人，但还有其他人。这个陷阱精心下了饵。它说，所有武装抵抗现在都不可能了。但在布尔什维克政府本身之内，理智上需要的是萨文科夫这样的人的协助。政府可以不在布尔什维克，而是社会革命的基础上重组。为了掩盖力量平衡的深刻转变，名字和原则也许会保留一段时间。"为什么不来帮我们拯救自己呢？"诱惑的声音轻轻地说。1924 年 6 月，加米涅夫和托洛茨基明确邀请他回国。历史将得到原谅，一场假审判将举行，之后就是宣告无罪和高级职务。"那时我们就会像过去一样全部聚在一起，像我们打破沙皇的暴政一样打破新的暴政。"萨文科夫了解这些人，知道自己对他们做过什么，居然还踏入了这个陷阱，这似乎令人难以置信。也许正是这样的知识出卖了他。他认为他知道他们的思想方法，信任阴谋者那扭曲的荣誉准则。甚至可能他们圈套里的谎言中掺杂了真相。总之他们抓到了他。

肉体折磨没被采用。他们为他们的死敌保留了更巧妙精致的酷刑。后来的事件让我们对这些及其逼取招供方面的效果耳熟能详。在单人牢房里经受了虚假希望和易变承诺的折磨，遭到最巧妙的压力的榨取，他最终受到诱使，写下他臭名昭著的放弃信仰的信。就这样在历史面前蒙羞，被朋友谴责为叛徒，他可以切身感觉到监禁一周比一周严酷，而他向捷尔任斯基的最终恳求只落得个嘲讽的回应。他是在牢里被悄悄枪毙的，还是在绝望中自杀的，这一点不太确定，也不重要。他们从身心两方面摧毁了他。他们将他一生的努力降格为无意义的怪象，让他侮辱自己的事业，永远污损了人们对他的记忆。然而，当尘埃落定，即使有所有那些污点和抹黑，也很少有人比他为俄罗斯民族做过更多努力，付出过更多，接受过更多挑战，承受过更多痛苦。

赫伯特·亨利·阿斯奎斯①

---

①　赫伯特·亨利·阿斯奎斯（1852—1928），英国政治家，自由党领袖。曾任内政大臣及财政大臣，1908—1916 年出任英国首相。限制上院权利的 1911 年议会改革法案的主要促成者，第一次世界大战头两年的英国领导人，大战爆发后两年由劳合·乔治接任首相。1925 年获封伯爵，晚年遂以牛津勋爵通称。❄

大战后的赫伯特·亨利·阿斯奎斯
Keystone View Company

在完全非同寻常的程度上，阿斯奎斯这个人知道他对于生活和事务上每一个问题的立场。在我最熟悉他的时候，学问、政治、哲学、法律、宗教，在所有这些领域，他似乎都形成了明确意见。总之需要的时候，他的思维如炮的后膛一般平滑而准确地开开合合。他一直留给我这样的印象，即根据不变的标准和确实的信念衡量公共和议会生活中所有那些变幻不定的难解形势——也许这对一个处于下属地位的年轻人是很自然的。他还有一种轻微但并不总是完全掩盖的对争论、人物甚至事件的轻蔑感，那些事件不符合他凭借渊博的知识和深入的思考坚决采用的模式。

在某些方面，这是一个局限。世界、自然、人类并非如机器一般运动。事物的边缘绝非轮廓鲜明，而是永远参差不齐的。自然画出的线总会有脏污。条件千变万化，事件出人意表，经验矛盾冲突，以至判断的灵活性和对外部现象采取某种谦虚态度的意愿完全可以在一名现代首相的技能中发挥作用。但阿斯奎斯在他生命全盛期的意见已经固化。大量知识、忠实的努力、深思熟虑确实是他的天性；如果按生活的动荡起伏中不可避免的那样，他被迫屈服于他人的意见，屈服于形势的力量，屈服于一时的激情，那也经常带着几乎不加掩饰的抵触和轻蔑。如果要选择他的最大特征，不论好坏，这种坚决的断然态度都高居于其他特征之上。

他有能力将他的知识财富和与生俱来的勇气中的相当一部分传给他两次婚姻所生的孩子。他第二个幸存的儿子从少尉升到准将，在最险恶的战斗中多次负伤，获得带有两只银质棒状扣的杰出服务勋章和十字勋章。他的遗产极其完美地传给了长子雷蒙德。雷蒙德对任何事似乎都轻而易举。他无须多大努力就重复了父亲在牛津大学的全部成功。与父亲一样，这个儿子无疑是同年中最优秀的学者和大学辩论会上最娴熟的演讲者。无论是诗还是散文，希腊语、拉丁语还是英语，法律、历史还是哲学，像它们 30 年前为亨利·阿斯奎斯所掌握一样轻松地为雷蒙德所掌握。聪明的短句、辛辣的讽刺作品、尖锐且不一定费力的答辩、某种谦和但相当正式的举止，如同之前父亲的表现一样，年轻的儿子也在这些方面出类拔萃。对话时的谈吐和魅力，对词语的良好品味，刀笔和更犀利的嘴巴，诚实和独立的清楚姿态以及从这些品质里生出的下意识的优越感，这些都似天生权利一般属于这两人。现在，我们在第三代里看到，雷蒙德的儿子，现在的牛津和阿斯奎斯伯爵，也在大学继续着同样成功的学术生涯。

当那个时刻到来时，直面死亡和牺牲对雷蒙德·阿斯奎斯似乎相当容易。1915 年 11 月和 12 月，我在前线看到他时，他穿行在寒冷、肮脏和危险的冬季战壕里的样子，似乎已经超越和免除了肉体的寻常病痛，成为一个包裹在优雅的铠甲里，泰然自若甚至刀枪不入的存在。大战试出那么多人的深浅，却从未弄清他的底细。当掷弹兵近卫团（Grenadiers）大步踏进索姆河的激战和隆隆炮声中时，他冷静、坦然、坚决、优雅地走向他的归宿。并且我们深知，他那正承担着国家最重大责任的父亲会很自豪地与他并肩行进。

亨利·阿斯奎斯的女儿维奥莱特·伯翰-卡特夫人的政治活动当然广为人知。她父亲——年老，权力被架空，他的政党分裂，权威遭蔑视，甚至长期的忠实支持者也疏远了——在女儿身上发现了一个甚至在一流的政党演说家里都算得上厉害的支持者。自由党群众在联合政府时期的软弱和混乱中惊喜地看到一个耀眼的人物，她有能力以热情、雄辩和刻薄的机智对付最重大的问题。在父亲有需要的那两三年里，她展示出英国政界女性无出其右的力量和才华。1922 年的一次演讲中一个迅速传开的句子足以说明。当时被指令人不安和有好战倾向的劳合·乔治政府已经倒台。博纳·劳要求一个"稳定"授权。"我们不得不，"这位年轻的女士对着一大群听众说，"在一个患舞蹈病和一个得昏睡病的人里选择。"看到他创造的这个精彩的人儿在身边张牙舞爪，跃跃欲试，这对暮年的亨利·阿斯奎斯一定是人类最大的快乐。他的子女是他最好的纪念碑，他们的生命重现和复活了他的品质。

* * * * *

　　我最了解他的时候，他正在权力的顶峰。绝大部分人在议会和国家支持他。站在他对立面的是英国所有那些迟钝的保守势力。持续的冲突在国内年复一年地增长到危险的程度，而在国外，将要毁灭我们这一代的阴沉的飓风正在聚集。我们的日子花在从《爱尔兰自治法案》和上院否决权法案生出的激烈党争上，同时在地平线上，致命的轮廓一直在增长或消退，甚至在阳光灿烂的时候，空气中也飘荡着奇怪的风声。

　　他一直对我很好，看好我的思维方法；我写的许多政论显然打动了他，博得他的赞同。一份条分缕析的论证，清楚地打印出来，由他从容不迫地阅读后，经常蒙他准许并此后得到他的坚定支持。他条理而严谨的思维钟情于理性和构思。花上许多小时，以最简洁有效的方式为首相阐明一件事总是物有所值。实际上我相信，他屡次三番给予我的高级职位提拔主要归功于我关于政府事务的秘密著述，而不是对谈话或讲台或议会上的演讲留下的任何印象。给人的感觉是案子呈到一个高级陪审团，重复、冗文、虚饰、虚假论证被冷淡而无情地丢弃。

在内阁，他的沉默引人注目。确实，在内阁会议上，如果可以不置一词就达到目的，他一个字也不会说。他像个大法官一样安坐着，无比耐心地听着各方陈述情况，时不时插入一个问题或一段简短评论。这些或锐利或意味深长的问题或评论将事态引向他希望达到的目标。最终，在巧妙而激烈表达意见的一片混乱和交锋中，他做出总结，之后他至此可观察到的沉默很少不转为鸦雀无声的。

他不喜欢在工作时间外谈"业务"，绝不鼓励或加入关于公共事务的零碎交谈。我认识的大部分议员随时准备谈论政治，在想象中过一遍那飞速变幻的场面。贝尔福、张伯伦、莫利、劳合·乔治都会热情地投入到当前事件的讨论中。对于阿斯奎斯，"法庭"要么开庭，要么休庭。如果开庭，他的全部注意力都集中在案子上；如果休庭，你敲门也没用。这在某些方面或许也是个局限。那些成天想着自己主要工作的人学到了很多；尽管同时怀有强烈兴趣和能够在更轻松的时刻摆脱它是很出色的才能，但有时候，阿斯奎斯似乎摆脱得太容易，太完全。他在工作与闲暇之间画出如此严格的一条界线，以至你几乎认为工作对他失去了吸引力。这个在忙碌的律师生活中养成的习惯一直延续下来。案子了结，扔过一边；判决形成，送达，不需要再回顾。轮到下一个案子在合适的时间被调取。当然，他自己内心肯定有过深刻的检视，但我相信不及大部分身处国务顶峰的人。他的思维敏捷清晰，知识丰富，训练有素，一旦他听到整个问题已经讨论明白，结论倏然而至，而每个结论，只要是他的责任范围，都是最终的。

在大事上，他也有一种为势所迫的无情一面。1908年，向我提供他的政府内阁职位时，他对我重复了格莱斯顿先生的话："首相的第一个基本要求是做个好屠夫。"接着他补充说："有几个人现在必须砍掉。"他们给砍了。虽然对同事忠义，但是当时机到来和公共需要要求时，他会毫不犹豫地抛开他们，不再起用。个人友谊能保留的还会保留着。政治关系断就断了。但除此还怎么治理国家呢？

　　他给同事的信类似于他对政府事务的处理。它们是他言辞的对应。他天生保守而传统，不喜欢也不屑使用电话和打字机。他在公众面前讲话轻松自如，但从没学会口授。所有的信都是他亲笔写下的。他的书写漂亮而实用，快速，正确而清楚，用词尽可能少而没有误解的可能。如果说理或警句或幽默出现在纸上，那也是因为它们在受到约束前就从笔下滑出。他也写出不用这样压缩的信件。它们是给明亮的眼睛看而不是透过政客的眼镜窥视的。

工作完成后，他就去放松。他热烈地享受生活；他喜欢女性的陪伴；他对会见一个新的有魅力的人物总是很感兴趣。各种年龄的女性都渴望与他共餐。她们迷恋他的快活和机智，以及他对她们各种活动的明显兴趣。每天晚上，他会以有限的赌注打上几小时桥牌，不管屋子周围如何电闪雷鸣，也不管明天的考验会多快地强加在他身上。

＊＊＊＊＊

　　我在最令人愉快的环境下与他有过最亲密的接触。大战前的三个夏天里，他和妻子、长女每次都来海军部游艇盘桓一个月。蔚蓝的天空和闪亮的大海，地中海、亚得里亚海、爱琴海；威尼斯、锡拉库萨、马耳他、雅典、达尔马提亚沿海；庞大的舰队和船厂；皇家海军的宏大排场；严肃的工作和快乐的巡航填满了这些非常快乐的休闲时光。整整一个月里，在国内动荡不息、海外忧虑增长的时刻，在所有重大事务上，他对与他如此接近、随时待命的我维持着一种打不破的保留态度。一次而且只有一次，他主动与我讨论。重大的变化即将在政府发生。他问了我对人员和职务的意见，以最信任的态度表达了同意或分歧。他不偏不倚地权衡了相关人员，接着结束并且锁上这个话题，将那把看不见的钥匙放进口袋，重新仔细研究起一篇关于斯巴拉多（Spalato）的纪念碑和碑刻的专论来。我们的游艇刚刚将锚抛在这座港口城市前。但数周后，那些任命完全根据这次讨论的精神实施了。

　　其他时间里，你会以为他什么都不在乎。他是最肯下功夫的游客。他对旅行指南相当熟悉，拿它考考女士，解释和说明一番，显然很享受这个时刻。他经常让一整群人比赛谁能在五分钟内写下最多以"L"开头的将军名字，或"T"打头的诗人名字，或以其他字母开头的历史学家名字。他有这些游戏的无数个玩法，而且总是玩得非常好。他与船长和领航员大谈船舶、航线和天气。他在议会的反驳"阁下务必等等看"当时很出名。《笨拙》（*Punch*）杂志上有幅漫画描绘他问驾驶台的年轻军官："为什么船今天上午晃得这么厉害？"对此的答复被说成："嗯，要知道，先生，这完全是个重量和海^①的问题。"虽然这只是个杜撰的双关语，但值得流传下去。

再有时间，他就晒日光浴，阅读希腊文。他写出思想深刻、韵律复杂的完美韵文，以更简洁的方式改作他不喜欢的古典铭文。在这上面我插不上手。但我随时关注我们每天收到的密码电报，并且我们当然一直用舰队的新电台。

一天下午，我们驱车走在卡塔罗——一个当时有特别意义而不仅仅是风景优美的港口——附近一条美丽的路上。突然，我们遇上长得望不到头的骡和农用马队伍。我们问它们去哪里，干什么。他们告诉我，"它们正在解散，演习取消了"。1913 年的巴尔干和欧洲危机结束了！

* * * * *

我没法将斯彭德先生那本尚可接受的传记^②看成对我们时代最重要、最可靠、最正直人物之一的一份全面或最终的记忆。作者审慎的思维习惯和讨人喜爱的理性（除先入为主的意见外）众所周知。在我们历史上最动荡可怕的时期之一，一个固执、野心勃勃、智力上自负的人以毫不留情的冷酷奋力前行，而作者在这幅巨大画布上绘出的图

---

① 英文中的"等等看"（wait and see）与"重量和海"（weight and sea）谐音。 ✱
② *The Life of Lord Oxford and Asquith*, by J. A. Spender and Cyril Asquith, 1934. †

画，风格如此克制，用色如此吝啬，甚至都没有再现出他的形象或个性。他的同胞要看到对这个伟大的政治家、法学家和民众领袖更生动有力的描绘，恐怕还要等待来日。阿斯奎斯一生的道路一点也不像斯彭德先生字里行间暗示的那般平淡坦然和轻松宁静。他本该用更强烈的笔触、更明亮的高光和更深的阴影来描绘阿斯奎斯及其时代的图画。它将更符合现实，而他的主人公形象在此过程中不会有任何损失。阿斯奎斯政治生涯的两个主要事件——与上院在《爱尔兰自治法案》上的争斗和宣布与发动对德战争——包含了褒贬人物的许多重要理由，它们在叙述中要么被遗漏，要么被大幅软化，因而失去了特色。

所有大的争议都在很大程度上取决于事件的发端。阿斯奎斯先生和自由党全心忠于《爱尔兰自治法案》的路线，但不应忘记，他们上台依赖的 80 张爱尔兰选票本身就是要求采取行动的激励，并且 1906 年，当一个独立的自由党多数有望时，《爱尔兰自治法案》被严格排除在党的宣言和纲领之外。正是这 80 张爱尔兰选票——现在令人高兴地永远退出了下院——的邪恶影响造就和毁灭了政府，影响了英国两大政党的命运，荼毒我们的公共生活近 40 年。北爱尔兰新教徒认为，《爱尔兰自治法案》不是英国信念的结果，而是由这股爱尔兰选举势力的影响推动的；北爱尔兰的非法抵抗将由历史结合这一事实来做出评判。北爱的非法示威带来许多重大不幸，这一点无可置疑，但如果北爱仅仅将自己局限于合宪的煽动，那它逃脱被强制并入都柏林议会的可能性极为渺小。

这些是冷冰冰的事实。大战前的岁月里，阿斯奎斯先生怀着尊严和决心为爱尔兰事业和自由党而奋斗，但他自己不可能意识不到，他为他们奋斗的基础在某种程度上被削弱了。首先，他对爱尔兰选票的依赖削弱了这个基础；其次，他的追随者拒绝将给予北爱的自由同样程度地适用于爱尔兰南部的做法也削弱了它。记起这一点时，我们将看到，他作为领导在这场激战中的经历并非如斯彭德先生字里行间所暗示的那样是无辜长期受损害的例子。争斗双方都有鲁莽和错误之举。与上院的冲突以议会法案的通过而告终，这一冲突不能抛开与之紧密交织的爱尔兰争议来评价。我当然不会停止对无法忍受的党派偏见的谴责，因为这偏见，上院打破了自由党在 1906 年重获多数的功绩。要不是爱尔兰的长期争端这份险恶的外来影响，事情绝不会陷入它们陷入的那种困境，英国的手足同胞也不会被带到——至少在表面上——内战边缘。正是在这场双方都有激烈和不公平做法的野蛮斗争中，阿斯奎斯通过力量和手腕占据着最突出的位置。

　　一般人没意识到他在大战爆发时的行事魄力。阿斯奎斯意在让不列颠帝国团结一致地加入这场对抗德国侵略的战争，这是没有疑问的。德国这场侵略不仅针对比利时，还针对法国。他对爱德华·格雷爵士的支持一刻也没有动摇过，战前八年里，也没人比他更始终如一地呵护着海军霸权。这份霸权确保了我们的安全和干涉能力。作为战时领导人，他在几个引人注目的时刻表现出精心策划或粗暴行动的能力。7 月 30 日，我只向他一个人吐露了将舰队转移到作战位置的意图。他严厉地瞪着我，算是给予了某种准许。我没有其他任何要求。他几乎挥手之间就打消了费希尔男爵对达达尼尔海峡的担忧。在皇家海军于 1915 年 3 月 18 日试图强行通过达达尼尔海峡前的近一个月里，他没有召集内阁会议。这当然不是因为健忘。他意在让这件事经过一番检验。可惜对他自己和其他所有人，他没有将他的信念贯彻到底。当费希尔男爵于 5 月辞职，反对党威胁发起争议辩论时，阿斯奎斯毫不犹豫地解散了内阁，要求所有大臣辞职，结束了一半同事的政治生命，将霍尔丹置于险地，让我挑起达达尼尔海峡的重担，[①]他则胜利地作为一个联合政府的首脑继续前进。不是"所有事都可以友好解决的"！不是所有事都可以用玫瑰香水解决的！这些是一个铁腕处理事件的实干家和野心家的剧烈挣扎。

从斯彭德先生对1916年12月的联合政府破裂的描述中，你可以想象阿斯奎斯先生是某种圣塞巴斯蒂安（Saint Sebastian）式的圣人，被迫害者的箭射穿时还带着天使般的笑容，毫不抵抗地站着。实际上，他用上他的强大武库里的各种武器来保卫他的权威。从中产生的首相的权威地位和超脱姿态使他得以使用时间这个威力强大的工具，在国内事务方面频繁取得优势。通过拒绝允许一项决议的形成，他一次又一次防止了政府的破裂或重要大臣的辞职。"今日所闻发人深省；在下次会议前，让我们都想想怎样才能达成共识。"在和平时期，在处理空洞肤浅的党派和个人争论上，这一做法常常奏效。战争、不驯服者和不留情面的家伙很快打破了这一策略。他在和平时期用过的"等等看"说法不是真的意在拖延，而是带有一种威胁意味。它损害了他的名声和政策，虽然冤枉，但也刚好真实到危险的程度。尽管在他判断时机成熟的时候，他会毫不犹豫地做出每一个重大决定，但苦难中的国家并不满意。它要求最高领导人有暴风雨般的精力，要求他努力推动而不是明智审慎地评判事件。"陆海军将领给出了专家建议，根据那一证据，下述结论水到渠成"——不是他的原话，只是风格——被证明是一项不足以应付大灾大难的政策。人民要求更多，要求完成不可能完成的任务，要求速战速胜，政治家是通过无情的结果测试来评价的。热情、巧妙、机智、敏捷的劳合·乔治似

[①] 尽管进攻达达尼尔海峡是内阁的集体决定，但大部分指责都落到丘吉尔身上。随后达达尼尔海峡战事调查委员会的调查既没有证明他无罪，也没有使他蒙羞，但他的名声已经大大受损。**

乎提供了一个更光明的前景，至少会做出更艰巨的努力。

对阿斯奎斯政府的倒台最全面权威的描述可见于比弗布鲁克男爵（Sir Maxwell Aitken，1st Baron Beaverbrook）那些揭示真相的文字。[①]这是我们时代最有价值的历史文献之一，而且它的断言基本上没有争议。在此我们看到，劳合·乔治时而凭着圆滑敏捷的技巧，时而借助勇往直前的冲锋，迈向他的目标。我们看到阿斯奎斯先生走投无路。他在这个关键时刻的做法又得到了新的阐释。他当然不是对手认为和他的传记作者描绘的那种无助的受害者。他误解了博纳·劳先生给他的关于各保守党大臣态度的描述，犯下一个致命错误，与劳合·乔治先生达成实质上的和解。第二天上午，确信他在内阁拥有自由党和保守党压倒性的支持，他迫不及待地开始与劳合·乔治一争高下。发现自己处于弱势时，他拖延和撤退；发现自己强势时，他全力反击；最终，当他决心在能组成一个政府还是完全丧失信任这方面试试对手时，他同时扮演了固执和诙谐的角色。他以钢铁般的镇静玩起这场豪赌，以坚毅和爱国精神承受了失败。

* * * * *

我永远也搞不明白，在 1916 年冬的危机中，有自由党多数支持的阿斯奎斯先生为什么没有采用秘密会议这项权宜之计来寻求下院的帮助。那里是首相身处危难时的最后堡垒。平时或战时，他都有权将内阁、派别、社团和报纸的阴谋上诉到议会，并且只接受议会对他职务的解除。没人否定他的那一权利。然而，1915 年倒台的自由党政府，1916 年下台的阿斯奎斯联合政府，1922 年倒台的劳合·乔治联

---

① *Politicans and the War, 1914—1916*, Vol. 2. †

合政府，所有这些都是通过秘密的令人费解的内部程序被推翻，公众现在对此只知个大略。我认为，在每个例子里，诉诸议会的信任的结果将是时任首相的胜利。

情况不会是那样：议会茫然地听着紧闭的门后那些冲突的议程隐隐约约的声音，忠实地宣布最后涌现出的胜利者。劳合·乔治就这样拿到了国家的权杖。作为不列颠帝国的最高警官，他开始了他的征程。

* * * * *

阿斯奎斯先生也许是我们历史上最好的和平时期的首相之一。他的智力、洞察力、开阔的视野和勇气让他一直处在公共生活的最顶峰。但在战时，他没有执行官应有的谋略和精力、先见之明和勤勉的管理这些品质。劳合·乔治拥有他缺乏的所有品质。这个国家通过某种本能甚至近乎神秘的过程，发现了这一点。在抛弃阿斯奎斯，以旁人取而代之这件事上，博纳·劳发挥了关键作用。阿斯奎斯在那个艰巨的任务只完成了一半的时刻下了台。他输得有尊严。他坦然承受逆境。不管在不在台上，无私的爱国主义和刚正不阿是他的唯一原则。永远不要忘记，他在国家的危急关头一直和它站在一起，为了民族事业，他会毫不犹豫地牺牲他的个人或政治利益。在布尔战争期间，在大战期间，不管是作为首相还是反对派领导人，在总罢工对宪法的大践踏中——在所有这些重大危机中，他坚定不移地支持国王和国家。闪亮的奖章，国王在他晚年授予他的伯爵爵位和嘉德勋位，只是对他一生工作恰如其分的承认。整个民族用以照亮他晚年道路的荣耀和尊敬是对他所做贡献，更是对他所具品格的评价。

阿拉伯的劳伦斯[①]

① 这篇文章的大部分已经刊在《回忆劳伦斯》（*T. E. Lawrence*, by his Friends，1937）一书中，还取自我在他的牛津学院的纪念碑揭幕仪式上的讲话。在此重印是出于使之完整的目的。——丘吉尔

即托马斯·爱德华·劳伦斯（1888—1935）。毕业于牛津大学，1911 年在中东从事考古工作。因在 1916—1918 年的阿拉伯大起义中作为英国联络官而出名。著有回忆录《智慧七柱》。**

阿拉伯的劳伦斯
The Daily Mirror

直到大战结束后，我才见到劳伦斯。

那是 1919 年春，和平缔造者或者至少是和约签订人都聚集在巴黎，整个英国沉浸在战后的骚动中。因为大战的压力过巨，规模太过宏大，而法国的大战役占据了首要地位，因此我只是模模糊糊地意识到沙漠阿拉伯人的起义在艾伦比的行动中发挥的作用。但是现在，有人对我说："你该见见这个出色的年轻人。他的功绩是个传奇。"于是劳伦斯来吃午饭。这一时期，为了表示对埃米尔·费萨尔（Emir Feisal）的利益和当时正在激辩中的阿拉伯人主张的支持，他在伦敦和巴黎通常都穿着阿拉伯服装。但这次他穿了便服，一眼看去，与在这场战争中获得提拔和荣誉的众多干练的年轻军官没什么两样。在场的只有男人，我们的谈话也漫无边际，但是不久，有人相当不怀好意地讲述了他几周前在一次授勋仪式上的举止。

我得到的印象是他拒绝接受国王在一次正式仪式上即将授予他的奖章。我是陆军大臣，因此立即说他的行为错得离谱，对作为绅士的国王是不公平，对作为君主的他是大不敬。任何人都可以拒绝一个头衔或奖章，任何人都可以在拒绝时声明导致其做法的主要原因，但选择陛下依宪法职责即将仁慈地亲自给他授奖的场合，作为一次政治示威的场合，这令人震惊。因为他是我的客人，我只能说这么多，但以我的官方地位，我说得再多都不为过。

只是到了最近，我才得知事实真相。那次拒绝确有其事，但不是在公开仪式上。10 月 30 日，国王想和劳伦斯谈谈，接见了他。同一时间，陛下觉得可以顺便将劳伦斯已被宣布获得的巴斯勋章

（Commandership of the Bath）和杰出服务勋章给予他。当国王即将授予奖章时，劳伦斯请求说他可不可以拒绝它们。当时国王和劳伦斯单独在一起。

不管劳伦斯是否看出我误会了那次事件，他都没有做出淡化它或为自己辩解的努力。他坦然接受了驳斥。要唤起国家最高当局认识到，诚信对待阿拉伯人事关大不列颠的荣誉，他们将叙利亚人的要求出卖给法国将是我们历史上一个永久的污点，他说，这是他能做到的唯一方式。应该让国王本人意识到正在以他的名义所做的事情，而他不知道还有什么其他方法。我说这根本构不成他所采用方法的理由，然后将谈话转到其他更愉快的方向。

但我必须承认，这段插曲让我渴望更多地了解那场沙漠战争中实际发生了什么，让我看到了正在阿拉伯人胸膛中燃烧的火焰。我调来报告，仔细研究它们。我与首相谈论它。他说法国人一心想要叙利亚，从大马士革统治它，什么都改变不了他们的主意。我们在大战期间签订的《赛克斯－皮科协定》（Sykes-Picot Agreement）[①]使原则问题错综复杂，只有巴黎和会可以决定互相冲突的主张和许诺。这个问题无解。

数周后，我才再次见到劳伦斯。如果我没记错，那是在巴黎。他穿着阿拉伯袍子，完全显露出他无比的从容镇定。他言谈举止之庄重，意见之清晰明确，谈话之范围和质量，所有这些似乎都被辉煌的阿拉伯头饰和服装强化到惊人的程度。高贵的面貌、刀刻斧凿般的嘴唇、满含热情和悟性的明亮双眼从这些松散的布料中闪现出来。他看上去是他本来的样子——大自然最伟大的造物之一。这一次，我们的

---

① 1916 年的《赛克斯－皮科协定》是英法两国关于奥斯曼帝国垮台后其中东领土划分的秘密协议。＊

相处融洽多了，我也开始形成了自此从未改变的对他力量和品质的印象。不管他穿着乏味的英国日常服装，还是之后的空军机械师制服，自此在我眼中都是奥古斯都·约翰（Augustus John）那幅杰出铅笔素描的样子。

我开始从曾在他指挥下战斗过的友人那里听到更多关于他的事迹，而且实际上，军事、外交和学术等等，每个圈子里都有关于他的无尽谈论，似乎他同时是士兵和专家、实干家和考古学家、阿拉伯游击队员和杰出学者。

他的事业在巴黎进展不顺，这一点很快显而易见。他作为朋友和翻译形影不离地陪着费萨尔。他很好地表达了费萨尔的意见。相比他认为的对阿拉伯人的义务，他对他的英国人脉与他自己职业生涯的所有问题都不屑一顾。他与法国人冲突。他在长期反复的论战中直面克列孟梭。这是一个拥有钢铁意志的对手。这只老虎有和劳伦斯一样凶狠的脸，同样毫不退缩的眼神，和棋逢对手的意志力。克列孟梭对东方有很深的感情；他喜爱勇士，欣赏劳伦斯的功绩，承认劳伦斯的才华。但法国觊觎叙利亚已有上百年。在佛兰德斯流尽最后一滴血的法国，在大战结束后居然分不到一块占领地，这个想法是他不能忍受的，他的国人也绝不会忍受。

此后发生的事举世皆知。经过在巴黎和在东方的长期激烈论战，巴黎和会将叙利亚划为法国的委任统治地。当阿拉伯人武力抵抗时，法国部队在一场战斗后将埃米尔·费萨尔赶出大马士革。阿拉伯一些最勇敢的酋长死在这场战斗中。法国人牢牢占领了这片大好河山，极其严厉地镇压了之后的起义，在一支庞大军队的协助下一直统治到现在。[①]

所有这些都在进行之际，我没见到劳伦斯。确实，当那么多事情

---

① 写于 1935 年。†

都在战后的世界冲撞时，阿拉伯人的遭遇似乎没什么不同寻常。但是当我的想法时不时转向这个问题时，我意识到他的情绪会有多强烈。他完全不知道该做什么。在绝望中，在对生活的厌恶中，他不知所措。在他出版的作品中，他声称所有的个人野心都在战争最后阶段，他胜利进入大马士革之前死掉了。但我确定，看着受到如此不公对待的阿拉伯朋友的无助，这样的痛苦经历一定是决定他最终放弃在重大事务上的所有权力的主要原因。他曾向那些朋友做出承诺，并且将它看成是英国的承诺。战争期间，他精致的天性承受了最为惊人的压力，但是当时，他的精神支撑了它。现在，正是那精神受到了伤害。

1921 年春，我奉派去殖民事务部接掌我们在中东的事务，让形势重回某种正轨。那时候，我们刚刚在伊拉克镇压了一场最危险最血腥的反叛，在那里维持秩序需要多达 4 万人的部队和每年 3000 万英镑的花费。这不可能持续。在巴勒斯坦，阿拉伯人和犹太人的冲突随时可能采取实际暴力的形式。被赶出叙利亚的阿拉伯头领们带着众多追随者——他们全是我们不久前的盟友——愤怒地潜伏在约旦以外的沙漠中。埃及也在骚乱中。因此整个中东呈现出一幅最阴郁最吓人的图画。我在殖民事务部组建了一个新部门来履行这些新责任。来自印度事务部和战时曾在伊拉克和巴勒斯坦工作过的五六个非常精干的人组成了核心。如果能说服劳伦斯，我决定让他加入他们的队伍。他们都很熟悉他，其中几个还在战场上与他共过事或受过他指挥。我向他们提起这个计划时，他们大吃一惊——"什么！你要驯服那头沙漠野驴？"这就是他们的态度，不是出于小小的嫉妒或对劳伦斯品质的低估，而是因为他们真心相信，以他的精神状态和脾性，他决不可能去做一个公共部门的常规工作。

不过我依然坚持。劳伦斯得到一个重要岗位。出乎大部分人的意料，尽管不是完全出乎我的意料，他立即接受了。细述我们不得不解决的混乱而棘手的问题在此不太合适。最基本的轮廓就够了。现场处理那个问题是必要的。因此我在开罗召集人员开了一次会议，叫来几乎所有中东问题专家和权威。在劳伦斯、休伯特·扬和空军部的特伦查德陪同下，我启程赴开罗。我们在开罗和巴勒斯坦待了约一个月，向内阁提交了下述主要提议。首先，我们扶植埃米尔·费萨尔登上伊拉克王位，将外约旦政府交给埃米尔·阿卜杜拉（Emir Abdullah），以此修复给阿拉伯人和麦加王室造成的伤害。其次，我们将从伊拉克撤出几乎全部军队，将它的防卫委托给皇家空军。最后，我们建议对巴勒斯坦的犹太人和阿拉伯人目前的争议事项做出调整，它将作为未来关系的一个基础。

前两个提议招来极大反对。法国政府将埃米尔·费萨尔看成一个失败的反叛分子，对我们给予他的优待深为不满。英国陆军部对撤军提议感到震惊，预告这将导致屠杀和毁灭。但我已经注意到，当特伦查德开始做任何一件事时，他通常会把它做到底。我们的提议被接受，但是让如此匆忙做出的决定生效还需要一年最艰难、最紧张的行政工作。

劳伦斯任文官这段时期是他生命中一个独特的阶段。人人都惊讶于他冷静圆滑的举止。他的耐心和乐于与人合作的态度让许多最熟悉他的人惊奇。这些专家间肯定有过大量交谈，紧张关系有时肯定会达到极限。但就我而言，我总是从两三个最好的人那里得到统一的建议。与他们共事一直是我的幸运。将新政策大获成功的全部功劳归于劳伦斯一人是不公正的。令人惊奇的是他能够藏起自己的个性，放弃专横的意志，将他的知识投入集体使用。这是他的伟大个性和多方面才华的证据之一。在很大程度上履行他向那些阿拉伯头领做出的承诺，在那些广阔地区重建尚可接受的和平，他看到了希望。在那项事业中，他可以做一个乏味的——我冒昧用上这个词——官员。他的努力没有白费，他的意图达到了。

快到年底时，形势开始向好。我们的所有措施逐个得到贯彻。英国陆军离开了伊拉克，空军围绕幼发拉底河建立了基地，巴格达拥戴费萨尔为国王，阿卜杜拉忠实而舒适地在外约旦安定下来。一天，我对劳伦斯说："所有这一切都安顿好后，你想干什么？如果你愿意在殖民部门开辟新事业，最好的职位等着你。"他露出他平淡、愉快、神秘的微笑，说："几个月后，我在这里的工作就结束了。任务完成了，它将延续下去。"——"但是你自己呢？"——"对于我，你只能看到地平线上的一小团灰尘。"

他言出必行。我相信，那时候他几乎得不到任何帮助。他的薪水是每年 1200 英镑，地方长官和高级指挥职位当时随我分配。什么都没用上。作为最后补救，我派他去突然出现麻烦的外约旦。他拥有充分的权力。他以旧有的魅力运用它们。他解雇了军官，使用了武力，恢复了全面安定。人人都对他任务的成功感到满意，但什么也劝服不了他继续下去。满怀伤感，我看着"一小团灰尘"消失在地平线上。几年后，我们才再次见面。我详述他的这部分活动是因为在一封最近出版的信里，他给予它的重要性大过了他在战争中的作为。但这个判断不对。

接下来的故事是他的图书《智慧七柱》（*The Seven Pillars of Wisdom*）的写作、印刷、装订和出版。现在也许是述及这个英语文学宝库的恰当时机。作为对战争和冒险的叙述，作为对阿拉伯人于世界的全部意义的描绘，它无与伦比。它跻身英语世界有史以来最伟大的图书之间。如果劳伦斯只写出这么一部纯虚构作品，其他什么也没做，"只要地球上还有人说英语"——借用麦考利（Thomas Babington Macaulay）那句陈词滥调——他的名声也将永存。《天路历程》《鲁滨逊漂流记》《格列佛游记》在英国家喻户晓，而这是一部趣味和魅力不输给它们的独创故事。但它实际上却不是虚构的，而是事实。作者也是那个指挥员。恺撒的《高卢战记》涉及的数字更大，但在劳伦斯的故事里，战争和帝国领域内发生过的事一样不缺。当无数大战文学的大部分被淘汰，被节录、评论和后代的历史所取代时；当庞大军队复杂和代价高昂的行动只能吸引军校学生的兴趣时；当我们的兴趣逐渐褪去和从更真实的意义上看待这场战争时，劳伦斯的沙漠起义故事还会闪耀着不朽的光芒。

我们听说他开始了写作，听说他认为值得那份尊重的一些人被邀请以 30 英镑订购一本。我很高兴地订购了。在最终到我手里的那本书上，他间隔 11 年题了两次词。虽然自那以后有了很多变化，题词也远远脱离了实情，我还是非常珍视它们。他不让我为书付钱。它是我应得的，他说。

基本上，他的故事结构很简单。与埃及作战的土耳其军队依赖沙漠铁路。这条纤细的钢轨穿过数百英里的酷热沙漠。如果它被永久切断，土耳其军队肯定完蛋，接下来肯定是土耳其的毁灭，随之而来的就是那个强大日耳曼国家的垮台，后者正将它出自万门大炮的仇恨投向佛兰德斯平原。这里是阿喀琉斯之踵，正是对着它，这个 20 多岁的年轻人发动了英勇卓绝、异想天开的袭击。我们读到一个又一个这样的袭击。骑着骆驼穿过太阳烤焦的枯萎土地，自然环境的极端荒凉令旅行者惊恐。乘上一辆汽车或一架飞机，我们现在可以审视这些令人生畏的荒僻土地，无尽的沙漠，风吹日晒的滚烫岩石，月光下的炽热山谷。穿过这些，物资极度匮乏，疲惫不堪的战士骑着骆驼，带着炸药去摧毁铁路桥，去赢得战争，并且，如我们当时希望的，解放世界。

```
Winston Churchill
who made a happy
ending to this show.
1.12.26   TES.

W.S.C.
And eleven years after we set our hands to making an honest
settlement, all our work still stands: the countries having
gone forward; our interests having been saved, and nobody
killed, either on our side or the other. To have planned
for eleven years is statesmanship. I ought to have given
you two copies of this work!
                                        TES.
```

　　这里我们看到了战士劳伦斯。不仅是战士，而且是政治家；唤起强悍的沙漠民族，看透他们的神秘思想，带他们到选中的作战地点，并且经常亲手引爆地雷。书中给出了激烈战斗的细节，在他的指挥下，成千上万的士兵和小股部队在这些地狱般的火山岩地带作战。这里没有群体效应，一切都是紧张的、独特的、可感知的——然而却是在似乎禁止人类生存的条件下表现出来的。一个想法、一个灵魂、一份意志，贯穿始终。一首史诗、一个奇才、一个痛苦的故事，在它中心——一个真正的人。

＊＊＊＊＊

　　劳伦斯的品格留下的印象生动地活在朋友们心中，痛失他的感觉从未在同胞心中暗淡下去。对于他离开我们，人人都感觉更坏了。这些日子里，危险和麻烦在英国及其帝国头上聚集，我们也意识到我们缺乏解决这些问题的杰出人物。劳伦斯不仅拥有服务国家的无比能力，还有那种公认的但没人说得清的天才。不管是在他的冒险和指挥作战的辉煌时期，还是在自我克制和自行消失的后期岁月，他总是能主宰他接触到的人。他们感觉自己面对着一个不同寻常的人物。他们觉得他潜藏的力量和意志力深不可测。如果他起而行动，谁能说，什么样的危机他不能克服或平息？如果情况正急剧恶化的时候，你看到他从拐角处冒出来，该有多高兴啊。

这种振奋人心的支配力量的部分秘密当然在于他对生活中的大部分利益、愉悦和舒适的轻视。世界会很自然地敬畏一个似乎对房子、金钱、地位甚至权力和名声漠不关心的人。世界不无某种担心地感觉到，这是一个它管辖范围外的人；一个它的诱惑摆在面前也不为所动的人；一个不可思议地自由、野性、不为传统所束缚，独立于人类行为的常规潮流行事的人；一个随时能够做出暴力反叛或最大牺牲的人；一个孤独、简朴的人，生命对他只不过是一项义务，然而是一项需要忠实履行的义务。他是一个真正的山巅居民，那里的空气寒冷、清新而稀薄，在晴朗的日子里可以俯瞰世上所有的王国及其辉煌。

劳伦斯属于那些生活步伐比普通人更快、更紧张的人。一如飞机只能靠对空气的速度和压力来飞行，他在飓风中飞得最好最轻松。他与普通人并不完全协调。大战的狂暴将生命的力度提高到劳伦斯的水平。民众被裹胁而前，直到他们的步调与他一致。在这个英雄辈出的时代，他发现自己与人和事维持了完美关系。

我经常很好奇，如果大战再持续数年，在劳伦斯身上会发生什么。亚洲各地，他的名声以惊人的动力飞速传播。大地在好战民族的盛怒下颤抖。所有的金属都被熔化。一切都在运动中。没人可以说什么是不可能的。劳伦斯也许意识到拿破仑那征服东方的年轻梦想；他也许会在小亚细亚和阿拉伯半岛众多部落和种族的支持下，于1919

年或 1920 年到达君士坦丁堡。但那暴风来也突然，去也突然。天空放晴，停战的钟声敲响。人类怀着难以言表的宽慰，回到被长期打断的无比珍视的日常生活，而劳伦斯再一次被独自留在一架以不同速度飞行的飞机上。

当他的文学杰作写成、失去、再写成时；当每一幅插图都经过深思熟虑，每一个排版和段落差错都一丝不苟地解决时；当劳伦斯骑着自行车将这些珍贵的书册带给少数人——他认为有资格阅读它们的极少数人——时，他高兴地找到了另一个鼓舞和安慰他灵魂的合适工作。他与任何人一样清楚地看到了空中力量的前景和它在交通和战争中的全部意义。他在一个空军人员的生活中找到了高级职位或高级指挥官位置无法给予的宁静和平衡的慰藉。他觉得，过上一名皇家空军士兵的生活，他会给那个光荣的职业增光，帮助吸引我们所有最敏锐的青年男子进入一个最迫切需要的领域。为此他奉献了生命的最后 12 年，因为这一服务和榜样，我们另外欠了他一笔债。它本身就是一份慷慨的礼物。

劳伦斯具有非常全面的各种才能。他掌握着打开多种宝藏大门的万能钥匙之一。他是专家和士兵，考古学家和行动家，有成就的学者和阿拉伯游击队员，机械师和哲学家。他的阴暗经历和不光彩背景似乎只是更明亮地展示了他陪伴的魅力与快乐及他天性的慷慨庄重。那些最熟悉他的人最为怀念他，但我们的国家特别怀念他，尤其是现在。因为在这个时代，那些长期居于他思想和行动中心的重大问题——空军问题、我们与阿拉伯民族的关系问题——在我们的事务中占据了更大空间。尽管他屡次放弃职位，我还是一直觉得，他随时准备接受新的召唤。劳伦斯活着时，人们一直感觉——我当然强烈地感觉到——某个压倒一切的需要将使他离开他选择的普通道路，再次开始他在重大事件中心的全面行动。

事与愿违。那个到达他，并且他也同样为此做好准备的召唤，属于另一个类别。它如他所希望的那样，驾着速度之翼，突然飞奔而至。他到达了他一生英勇历程的最后一跃。

> 一切都结束了！舰队猛冲，
> 猎狗飞奔，挣脱皮带，
> 鹰飞，鹿跳，
> 疯狂的蹄声落在身后，
> 冷风冲肺，
> 众声嘈杂。①

乔治五世国王写信给劳伦斯的弟弟："他的名字将彪炳史册。"确实，它将活在英国文字里，活在皇家空军的传统里，活在战争记录和阿拉伯半岛的传说里。

---

① 出自亚当·林赛·戈登（1833—1870）的诗《最后一跃》（"The Last Leap"，1850）。戈登是澳大利亚诗人，赛马骑师和政治家。**

"F. E."
第一代伯肯黑德伯爵①

---

① 即弗雷德里克·埃德温·史密斯（1872—1930），英国保守党政治家、律师。1906
年当选为下院议员。任检察总长（1915—1919）期间，曾将爱尔兰民族主义者罗杰·凯
斯门爵士定罪并处死（1916），因而声名大振。任大法官（1919—1922）期间，进行
了重大的土地法改革。协助了与新芬代表团的谈判，是《英爱条约》的签字人之一。
1924—1928年任印度事务大臣。✱

"F. E."

100年前，托马斯·史密斯（Thomas Smith）是约克郡西赖丁区最好的跑手和最厉害的拳击手。他以矿工为业。那时候，矿工是个独立阶级。他们通过契约"依附"于雇主，这些契约的条款让人想起中世纪的农奴。他们大部分在自我管理的社区过着艰苦的生活，在境遇更好的工人眼中比野蛮人好不了多少。那是一个凶残的世界。根据常情，矿坑、它暗藏的无数危险和矿工间的工友情谊会吞没一个矿工家庭的儿子。

但托马斯·史密斯打定主意，他的儿子作为其中一个要过上不同的生活。他费心劳力地让儿子接受了教育，小伙子也抓住机会，得到一个教师的职位，先在韦克菲尔德，后在伯肯黑德。小托马斯·史密斯是虔诚坚定的新教徒，属于一个最严格、最狭隘的教派。他带回家一个奇怪而狂野的家伙作为新娘。她有变幻暴烈的情绪和不输于他的意志。据说她有吉卜赛血统，她无疑拥有吉卜赛血统有时具有的那种棕黑但生动的美。一场奇怪的婚姻，但也是一场快乐而且带来不寻常后果的婚姻；因为遗传学学生也许注意到，托马斯和芭谢巴·史密斯的孙子成了英国大法官。他就是第一代伯肯黑德伯爵弗雷德里克·埃德温·史密斯（Frederick Edwin Smith）。

我们的国家从许多来源汲取力量。过去一个半世纪来，它从新的中产阶级人士中找到新鲜的领导人储备。继工业革命而来的企业和财富的扩张创造出这个新阶级。没有名望或权力的帮助，金钱常常只有自己的双手所挣的，而且所剩无几，这些商人和工业家、医生和律师、教士与作家、教师和店主的儿子仅仅通过天赋，一路打拼到公共生活的前列，打拼到几乎所有大生意的领导地位。他们对政府的贡献丰富多彩。回首往事，不能想象如果没有他们，我们会是什么样子。将他们从纸上抹掉，19世纪和20世纪的政治历史还剩下多少？皮尔（Robert Peel）、格莱斯顿、迪斯雷利、布赖特（John Bright）、科布登（Richard Cobden）和张伯伦父子、博纳·劳和鲍德温，所有这些人都将被扫出历史舞台。

弗雷德里克·埃德温·史密斯是这种人之一，尽管他来自一个更粗陋的类型。按为他作传的儿子在一本令人愉快的有趣的书①里所述，埃德温的父亲，即托马斯的儿子，在一次有关星期天滑冰话题的争论之后，17岁的他匆匆离开了家。他参加了陆军，在西北边陲②服役，21岁时成了军士长。回到英国后，他做了一段时间家族生意；之后学习法律，获准成为律师。他进入政界，在43岁突然离世的时候，他似乎即将开启一份成功的法律和议会事业。这意味着弗雷德里克·埃德温需要独自拼搏。那年他16岁。

一个叔叔愿意帮他读完牛津大学，但条件是他拿到公开奖学金。他拿到了。一通快乐的无所事事和全心全意地享受大学生活之后，他发现自己陷入债务，除非在学校取得优等成绩，否则没有可能从麻烦中脱身。他把自己关在寄宿屋里，在六个月里每天学习14个小时。他得到优等，次年获得瓦伊纳（Vinerian）法律奖学金，成为默顿学院（Merton College）研究员。他于1899年获准成为律师。到1904年，他每年挣到6000英镑，1908年，他成为王室律师。他作为议员的声誉那时已经牢牢建立起来。他凭着他的首次演讲成为全国性人物。

那次演讲是一场冒险的赌博。他知道会是这样。预计会获准发言

---

① *Frederick Edwin, Earl of Birkenhead*, Birkenhead. †

② 英属印度的一片地区，大致相当于今巴基斯坦开伯尔－普赫图赫瓦省，是印度次大陆最难征服的地区。✱

的那天晚上，他和妻子驱车去议会，他告诉她，说他决心孤注一掷，而且计算了失败的代价。

"如果输了，"他说，"我将一无所有，只能蛰伏三年，直到我的耻辱被忘记。"

"你一定要冒那么大险吗？"她问。

演讲大获成功。我只听到后半部分。但从我进门那一刻起，我能感觉到拥挤的议会正听一个一流水平的新人演讲。爱尔兰民族主义者蒂姆·希利（Timothy Michael Healy）是抨击大师和议会最杰出的辩论家。当那位年轻议员在如雷的喝彩声中坐下时，他匆匆写了张条子，从凳子间传过去。"我老了，你还年轻，"纸条上写道，"但你在我独擅专长的游戏里打败了我。"

我直到他 34 岁才结识他。他是个狂热的保守党人，对我因为贸易保护问题而离开保守党非常生气。他自己的父亲在 19 世纪 80 年代是伦道夫·丘吉尔勋爵的热心崇拜者，教导他不仅要接受保守党的民主概念，还要爱护那些努力使之成为现代政治中一支重要力量的人。"F. E."——借用他这个出了名的绰号——因为我打破了一个传统而怀有很强的敌意。他不希望见我。直到 1906 年的议会正常运行几个月后，我们在一场重要的争议之前站在下院围栏边时，一个共同的友人介绍我们相识。但从那一刻起，我们的友谊无懈可击。它是我最宝贵的财富之一。它从未受到最猛烈的党派争斗干扰，也从没有为最细小的个人分歧或误解所损害。随着近四分之一世纪的流逝，它越来越牢固，并且一直持续到他英年早逝。他的陪伴带来的愉悦和启迪无与伦比。政界和一般公众在 F. E. 史密斯身上看到一个顽强好斗的人物，在生活的战场上大踏步前进，一路攻城略地。他们为他的勇猛欣喜若狂。他们看到他的快活神气。熟人和对手都感觉到他的嘲讽或在下院和法庭上的反驳的辛辣。许多人容易认为他只是个在法律的磨石上将机智磨得锋快的煽动家。这是派系时代那些在工人阶级观众面前玩弄通俗艺术的人可能形成的判断。直到他生命的最后十年，那些藏在后面的品质才为国人所理解。

但他的亲密朋友，当然还有我，称道的是真实的他——一个真诚的爱国者；一位智慧、严肃、冷静的政治家；一个伟大的法学家；一名造诣高深的学者；一个快活、聪明、忠诚、可爱的人。我们一起做过几次相当重要的旅行。我们都在牛津郡轻骑兵团服役多年。我们多次一起待在布伦海姆宫（Blenheim）。我们在无数场合晤面交谈；每次离开他时，我都能学到些东西，而且很享受和他在一起的时光。他总是非常风趣，而且还有可观的常识和敏锐的理解力，这让他的建议无论是在解决公共争议，还是私人困境方面，都有无上价值。他在很大程度上拥有狗的全部美德——勇气、忠诚、警觉、喜欢追逐。他在许多问题上形成了稳定并且稍显阴暗的结论，许多人对这些问题满足于不置可否。饱经世故，饱经风霜；法律大师；擅长辞令；身强力壮；书虫——很少有他不感兴趣的话题，任何吸引他的内容他都能详细阐述和修饰一番。

尽管多才多艺，他却是我见过的最始终如一的人之一。他经历了我们时代所有动荡的政治活动即属其一。它基于同一个标准，经历同一个思维过程而走向同一个目标。一些保守党人将对国家荣耀的自豪与对工薪阶层和贫民住户的真诚同情结合起来，他一直是其中之一。他骄傲地谈论他的卑微出身，夸大它，吹嘘它。一个自由和文明的社会为有才能的人开启了广阔空间，不管他们的财产和背景多么缺乏，他为此而骄傲。从他的战前演讲体现出的无情力量和党派偏见，有人推断他是个僵化的政党成员，其实他根本不是。一个国民政党或政府的主意总是对他充满吸引力，甚至让他激动。他对劳合·乔治先生坚定不移的友谊和崇拜出自我们在 1910 年组成一个全国联合政府的尝试。组成这个政府的目的是解决当时非常凶险的爱尔兰和宪法问题，为当时许多人已经看出的欧洲威胁做准备。只要北爱尔兰的权利得到有效保护，他的思维从未真正固化于反对爱尔兰自治政策。他的后半生看到许多他心仪已久或至少从未反对过的事业在他的协助下得以实现。

22年前，第一个联合政府成立，我也再次开始与保守党人在除贸易保护主义外的一切问题上合作，这时我们成了同事，起先在战时，之后在和平时期。近十年时间里，我们一起在内阁供职；我很难回忆起任何我们不是真心而自然地意见一致的问题，意见不一的重大问题当然一个也没有。在我觉得印度的未来危如累卵的几年里，我尤其遗憾身边没有他。我相信在他的帮助下，我们可以找到另一些更好的解决方案。

* * * * *

F. E. 拥有用于讨论、辩论、阐述、呼吁或争论等等所有目的的十八般兵器。大棒用于讲台；轻剑用于个人争论；一团乱麻的渔网和出其不意的鱼叉用于法庭；一壶清泉用于一场紧张而纠缠的秘密会议。他的儿子举出了许多他使用各种不同方法的例子。世上很难找到比他和威利斯（Willis）法官在萨瑟克区法庭的交锋更持久、更无情的辩论了。

一个被撞的男孩起诉一家电车公司，要求损害赔偿。F. E. 代理电车公司出庭。有利于男孩的理由是事故导致了失明。饶舌但好心肠的威利斯法官让同情压过了审慎。

"可怜的孩子，可怜的孩子！"他大声说。"瞎了！让他坐到椅子上，好让整个陪审团看到他。"

这是在偏转公正的天平，F. E. 提出抗议。

"也许法官大人想让男孩在陪审席传看一圈。"他建议说。

"那是最不适宜的评论。"法官叫道。

"它是最不适宜的建议引来的。"是那个惊人的答复。

威利斯法官试图想出一个决定性的反驳，终于想到了。

"史密斯先生，你有没有听过培根——伟大的培根——的一句话，说年轻和审慎是不相配的搭档？"

"是，听过。"机智的反驳脱口而出。"你有没有听过培根——伟大的培根——的一句话，说饶舌的法官就像一只走调的钹？"

"你太无礼了，年轻人。"法官嚷道。

"实际上，"史密斯说，"我们都是，但我是主动这样，而你是不由自主。"

在一部精心创作的戏剧里，这样的对话会被看成机智，但这些精彩纷呈的连续反驳根据当时的情景脱口而出，这才是惊人的。

也许，几乎同样惊人的是威利斯法官继续给 F. E. 无情的机智创造机会。

"那你认为我坐到审判席上来干什么，史密斯先生？"

"法官大人，我没有资格揣摩天意的神秘运行。"

在公共讲台上，同样的闪电从他身上发出——有时披着普通的伪装。在一次选举集会上，一个起哄者正对 F. E. 为之讲话的候选人无礼。他听得越来越不耐烦，最终插嘴建议那人在问问题时该脱下帽子。

"要是你愿意，我会脱下靴子。"一个沙哑的声音喊道。

"哦，我知道你是来找不自在的。"F. E. 评论说。

另一次是在他生命中最辉煌的时期，他正在他的老选区的一次会议上讲话。某一刻，他说："现在我告诉你们，政府到底为你们所有人做了什么。"

"什么也没做!"走廊里的一个女人叫道。

"我亲爱的女士,"伯肯黑德伯爵说,"走廊光线太暗,看不清你无可置疑的魅力,因此我无法确定你是未婚女士还是寡妇或者太太,但在任何情况下,我保证都能证明你错了。如果你是未婚年轻女性,我们给了你选票;如果你是妻子,我们增加了就业,降低了生活成本;如果你是寡妇,我们给了你养老金——如果你这些都不是,而是蠢到喜欢喝茶,我们减少了糖的税收。"

这里令人惊奇的是,这些话是脱口而出的。我很想继续引用这类锤打般的妙语。其中许多保存在他儿子写的那本精彩的"生平"里。我可以作证,在任何环境下,F. E. 都能给出一句答复,让〔对手的〕嘲笑甚至在场的人转而针对攻击者。大家怕他,怕他一张刀嘴。连我这么熟悉他的人,有别人在场的时候,都忍住不让争吵太过火,以免殃及友情。

关于他在法庭上的成功,我无法给出第一手描述,因为我只听过一次他在法庭上的讲话。我认为他在下院的表现不及在讲坛或公共宴会上。他在下院只待了相对短的时间——10 到 12 年——他的特点和风格是按其他模子形成的。不过依然没人可以媲美他在议会的许多惊人成就。在我看来,他在上院似乎比在下院更如鱼得水,在上院会议中占据了更大的主导地位。听他在上院议长席位上总结一次辩论,不用笔记,不用手势,几乎没有音调变化地一次谈上一个小时,逐点分析,将它们织成条理分明的论证结构,旁敲侧击地冲击一些报复性攻击,但永远明确而轻松地回到他的主题,没有一点费力迹象地得到他的结论,所有这些构成了一种令人难忘和嫉妒的才能。他很满意于这份才能,也很乐意使用它。"当我可以自由飞翔时,"他对我说,"我总是感觉良好。"

他在公共讲坛上表现很好，因为他深知街头的普通保守党爱国者的观点、感觉和偏见。同样的品质帮助他说服陪审团。他能以无懈可击的准确敲出那简单的主音符，引来热情的父亲、丈夫或热心青年的反响；以无比确信和最大的自由谈论所有最微妙的关于生活和道德、体育精神和公平竞争的问题。

但我最喜欢听到他在内阁讲话。他是个非常沉默的成员。他在法律职业中养成了连续几小时一动不动地静静聆听的习惯，除非被问及他的意见，他难得开口。那时他的举止如此安静，如此恰当，如此一板一眼和理智，以至你能感觉到意见的改变。接着突然之间，他对话题的劲头上来，本能的，无价的，构成真正雄辩的信念与感染力的光芒闪耀出来。我经常会想起皮特先生翻译的著名拉丁警句：如果 F. E. 在这里，他会告诉我——"雄辩就像火焰。它需要燃料来充实，行动来激发，而且越烧越亮。"在我的感受里，他和劳合·乔治先生都是在一二十人的聚会上表现最好，这些人里的每一个都非常熟悉争论中的问题，各种各样空话的任何形式对他们的效果都只能是灾难性的。

我说过，他的意见始终如一，甚至是固执己见。在公共或私人的每个事务上，如果他周一与你意见一致，你会发现他周三还是一样，到周五情况看上去不妙时，他还会以更强的信念前行。同志或盟友的相反形式是如此常见，以至我将这一点看成一个突出的特征。他喜欢娱乐；他对生存这份天赐礼物充满感激；他热爱生命中的每一天。但没人比他工作更努力。年轻时起，无论工作和游戏，他都全力以赴。他集中注意力的能力非同寻常，对一个特定问题连续五六个小时的思考不在话下。他拥有拿破仑称道的精神能力 "de fixer les objets longtemps sans être fatigué"（法语，大意：长时间关注一个目标而不觉得累）。无疑，他在法律工作中经常将他的无比机敏用于掌握一个困难的领域和直达问题的根本。他从不纠缠在错综复杂的细节中。我记得在他获准成为律师，成为个中佼佼者后，当时自由党政府圈子的流行说法是他并没有真正掌握法律原理。一些大法官阐释了英国常识和正确感觉的奇妙结构，我活着看到他跻身他们之列。

他儿子向我们讲述了他在 1910 年的加冕礼上成为枢密院成员的故事。我认为我与那事有点关系。我知道阿斯奎斯先生对他评价很高，在专业上欣赏他的思想。我催促将他作为枢密院成员列入非党派荣誉名单。作者讲述了阿斯奎斯首相提出这项建议时，它在当时的反对党领导人贝尔福先生那儿引发的奇怪反应。我认为这不是出于嫉妒或对后果的担心。对于赏赐和提拔如何在他和他叔叔统治了一代人的政党成员间分配，贝尔福先生自有他长期形成的观点。不管怎么说，他反对它，并且为了实施这项提议，有必要将另一个枢密成员位置授予博纳·劳先生。这可能让领导权的天平倒向博纳·劳先生，同时也许可追溯地改变了历史进程。不过，历史总是为各种各样的事件所改变。

事后回首，我认为联合政府的战后岁月应视为 F. E. 一生的重大时期。艰难和危险的爱尔兰争议扭曲了英国政治逾 30 年，他在这一时期的最大成就就是在它的最终解决中发挥的作用。普通公众，尤其是支持保守党原则的那部分人，依然记得他是"飞奔的史密斯"和大战前最强烈最能干的《爱尔兰自治法案》的反对者之一。为了在排除北爱的基础上获得爱尔兰问题的解决，他做出的努力要么鲜为人知，要么被人遗忘。自那以后，复活节起义（Easter Rebellion）揭示了爱尔兰新芬党人对英帝国的打击的极致，之后就是暗杀和恐怖行动。

F. E. 自觉有义务协助做一次最终努力来结束这场长期、极端和过时的争议。他在与新芬党代表团的谈判中发挥了主要作用，是《英爱条约》的签字人之一。

"我今晚也许签下了我的政治死刑令。"他放下笔时评论说。

"我也许签下了我的真正死刑令。"迈克尔·科林斯（Michael Collins）^①说。

伯肯黑德在上院就《婚姻诉讼法案》（Matrimonial Causes Bill）^②的演说再次揭示了这个政治家和慷慨亲切的人。他儿子认为它是"他一生最好的演讲"，其他人也表达了类似评价。滔滔不绝的雄辩，感觉的深度，思考与论证的力度，这些让人回想起议会演讲和辩论巨人的伟大时代。

"各位大人，"他说，"过着高尚生活的人、商人、意见和经历受到重视的人，会将通奸看成应当解除婚姻纽带的一个事实，对此我只能表达我的诧异。通奸是对婚姻肉体义务的违反。对节欲和忠贞义务的坚持非常重要，它对社会不可或缺。但我一直秉持的观点是，婚姻的那一方面被夸大了，并且在婚礼中有点粗鲁地被夸大了。我今天认为很重要，并且将与之共进退的观点是，婚姻的道德和精神方面比身体方面重要得多……如果你考虑婚姻对我们大部分人意味的一切——对年轻时如此漫不经心又如此自信地共同经历的世界的记忆，温情的陪伴，共为父母的甜蜜联系，所有这些比大自然为了获得物种延续并使之令人愉快，以巧妙的心灵感应设计出来的纽带要有意义得多。"

"什么，"他问，"是对一个可怜女性的补救？结婚的时候，她

---

① 迈克尔·科林斯（1890—1922），爱尔兰革命领导人，1921 年签订《英爱条约》的爱尔兰代表团成员之一。他于 1922 年爱尔兰内战中，被反条约者在一次伏击中射杀。凶手声称通过签订这一条约，他出卖了爱尔兰，因为此条约只将独立赋予爱尔兰 32 个郡中的 26 个郡。✳

② 这个 1911 年的法案寻求替代 1857 年《婚姻诉讼法案》，并寻求使女性得以按与男性相同的理由提出离婚。✳1857 年《婚姻诉讼法案》将离婚的法定理由局限于通奸一种，并要求原告自身没有过错以及原被告之间不存在合谋行为。且该法案对身处离婚纠纷中的夫妻适用不同的标准。如果妻子作为原告，她不仅需要证明被告丈夫通奸，还需证明丈夫存在诸如虐待、乱伦或鸡奸等其他过错；如果丈夫作为原告，那么他的证明责任明显要轻得多。✳

放弃了婚前赖以谋生的微不足道的事业，最后一文不名，终其一生都无法认出她的丈夫，无法得到任何法律救济。她既不是妻子，也不是寡妇；她有一个冰冷的家；余生都守着没有父亲的孩子……"

"我们被告知，我描述过的这样一个女性将保持贞洁。我只能说，两千年来，人类天性以年轻的热忱抵抗了修道院的冷血告诫。我也不相信上帝设立了一个标准，而两千年的基督教体验已经表明正值青春年华的人类天性不能支持它。"

"那些发言反对当前提议的人怀着最好的动机，但带来了最危险的结果：'我们拒绝给予你在这个世界上的任何希望。虽然一个诚实的男人爱着你，罪恶是你们结合的代价，私生子身份是你们孩子的命运。'我不能也不相信眼前这种结构的社会将长期默许一个如此残忍的结论。"

他就这样说服了上院。但下院却在有组织的压力下持有另外的看法。今天，经过了 18 年之后，这个深刻影响到公共道德和个人幸福的问题在他大胆描绘的路线上达成了解决方案。

* * * * *

从与 F. E. 的谈话中，我得到了从与贝尔福、莫利、阿斯奎斯、罗斯伯里和劳合·乔治等同代人的谈话中得到的同样愉悦和收获。与这些人一番交谈后，你确实感觉到事情简单了，容易了，感觉到英国足够强大，足以安然度过它的所有麻烦。他走了，在最迫切需要他的时候走了。但他的记录留下了。他不是在每个方面都值得所有人效仿的榜样，谁又是呢？他似乎拥有双份的人性。他一生的蜡烛同时在两头燃烧。他的身材和体质似乎能够无限期地支撑各种形式的脑力和体力活动。当它们垮掉时，终点来得很快。太阳下山到天黑之间只有很短的一段黄昏。这样更好。若疾病迁延太久，他的生命赖以建立的所有活动被剥夺太久，这会成为他不堪承受的负担。

从第一代伯肯黑德伯爵的职业生涯中，以及从这些记载中的其他人物身上，年轻人知道，我们岛上没有阶级、特权或财富的障碍会阻止优秀能力的全面施展，这对他们肯定是一种鼓舞。

一些人度过了忙碌、辛劳和成功的一生后，留下了无数股票证券、土地工厂或大企业的商誉，F. E. 将他的财富存在朋友心中，他们将把对他的记忆珍藏到他们自己生命的终点。

福煦元帅^①

① 福煦（1851—1929），法国军事家、统帅。炮兵学校毕业。曾任军事学院教官、院长。1911年起任师长、军长。第一次世界大战爆发后，任集团军、集团军群司令，率部保卫边境，指挥第一次马恩河战役和伊普尔、佛兰德斯等战役，后因索姆河战役损失惨重而被解职。1917年任法军总参谋长，翌年出任协约国最高军事委员会执委会主席和协约国军队总司令，晋升为陆军元帅。著有《战争原则》《战争回忆录：1914—1918年》等。✳✳

À M. Winston Churchill
en souvenir de la grande guerre

F. Foch

28.10.19.

无比的正直与和谐贯穿了福煦元帅的一生。法国与德国这场冲突大戏吸引了全世界的关注，破坏了大片繁荣的法国领土。福煦元帅的一生正处于这场戏剧的中心。他也许比任何人都更强烈地感觉到它的狂怒与悲痛，他的最高权力运用于它的高潮和终局期间。在1870年的普法战争中，他年龄只够当一名志愿兵中尉，但他所在部队太年轻，没有经验，因此他们从未暴露在敌军炮火下。他见证，他承受痛苦，他理解，但无能为力。这个热情的年轻人血管里流淌着加斯科涅人和武士的血液，敏锐的智慧揭示出更重要的问题，极度的敏感对每一次接触做出反应，却被迫无助地看着祖国的衰落。他能做的只是在很大程度上感觉到它的痛苦和自己的无能。

但作为痛苦的自然结果，他还能在自己身上培养那些深刻并且在某些方面显得神秘的力量。简单、实际但强烈的宗教信念让他坚强，对祖国天生的爱让他充满活力，最高形式的职业军事智慧让他专注，从1870年起，福煦在一个凡人的大脑和身体内包含了法国人称作"La Revanche"的精神。对这个词差强人意的翻译是"复仇"。这个翻译不好，是因为这个"复仇"里没有怨恨或残酷的热情，没有物质收益或个人荣耀的贪婪，没有羞辱或粗暴对待德国敌人的欲望——不管隐藏得多深——只有一个终生的愿望、目标和努力，要看到终有一天，在1870年倒下的法国会恢复其尊贵地位。他开始职业生涯时，向着巴黎和胜利进军的德军对这个年轻人不屑一顾；他活着看到英勇的德国人的全部力量匍匐在他笔尖下哀求。人微言轻时，他与祖国经历了最坏的境地；位高权重时，他指挥了它的绝对胜利。

让我们先看看这个不平凡和上天注定的人物一些最可爱的特征，虽然上天注定这一点颇有争议。他的个人魅力和精彩演讲对所有与他接触的人都产生了持久的吸引力。无论祖国的政府或政府形式是什么，不管他的宗教给他的军旅生涯带来多大妨碍，他对祖国和宗教的忠诚构成了他持久的力量源泉。作为一个接触其他人物和应付无休止细节的人，作为指挥着一条在德军攻击下崩溃的战线的司令官，他无所畏惧而且源源不断的旺盛精力连大战都没能耗尽。他的忍耐力堪与精力媲美。他对祖国的宪法和部长们的职位维持着绝对尊重，即使那些部长出自一个显然不属于他的制度。我们必须承认，他对盟军盟国的感受怀着一份不偏不倚的理解，最后还对那个古老而可怕的敌人保持了一份纯属一名士兵的骑士风度。他曾在那个敌人脚下挣扎，也曾胜利地骑到他们头上。德国人接受了停战协定的苛刻条件后，谨慎而警惕的平民意见强烈要求立即解除德国作战部队的武装，这时福煦大声说，"他们打得不错，让他们留着武器吧"。

* * * * *

评价福煦的军事水平还为时过早。我们离事件太近，它也迥异于之前所有的战争体验。最高指挥权在这场战争中运用的条件与亚历山大大帝、汉尼拔、恺撒、古斯塔夫二世、马尔博罗和拿破仑证明其才能的条件没有任何联系。所有的压力和紧张都出现在这个现代时期，实际上，它们被大大延长，以至变得模糊不清，但它们还没达到以往的宏大战役中达到的那种强烈的行动性。相比坎尼会战、布伦海姆战役或奥斯特里茨战役，1918 年的世界大战只是一部慢镜头电影。我们坐在宁静、宽敞的房间里欣赏阳光下环绕在树木间的草坪，只有唠叨和家务能打破这份平静，但 700 万人，其中任何 1 万都可以消灭古代的大军，陷在从阿尔卑斯山到大西洋的无休止战役中。而且它不是持续一个或两三个钟头，而是近一年。这些考验显然属于一个不同的种类；说它们属于一个更高的级别当然还太早。

我在战前的军事演习上结识了福煦；大战期间，我和他有过三次接触，这三个场合恰恰当地表明了他的命运沉浮。第一次是在1917年。虽然我自己当时没有官职，但在潘勒韦部长的盛情邀请下，对法国战线做了一次大范围巡视。这是福煦的一段低谷期。继索姆河战役的可怕伤亡和失望而来的反应和指责击垮了霞飞，福煦作为他的作战副手也随他受到冷落。1915年春，法军在他那场固执而不幸的阿图瓦攻势中损失惨重，这一点掩盖了他1914年在马恩河和伊瑟河的战役中发挥的重要作用。法国震惊于男丁的急剧减少，转向其他领导人和新的方法。福煦获任巴黎的一个高级顾问职位，正是在那里一间离荣军院不远的简朴办公室里，他会见了我。显然没人表现出一丝的情绪低落或意识到被轻视。他以无比的坦率和气度谈论了整个战争形势，尤其是我非常感兴趣的东线区域。他的姿态，他引人注目的举止，他有力而且常显得可笑的手势——滑稽，甚至完全没有表达力，他的兴趣被唤起时的思维力量，所有这些都给我留下生动印象。无论是手握可以发动的军队，还是只剩下思想，他永远在战斗。

我在其他地方描述过与他的第二次会面。那是1918年4月3日在博韦（Beauvais）。他当时是所有协约国军队的总司令。3月21日的灾难和从杜朗会议（Doullens Conference）认识到的深刻教训迫使黑格提议并由法军司令贝当接受了福煦的最高领导权。他继承了一份可怕的遗产。协约国战线被撕开一道很宽的缺口；英国第五集团军溃败，大部被消灭；法国援军尚未到达；只有一道由下马的骑兵、临时拼凑的军校学员分队和这场失败中疲惫的幸存者组成的不规则的薄弱防线，挡在进攻的德军和拥有铁路生命线的亚眠之间。法国控制区再南边一点，蒙迪迪耶刚刚失守。福煦只有少数参谋军官——他的"军事家庭"——和界定不清的权力，不得不要求英军继续奉献和从贝当处抽调后备军北上。贝当将军一直认为，应该留这支后备军保卫首都。这无疑是可怕的一刻。我现在可以见到他。他向克列孟梭和我描述了形势，像老师在黑板前讲课一样，借助地图和笔解释了他信心的理由。他显示了入侵的冲击波如何逐日减弱，最初的大规模推进如何逐渐停止。他当然不算沉着。他慷慨激昂，极尽说服之能事，但富有洞察力，特别是毫不气馁。

直到秋初，当德军攻势被决定性地打败，局势最终转向，一切进展顺利并且无疑开始好转时，我才再次见到他。现在，他处于权力顶峰。他的话就是法律。法国、英国、美国和比利时军队不折不扣地遵从了一位常胜将军的指挥，德军防线在他们面前不断后退。

但他在4月到9月间经受了多么严峻的考验啊！北方战役的长期危机期间，他将英军司令部认为不公平的压力加在英军头上，这当然是极其冒险的。面对久经沙场的将领对法军援助这一合理措施的强烈要求，他有一套典型的说辞——"Cramponnez partout"（到处坚持）、"Jamais la relève pendant la bataille"（战役期间绝不松懈）。至于他自己的贡献——"On fait ce qu'on peut"（尽力而为）。这对"背水一战"，被占据绝对优势的德军打得溃不成军的英军毫无用处。他很不情愿地施以援手。他榨出陷入苦战的黑格军队的每一滴生命力。那支军队经历了残酷考验，没有失败。它赢了，但只是小胜。凭借最可怕的牺牲和努力，它坚持了下来。结果，在保住英吉利海峡港口和保持英法军队的联合之间做出选择的可怕问题没有出现，福煦的大话"两边都不放弃"（Ni l'un, ni l'autre）实际上是用英国人的血实现的。他将一匹骏马骑到几乎累死；几乎，但没真死。它活了下来，赢得了那场特别的比赛。谁还能说他错了吗？相反，虽然我们招致了可怕的损失，现在我们必须声称他是对的。但英军司令部和这位总司令间的关系当时紧张到极点。北方战役尘埃落定后，余怒保留下来。英国陆军和政府最高层圈子认为，法国人正利用统一指挥权将不成比例的压力加到主要盟友头上。这个可怕的想法来自知识，来自巨大的损失和冰冷的经历！

英国的头头脑脑还沉浸在这份情绪中时，一个更沉重的打击落到头上。5 月 27 日，法军中路在"贵妇小径"（Chemin des Dames）遭到突袭，敌军一场大规模攻击随之而来。福煦此前要求在北方的战役中全部损失过半的四五个英国师填补一段战事不紧的法军战线，使他们可以在那里休整。结果这些残缺不全的部队正对着一场新攻势的冲击，几乎被全歼。5 月 25 日 [①] 的这场灾难加剧了英军司令部和福煦的紧张关系，令人遗憾地损害了他在巴黎的名声。一直给予他精神支持的是贝当，这个灵巧、冷漠、有条有理的战士完全控制了法军参谋部这架绝妙的机器。据说贝当在重要问题上的观点与福煦并不一致。

1918 年 6 月 1 日到 7 月中旬的这六个星期肯定被记录成对福煦的艰巨考验的高潮。迄今为止，除了法军一场超级大败和英军被人利用的深刻感觉外，他还没什么可炫耀的。在很大程度上，他持久的军事名声肯定建立在他在这场考验中的作为上。如果他身后没有一个不同身份、同等勇气和个人力量更强大的人物，他决不可能成功。克列孟梭这个忠实可怖的法兰西之虎潜行在法国首都，保护着这个总司令不被推翻。正是在这个消沉、危险、争议和受到削弱的形势下，福煦元帅面临着德军 7 月 12 日的新攻势，毫不犹豫地否定了贝当的决定，

[①] 5 月 25 日没有败仗，丘吉尔提到的也许是一个月前的 4 月 25 日的一场大败。用一个营据守一座重要山头的一个法军师阵地遭到德军特别猛烈的攻击。山两侧的法军部队打退三次进攻，遭到重大损失后放弃，撤向后方，那个营被切断，孤立在山顶。法军左翼一个英军旅或死或俘，全军覆没。 ＊

撤出横在巴黎与敌军之间的后备军，在芒然（Charles Mangin）的指挥下将他们投向德军侧翼。这个决定，从它的形势和结果来判断，肯定会被看成有史以来最伟大的战争举动和坚韧精神的榜样之一。

但所有这一切现在都结束了。盟军团结一致，打败了敌军，福煦成为那个至高无上和必胜的人。一个宜人的秋日下午，我在他的庄园，对着一个严肃、安静、彬彬有礼，对自己不可限量的成功和不朽的名声深信不疑的绅士，试图赢得他对一项于 1919 年开展的大规模坦克计划的支持。

我与他还有一次会面。那是在战争结束后的 1920 年，在陆军部。协约国盟军当时守在莱茵河防线，占领着莱茵兰地区。英军规模现已大大缩减，驻扎在科隆。出于我无法理解，同时可能与某种莱茵兰自治的谋划有关的原因，法国人希望自己驻守科隆，将英军调到防线一处不那么重要的部分。他们打发福煦试探性地将这一变化首先通知我。德高望重的元帅吞吞吐吐地透露了他的立场。他将自己的意思限制在军事便利方面的因素，但随着他的进行，我在某种程度上意识到背后的意图，不由心生反感。在我们为到达科隆这座名城发挥了重要作用之后，将莱茵河上的英军司令部搬出那里的想法在我看来一点也不正当。因此在他完全表明意思后，我说："难道你们不认为可以让我们全部打道回府吗？"

我记得阴影一层层罩上元帅那高贵、表情丰富而且一直很友善的面庞。关于这个话题，我们再没提一个字。我们的谈话愉快地继续进行。这是我最后一次见到他。

* * * * *

福煦元帅主导的事件的重要性在战争史上当然无与伦比。但我相信，随着时间流逝，世人会发现，他的英勇精神和精明准确的判断都是第一流的。好运降临到他头上。在唯一的希望是不陷入绝望的时候，他顽强好战的特殊才能为他在马恩河和伊瑟河赢得殊荣。这一才能也将他引向阿图瓦和索姆河进攻战的巨大失败。1914 年，他通过拒绝认输力挽狂澜。1915 年和 1916 年，他啃硬骨头啃断了牙。但 1918 是他的一年。在鲁登道夫攻势的第一阶段，没人比他更清楚如何用每一分力量来防守每一寸土地，从而积蓄后备力量。在第二阶段，当主动权转到协约国时，他们在这场战争中第一次不仅拥有了优势兵力，还有更多的大炮、弹药、坦克和飞机——简言之，一次成功进军不可或缺的装备。这时才到了福煦的独特天才得到全面和决定性发挥的时候。高喊着"Allez à la bataille"（去战斗）、"Tout le monde à la bataille"（人人奋勇），他掀起英国、法国、美国、比利时这些协约国军队的狂潮，发动了规模宏大、步调一致、势不可挡的进攻。

阿方索十三世[①]

① 阿方索十三世（1886—1941），西班牙国王（1886—1931年在位）。在1902年他成年前，由他的母亲摄政。期间，1898年美西战争使西班牙失去菲律宾、关岛、古巴、波多黎各。1909—1911年，西班牙为革命运动所扰。阿方索十三世试图改革并取得一定成果。一战时阿方索十三世保持中立，避免了西班牙被战火牵连。1923年支持里韦拉将军建立独裁统治。1931年西班牙爆发革命，阿方索十三世不久下诏退位逃亡，后病死于罗马。**

阿方索十三世
Keystone View Company

生为国王；除了国王从未有过别的身份；统治了 46 年，最后被推翻！在艰苦的新条件下，以前所未见的地位和精神状态，被禁止从事一个为之奉献了终生的职业，到中年时重新开始生活！绝对是残酷的命运！付出了最好的年华，面对过每一次危险和忧惧，做出了伟大成就，在 20 世纪的每一场危机期间管理了他的国家；看过它日益繁荣，声名鹊起；之后被这个国家突然拒绝。他曾为它骄傲，曾是它的传统和历史的化身，曾寻求以他一生最杰出的行动来代表它——这无疑足够考验一个凡人的灵魂。

政治家的起伏兴衰与这样的考验无关。政治家通过努力和斗争崛起；他们预计到倒台；他们希望再次崛起。不管在不在位，他们身边几乎总是围绕着大群大群的支持者。他们在逆境时有许多伙伴。他们有各种利益和诉求的工作依然继续。政治家知道他们只是时势的产物。那种供奉了多少世纪的财宝，将在他们手中无可挽回地被打破的金匣子，他们没有。在他们为自己选择的道路上，他们甘苦如饴。然而即便政治家也会经历巨大的痛苦。1916 年，聪慧贤明的比勒尔（Augustine Birrell）[①]先生在都柏林起义事件中丢官罢职。同一年，他的上司阿斯奎斯先生也在大战的压力下倒台。反思后一事件时，比勒尔说："这肯定让他非常痛苦。我只是从一头驴子（即爱尔兰事务大臣）上摔下，也一点都不喜欢它。但阿斯奎斯是在整个英帝国面前，

---

① 奥古斯丁·比勒尔（1850—1933），英国政治家、散文家。毕业于剑桥大学三一学院。曾任教育大臣、爱尔兰事务大臣。

从一头大象上摔下的。"但身为国王然后被推翻——那是一个截然不同的辛酸经历。

　　阿方索十三世是遗腹子。他的摇篮是皇帝宝座。在他母亲摄政那段时期，集邮爱好者对画着一个婴儿形象的西班牙邮票趋之若鹜。后来邮票上是一个孩子天使般的面部轮廓，再后来是一个青年人的侧影，最后是一个成人的头像。严厉的教养：女家庭教师、私人教师和太后母亲以国王职业来训练他。对王子的教育异常严格。学术、宗教和军事学科一起加诸男孩身上。教师、主教和将军随时随地监督这个年轻人的生活。所有人都在灌输王权的道理，所有人都在强调义务观念，所有人都在重申礼仪。真正的国王有独特的观点。连臣民中最出众的人都没有同样的与整个民族生活的联系。高居于政党和派别之上，他们是国家精神的象征。但接受过如此养育和训练，如此沉溺于荣誉中的一个人会成长为一个实际、亲切、世故的人，有贵族气派而没有一丝自大或虚伪的人，这证明了他天生就有一种令人欣赏的天性。

　　作为一个成长过程中没经过寄宿学校磨炼的纤弱王子，阿方索通过户外生活磨炼了他的品格和体魄。童年的王室特权意识会惯坏大部分孩子，但他努力想成为游泳健将、骑士和登山高手。他第一次练习登山是爬上米拉马尔宫（Miramar）侧面。机灵、精瘦，与一贯的敏捷相称，他的身心合为一体。他从来没有软弱奢靡，他的愉悦是普通人的愉悦，他的风度是国王的风度。他对马球的爱好无疑影响了西班牙骑兵军官。很难想象，没有他热忱而英勇的领导，西班牙军队会是什么样子。

　　阿方索几乎还未成年，一个名叫"危险"的老师就将他的课程加到王室课程表里。阴暗的西班牙地下政治世界有许多秘密社团，炸弹和手枪对它们具有一种可怕的情绪吸引力。人人都记得那场破坏甚至差点毁掉王室大婚日的悲剧。长长的亮丽的游行队伍，快乐的人群；

婚车上坐着年轻的国王和成为他新娘的美丽英国公主，那个阴暗诡秘的人物从高处的窗户窥视，一个挟着巨大威力的小包，震耳欲聋的爆炸，街道成为屠场，数十人或在血泊中挣扎，或被炸死；围绕着这恐怖场面的惊惧与恐慌；钢铁般冷静的国王将新娘扶下炸坏的马车，不让她看到周围的恐怖景象；挤上前来帮忙的从英国派来为她助礼的第16枪骑兵团分队的鲜红军服——整个场面深刻在它发生的那一代人的记忆中。

但事情还没有结束。游行队伍的前列已经到达王宫。什么情况耽搁了国王和王后？真相当场传开。不久后，染上鲜血但没受伤的国王夫妇赶到，坚强地举行了既定的仪式。出现在王宫窗台还不够安抚焦虑的人群。国王必须坐一辆敞篷汽车，不带护卫并且几乎独自走进一大群臣民，接受他们忠诚的礼赞和对他逃脱一场可怕危险的感谢。这是将在所有危险时期彰显他风度的精神。

1914年春，我造访马德里时，有幸第一次见到他。他邀我共进午餐，饭后在附近一个小房间里与我无拘无束地亲密交谈。我来马德里打马球，以这种方式，我们数次晤面。一天，他请我陪他坐他的车出行。我们开了很远的路，来到埃斯科里亚尔修道院（Escorial）。在这里，我们的谈话转到欧洲的紧张状态。国王突然说：

"丘吉尔先生，你认为欧洲战争会发生吗？"

我答道："先生，有时候我认为会，有时候认为不会。"

"那正是我的感觉。"他说。我们讨论了未来似乎很有可能发生的各种情况。他对英国的深切关注明显地体现在他说的每句话里。虽然我在古巴随西班牙部队行动的事情已经过去了近20年，在我离开马德里前，他还是为那次行动授予我军功勋章。

没人会对西班牙在那场毁灭世界的大战中保持严格中立感到意外。西班牙与协约国和同盟国间的历史障碍难以克服。西班牙人最深刻的仇恨记忆是拿破仑的入侵和半岛战争（Peninsular War）的痛苦。即使百年之后，法国和西班牙的态度也不可能一致。直布罗陀海峡虽然是淡化了的刺激理由，还是在西班牙人的想法中起了一定作用。但他们真正的仇恨对象是美国。西班牙殖民帝国最后残余的最终失去在一个骄傲的民族心中留下痛苦和失落。西班牙贵族阶层支持德国，中产阶级反对法国。按国王的说法，"只有我和大众支持协约国"。我们能希望的最好情况是西班牙在这场战争中保持中立；当然，它通过避免卷入战争繁荣起来。

国王对我说过另一次行刺企图。我特别记住的一次。他参加了一次游行后骑马返回，一个刺客突然跳到他马前，在仅1米的距离举起一把左轮手枪。"在这些情况下，"国王说，"马球技能还是很有用的。他开枪的时候，我策马直向他冲过去。"他就这样逃脱了。他总计遇到五次刺杀尝试和许多流产的阴谋。1914年结识他之后，我又在他多次到访英国期间与他会面，并且他一直让我感觉到他对他的国家利益的密切关心，以及他增进子民的物质福利和进步的真诚愿望。阿方索国王的签名是一个真正引人注目的标志。笔迹专家声称从中发现了坚定和构思的深刻源泉，当然它也别具一格。但很少有这样不自高自大的君主。阴郁庄重的西班牙宫廷在它的晚期主人身上造出一个现代、民主的人。他轻松自然地行走在各种社会阶层。将国王与个人、公共职能与生活享乐分开一直是阿方索的愿望和习惯。人们注意到这位王子，这位西班牙所有大公之首，本人在照片上经常穿着马球装、法兰绒裤或非传统的服装。人与背景的对比非常鲜明。

什么也剥夺不了国王的快乐天性和蓬勃朝气。长年的仪式、国事和围绕着他的危险一点也没影响到那几乎孩子气的快活欢乐的源泉。我在他最近一次到访伦敦时见到他，他刚刚摆脱了一场几乎是他统治中最严重的政治危机。他以一种波澜不惊的忘我轻描淡写地谈到此事。但他似乎满脑子只想着圣乔治选区的下院补缺选举。房屋和汽车上的海报；他的许多伦敦上流社会朋友的政治激情；媒体大佬的影响；男男女女的社会拉票和演说人员——所有这些骚动和嘈杂唤起了他真正的兴趣。它似乎非常有趣，似乎是一个他很想参与的游戏。他喜欢微服四处走动，亲眼去看，亲耳去听。

他的谈话，不管严肃还是欢快，都充满一种自然的魅力，并且因闪亮的眼睛而生动。不管是不是作为国王，没人不会想要一个更可意的伙伴，而且我确信，如果访问美国，他会立即赢得美国人持久的喜爱。他非常喜欢英国和英国习俗，这很容易转变为对美国生活和社会的喜爱。当然，没人比这位精明的政治家、疲惫的君主和受驱逐的人更不幸，表面上更无忧无虑。看着他，我记忆中反复出现离开佛兰德斯的战壕休假的军官们，他们回到家里，快乐地生活在家人中，在舞会或夜总会上尽情起舞，看着杂耍戏院的喜剧开怀大笑，身上看不出他们昨天刚刚离开，明天即将返回的艰苦和危险的一丝迹象。

导致西班牙君主倒台的问题渐渐达到白热化的程度。它们的起源在于议会制度因与现实和公众意愿的脱节而导致的垮台。人为约束和分裂的政党制造出一连串孱弱的政府，很少甚至没有政治家有能力承担真正的责任或行使足以影响形势的力量。长期的无计划的摩洛哥战事——数世纪的遗产——时不时失败的剧烈痛苦如溃疡般啃啮着西班牙人的心。大不列颠的全部政党都有一种称作荣誉感的严格传统，西班牙政治家没有这样的传统来保护王室免遭一切厌恶和责难。内阁和大臣如纸牌屋般纷纷倒下，很乐意地留下国王承受他们的负担。他毫不犹豫地这样做了。同时，与摩尔人的战争迁延日久，公众的不满在累积。甚至在大战的中立给西班牙带来的富裕和繁荣中，不满也在增长。教会和陆军那顽固、强大和难以控制的力量和炮兵部队几乎自成一体的机构都给阿方索带来另外一系列最难解的问题，与议会机器毫无成效的混乱互相影响。

只有极大的耐心、技巧和对西班牙人秉性与起作用因素的了解才让他得以度过这种形势。萧伯纳先生在《苹果车》（*Apple Cart*）里用巧妙的场景和对话为现代人演绎了这一点。我们的费边主义戏剧家和哲学家为王室提供了一种任何其他人可能都提供不了的服务。以毫不留情的嘲弄，他在世界各地的社会主义者面前揭露了在所谓民主政治的旋涡里起伏的徒有其表的人物的虚弱、卑鄙、虚荣和愚蠢。对一个国王欢快而机智的描绘引来包括许多先进思想家在内的现代世界的莫大同情。这个国王被凌辱，被背叛，受到出于个人和政党目的的操纵，然而他依然确信自己对臣民大众的价值，努力成功地维护他们的长期利益，履行他的职责。

阿方索十三世怎样当国王？怎样做人？这些是我们在他 30 年的自主权力的统治走到尽头时必须提出的问题。这个结局是痛苦的。几乎没有朋友，几乎独自待在马德里的老王宫里，围绕在充满敌意的人群中，阿方索国王知道他不得不走。一个时代结束了。我们是要将他作为一个专制政客，还是一个有限立宪君主来评价？他是不是欧洲民族大家庭最古老的分支之一在近 30 年的时间里实际上的真正统治者？或者，他是否只是个迷人的马球选手，碰巧又是个国王，优雅地维持着皇家尊严，寻找议会内外的大臣们以年复一年地支撑他过着舒适的日子？他是为西班牙，还是为自己考虑，还是只享受生活的乐趣，一点也不多考虑任何事？他治理，还是统治？我们是在论述一个国家的历史，还是一个人的传记？

历史本身即可对这些问题给出明确答案。但我现在敢说，阿方索十三世是一个冷静、果敢的政治家，他持续而全面地利用了国王职位的全部影响力来控制国家的政策和命运。他认为不仅在地位上，而且在能力和经验上，他都要优于他雇佣的大臣们。他觉得自己是个强大而静止的轴心，西班牙的生活围绕着它运行。他的唯一目标是王国的强大和声望。阿方索不能想象，某天早上醒来，他本人不再与西班牙同呼吸，共命运。在每个阶段，他都采取所有必要和能力范围内可行的步骤来获得和维持对国家命运的控制，凭借老于世故的智慧和无畏的勇气行使他的权力，付出他的信任。因此，他希望作为一个政治家和统治者，而不是作为一个通常依据大臣们的建议行事的立宪君主，来让世人评价，并且历史也将这样评价他。他无须回避这场考验。按他的说法，他无愧于良心。

地方选举对阿方索国王是一个启示。终其一生，他都是阴谋者和刺客追杀的对象，但终其一生，他都毫无保留地信赖他子民的善意。他毫不犹豫地融入人群，不受保护独自去他想去的地方。他结交了各行各业的朋友，并且在被认出时总是受到他们的热烈欢迎和尊重。因此他确信自己有这个国家不变的忠诚支撑着，并且因为持续而忠实地努力为它服务，他感觉他值得拥有它的感情。一道闪电照亮了这黑暗的场面。他在身边四处发现广泛的、根深蒂固的并且似乎是普遍的敌意，尤其是对他个人的敌意。他吐露了那些引人注目的话之一部分。这些话在这个值得注意的时期从他嘴里说出来，显示了他对生活的理解的力度和质量，"我感觉就像去拜访一个老友，却发现他已经死了"。这确实是一段令人尴尬的插曲。随你怎么解释——世界各地都经历着的艰难时期、保皇党在政治上的无能、时代变迁、莫斯科的宣传——它都毫不掩饰地属于来自西班牙民族的一份刺痛人心的厌恶表示。

西班牙人强烈而愠怒地反感他们的国王，而他在倒台那一刻却在英法的选民中大受欢迎，每个人都惊讶于这强烈对比。国内全是横眉冷对，国外一片叫好欢呼。被指责为专制并且被推翻的君主照例在国外得到庇护，但他们之前从未在巴黎和伦敦受到以广泛而自发的尊重和赞赏表达出的欢迎。我们该如何解释它？对西班牙人来说，民主制度带来了新的巨大进步和改善的希望，他们将阿方索看成进步的一个障碍。已经享受到所有这些好处的英法选民对此体会更深刻。他们将这位国王看成一个运动家，西班牙人将他看成一个统治者。阿方索国王的品质和个性比西班牙人民的品质和个性对法国、英国无疑还有美国舆论的吸引力更大。这个民族居然不喜爱这样一个君主，这让他们很意外。西班牙人民有他们自己的观点，那是一个必定占上风的观点。阿方索自己不会有其他愿望。

　　普通人和国王必须放在他们在生活中经受考验的时刻来评价。勇气肯定被看成人的第一品质，因为正如人们所说，它是确保所有其他品质的那个品质。阿方索国王已经在各种个人危险和政治压力的情况下证明了身体和道德上的勇气。多年前，面临一个艰难的形势，阿方索用西班牙语发出这份不是轻松大话的豪言，"我生在王位上，我将死在王位上"。这是一份强烈的自我促成的决心和行事规则，这一点不容置疑。他被迫放弃了王位。今天，正当盛年的他是个流亡者。但我们不应认为，这个决定，他生命中最痛苦的决定，只是在最后一刻，或者在直接胁迫下采取的。因为一年多前，他就放出话来，说作为国王，他不会反对西班牙人民依宪法表达的关于共和或君主问题的确定意愿。毕竟，还有哪个现代国王希望统治一个不想要他的民族？如果西班牙全国大选经由多数赞同产生一个强大的共和议会，各方一致认为，一个制宪会议将会成立。之后国王将以最正式的形式放弃他的权力，将自己交由他的前子民中意的政府处理。

　　形势没有这样演变。作为地方选举的结果，实际危机因为一个似是而非的问题突然不期而至。那些根本问题本来是绝对不该进入地方选举的，而且在选举中，对王室有利的力量没有做出任何实际政治行动的准备。即便如此，国王也拥有较大多数支持，但没人等待最后的结果。危机的到来伴着各种各样的暴力和对抗状况。通过在这段极端煎熬期的作为，阿方索国王证明了他将国家的福利高置于他的个人情感或自尊，甚至他的利益之上。那个问题是不公正的，程序也不公正。武装抵抗的手段并非没有，但国王觉得其理由太局限于他自己，不值得西班牙人让自己人流血。他本人是第一个在王宫里喊出"西班牙万岁！"的。之后他发表了另一个惊人的声明："希望我不会回来，因为那只能意味着西班牙人民不繁荣，不快乐。"这样的声明向我们提供了评价他统治精神的依据。他犯过错误，他也许犯下过与其他大国的国王或议会统治者一样多的错误；在满足这个现代时期的模糊欲望方面，他与大部分统治者一样不成功。但我们看到，在所有这些漫长的艰难岁月里激励他的精神，就是忠实地服务于国家的精神，而且对子民的爱和尊重一直影响着他。

* * * * *

那么后面发生了什么？西班牙在此期间有什么成就？多少抛弃君主的将领活到面对共和国的行刑队？多少曾赶跑国王的"先进政治家"和高贵作家现在亡命天涯？一干西班牙大报的重要文章宣布了自由的黎明，现在，多少这些报纸毁灭了，噤声了？现在，多少为新权力欢呼的无脑群众横死后躺在坟墓里，或者在匮乏困苦中悲悼被杀害的亲人？眼前还看不到西班牙痛苦的结束。西班牙人正在血肉相残。他们应该收手的理由似乎没有，有人会尝试阻止他们，这样的可能性日益减少。成千上万各种阶级、地位和职业的男男女女倒下了——不是倒在战场上的勇敢行军中，而是倒在伊比利亚半岛的街道和田野上的凶残处决和野蛮屠杀中。但这一切还在月复一月地进行，并且伴着更多的狂暴。仇恨与血腥争斗持续增长。国家的每个部分都感觉它只能通过灭绝另一部分来活下去。不管哪部分取胜，它都会去报复和镇压被征服的部分，反过来，后者又会滋生出新的祸害。

　　当所有这一切都经历过后，当人类痛苦和可怕罪行的筹码都加总后，也许剩不下多少西班牙人去弄明白，一个互相保护的有限君主和议会政体是否不值得耐心费力地保存或恢复。他们会不会很快将阿方索十三世的统治看成一个快乐的时代？这个时代至少在一代人的时间里，甚至永远消失了。如果那样的情绪出现，那么，国王所做的工作和他在困境中维持的国内和平将赢得比迄今所给予的评价更公正的评价。毕竟，那些困境对现在的世界是显而易见的。

道格拉斯·黑格[①]

① 道格拉斯·黑格（1861—1928），第一代黑格伯爵，英国陆军元帅、军事家。1884年进入桑赫斯特皇家军事学院。1905年晋升为少将。1909—1912年担任印度军队的总参谋长。1910年晋升为中将。一战爆发后，黑格负责指挥英国远征军中的第一军。1915年12月接替弗伦奇担任英国远征军的新司令。1916年晋升为陆军元帅。**

In memory of the Great War.
Douglas Haig. F.M.

1919 年初，德国彻底战败后，黑格伯爵在多佛尔走上岸，退出了公共生活。这中间有过游行庆典、军队庆祝仪式、荣誉市民授予、宴会，等等，但实际上，这位驻法英军总司令走下跳板，走上码头时，就走下了几乎最高责任和赫赫权力的位置，走入乡绅的普通生活中。头衔、奖励、各种荣誉和公众感激的所有象征纷纷落到他身上，但他没得到任何工作。他没有进入国家的各种委员会；没人请他重组英国军队；没人就和约征求他的意见；没有一个公共领域向他敞开。

说他对此毫无感觉肯定是假的。他时年58岁，马尔博罗在这个年纪还有四场大战役要打；他正处于才华和能力的巅峰；他一生都习惯于从早上工作到夜里；他精力充沛，经验丰富，并且正处于功成名就的时刻，但他无事可做，再也没有人需要他。他只得回到家中，坐在炉火边，回味他的战役。他成了那些永久失业的人之一。

于是他站在他位于比默塞德的小房子里四处望去，直望到边境之外，看到就工作而言，他的无数士兵和军官同僚处于同样的困境，另外，许多人受到伤情困扰，更多人陷入难以维持家庭的困境。他开始致力于他们的主张和福利。与在战争的艰苦考验中接受他一样，他们接受了他作为和平失意时的领导人。他对这个庞大而有势力的群体拥有了巨大的影响力。通过言传身教，他带领他们远离所有对国家有害或危险的路线，尽他的最大努力来改善他们的物质条件。他为他们筹款，亲自关心不幸的人，他周游帝国各地，将来自天涯海角的士兵组织为一支充满同志情谊的胜利军队。他就这样忙忙碌碌，世界则照常运转；政治家们处理各种有趣的问题，慷慨或自以为慷慨地解决问题，似乎人人都心满意足。

但我们必须理解，大量普通民众在忙碌的生活中有时间思考时，会奇怪为什么这位总司令的名字与艰难取得的无限胜利联系在一起，却在国家统治集团里没有一席之地。然而，他们不知道对此该做些什么，他什么也没说，只是继续着他为退役士兵所做的工作。这虽然振奋了他的心情，但一点也没有——一旦组织建立起来后——占用他的时间或发挥出他的能力。时间就这样慢慢流逝。

众人开始批评他的作战行动。一旦事实上和道德上的战时审查终止，言论再无顾忌。材料从不缺乏，如在某些不寻常情况下的大规模伤亡被指为无谓和毫无收获的深刻怨恨。所有这些都将持续处于争议中。但黑格什么也没说。他既没有书面，也没有口头为自己辩护。他的一些参谋军官在他不知道的情况下出版了一份答辩。这篇文章得到媒体和公众的极端恶劣的评价。但黑格既没有对严厉的批评，也没有对不尽人意的辩护发表任何公众讲话。

关于这位元帅的下一个新闻是他死了，像一个在战场上中枪的士兵一样，死亡的原因也许就源自战场。接着是来自人民心中和帝国各地的悲痛和尊重的表示。接着每个人都看到，自和平到来后，他的行为多么令人景仰。这份庄严的举止证明了一个极其伟大的人格。它显示了一个人有能力抵受甚至延续多年的内部和外部的不寻常压力，它显示了一个用传统模子铸出的人。

他的战后生活和举止揭示的品质让我们认识到他对胜利的贡献。你可以从不同的角度，用不同的方法看到意志和人格的力量，这些让他得以承受面临的各种巨大压力。当他的战线在德军最大的攻势下瓦解时，当他自己的军队倒在帕森达勒的泥泞和血泊中时，当一个盟友总是提出苛刻的要求又常常变幻不定时，当国内政府四处寻找替代他的人选时，他从头到尾都保持了一份庄严的平静。他活着的每一天都没有偏离他的信念，没有追求轰动效果，没有追逐名声，没有失去信心。他对自己的专业资格和宪法义务同样确信，无时无刻不严格依据这些明确的概念行事。当通常没有成果的可怕伤亡和他抱有信心并为之承担可怕责任的行动失败的消息传来时，他感觉他已经尽最大能力应用了一生接受的军事训练，感觉他正履行合法成立的政府交付他的职责，感觉他不管什么时候都同样准备好坚持或被取代，这些感觉支撑了他。

无私、公正、超然的宁静控制着他的精神，不仅是在急迫的危机时刻，而且月复一月，年复一年。虽然在维护他的专业观点时坚定而迂腐，但他一直尊重和忠于文官政府。甚至在得知战时内阁正在辩论对他的召回时，他既没有设法聚集那些会帮助他的强大政治力量，也没在任何时候失去对他所服务的内阁的忠诚。甚至在最尖锐的分歧中，他也从未在自己强势而他们弱势的时候威胁辞职。在明显的失败中，他也从未在自己的技术领域顺从他们的意愿，不管那些意愿得到证据、公众意见——虽然价值不大——或正在可怕发展的事实多么强有力的支持。无论对错成败，他都在为自己标出的限度内保持着冷静和无畏，随时准备迎接一切紧急情况，在死亡或被遗忘临头时坦然接受。

从我是最年轻的少尉，他是冉冉上升的少校时起，我就在私人生活和陆军中对他有了稍许了解。在恩图曼和南非，我们曾在战场上并骑战斗。我当内政大臣和后来当海军大臣，他在奥尔德肖特指挥我们第一支和唯一一支成建制的军时，我们在不同的层面上再次见面。在帝国国防委员会和陆军演习期间，我多次与他会面，讨论的永远是战争问题。我一直以为，在我观察1912年的某次骑兵演习期间，他对我说出的评论最能说明他的品格："这位军官，"他说到一位准将，"没有显示出与敌人交战的真实欲望。"那次是一场假战斗，但那句话是理解他全部军事观点的关键。多年后的战争高潮时期，与他谈到一次海军事件时，我故意重复了那个说法。他平时很温和的眼睛不由自主地闪闪发亮，表示明确赞同地重复了那句话。"与敌人交战的真实欲望。"那就是黑格。那就是他发出的信息。那就是直到1918年11月11日11点前最后一分钟的全部指挥期间，他传递给手下部队的动力。

在那些血腥岁月里，他呈现给我的是与麻醉剂问世前的伟大外科医生同样的形象，在每个细节上都写出了他所知道的科学：自信，泰然自若，拿着刀准备手术；在他的专业范围内完全不理会病人的疼痛、亲人的痛苦，或不同学派的教条、庸医的手段，或新知识的初期成果。他要么波澜不惊地动手术，要么不受冒犯地离开；如果病人死了，他不会责怪自己。我说的只是他的专业活动，这一点请务必理解。一旦离开那个领域，他的心与所有人一样温暖。

"与敌人交战的真实欲望。"做不到那一点的军官——上校、准将或高级将领——就遭了殃。军官们因为拒绝下令——不是率领，那将更为容易——自己的部队去送死，在接到通知后一小时内被调回国内，即使他们经验丰富，坚决果敢，他们的勇气在战斗冲突中得到过证明。战斗、杀敌、被杀，但遵守命令，即使是在统帅部没预见到形势这一点已经很清楚时；不然滚蛋，立即滚蛋，滚回后方，滚回英国。这是在超过40个月的大屠杀期间，从那位总司令那里不断流出的高涨的潮流，其时他本人也遭到各方攻击。一路沿着从集团军到军，从军到师，从师到旅和从旅到营的责任链，这股无情而且常常不可避免的盲目的力量得到持续运用。所有这一切背后是一个人，一个骑士般的人物，他举止温和，精神谦卑，忘我而且远远超脱了庸俗的野心，公正，仁慈，善良——这就是人性的不可思议！

而且，来自这种不协调的极度内部压力在个人行动中找不到出口。拿破仑及其之前的伟大将领在如火如荼的战役中，冒着巨大危险，骑马随部队驰骋在战场上。要是能像他还只是个军长时，在第一次伊普尔战役中所做的那样骑上他的马，在爆炸的炮弹中缓缓前进，黑格该有多喜欢啊！但所有这些被认为是这位现代司令官不该做的。甚至一颗飞机炸弹或某个落在司令部附近的远程炮弹用它的有形提醒缓解了内部思想压力，他也是幸运的。没有危险来减轻精神痛苦，没有剧烈行动中的缓解；除了焦虑、紧张、困惑和矛盾的信息外，什么都没有；衡量不可衡量的事物，给无法测量的事物分配比例，错综复杂的参谋职责，艰难的个人协商，还有远远的低沉炮声。

但他忍受了所有这一切；我在无数场合——其中一些可能是灾难性的——看到他这种无动于衷和公事公办的日常活动，怀疑他活在折磨与激动的阴影下，是不是对它们不敏感或者麻木了。但是当我在战争结束后第一次看到那篇历史性的《背水一战》（"Backs to the Wall"）文件时，那个人的形象在我眼里有了新的等级和色彩。那篇文章写于那个灾难性的 1918 年 4 月早上的日出之前。它不是司令部某个能干参谋官的手笔，而是由他亲笔书写，没有一次核对或校正，是他胸中压抑的激情的一次释放。那些怒火实实在在地在他的灵魂里争斗，而那个舞台也大到足以容纳它们的斗争。

* * * * *

黑格伯爵的遗嘱执行人见地独到，委托达夫·库珀先生向大众公开已故元帅的日记①。他以朴实而坦率的态度，及一种黑格本人可能会同意的方式完成了他的任务。这是一个坦诚讲出的勇敢故事。任何

---

① "Haig", Duff Cooper, 1935. †

读过达夫·库珀《塔列朗》（*Talleyrand*）的人都不会怀疑他的叙述技巧和文学资格与特色。读者也许会对罗伯逊（William Robertson）将军（他本人从未在任何时候指挥过哪怕一支作战部队，他的战争职责让他卷入的风险不比许多牧师高）将内阁说成"胆小鬼"这样的事件不屑一顾。他还应该在表面上相信黑格对劳合·乔治先生的轻蔑评价，对此已经有过无谓的宣传。不管是黑格对劳合·乔治的看法还是劳合·乔治对黑格的看法都不大可能为历史所接受。他们都会被看成比他们互相认为的更好的人。

然而，一位处理重大事务的将军甚至政治家记日记，这很难证明是明智的，更不用说保存日记了。他忠心的遗孀考虑不周，出版了他的静夜沉思，这给已故的亨利·威尔逊（Henry Wilson）爵士的名声带来了严重影响。当形势在世界范围的规模上飞速发展时；当事实和价值每天都在改变时；当公务中的所有个人关系都必然受到影响时；当日记作者的观点是次要或局限性的，或两者都有时，那位司令官写下"平均每天两到三大页打印纸的内容"，这些装订好后组成了36卷的每日评论，此时的他将自己暴露在几乎通不过的考验中。

道格拉斯·黑格体现和践行了最优秀的公学传统。在他当上英国曾拥有过的最大军队的总司令时，他实际上成为那个军事学校的班长和尖子。他做了所有必要和恰当的事。他曾作为骑兵中队指挥官作战，作为参谋军官征战沙场，在获胜的骑兵马球队打过球，以优异的成绩从参谋学院毕业，在印度担任过重要军职，战争爆发前指挥驻奥尔德肖特的师，在这场大战中的近18个月里英勇地率领了陆军第一军和后来的第一集团军。他当时在专业上没有对手，之后在这场战争期间也没出现过。在他不得不面对和忍受的众多严峻考验、失望和可怕灾难中，对这一点的认识是他的强大支撑。他也许并且确实胜任不了这些巨大规模的事件，但没人被认为可与他相比或胜过他。于是这一切都降为直白、沉闷、简单的责任，履行它的时候，一个人也许确实会犯许多错误或遭遇重大不幸，但它必须得完成，并且一个接到召唤的人有实实在在的权利完成它。最后，他的个性中有强烈的宗教成分，他也一直怀着这样的信念，即他一定会领导英军取得胜利。

你会从我们已经引用的背景中预料到，黑格的思想是完全正统和传统的。他似乎没有任何独创的思想；没人能看到那种神秘的，有远见的并且常常是险恶的天才的一点火花。这样的天才让历史上的伟大将领得以支配物质因素，免于巨大失败，并且以不可思议的胜利回报敌人。我们得知他对坦克相当有好感，但脑子里从未有过制造它们的想法。不管什么时候，他似乎都对除西线以外的任何战场没多少意识。对面，德军在他们的战壕里。这一面，他率领一个军，后来是一个集团军，最后是一支强大集群。将他们投向战场，以尽可能好的方式死战——那就是战争。这无疑是开战的一种方式，并且最终当然赢得了绝对胜利。但这些不言而喻的道理并不会被历史接受为终极真理。

如果说黑格的思想是传统的，那么他的性格也集中和夸大地展示了一个正派普通人的品质。这只是一名将军的素养的一部分，但并不必然是一个不重要的部分。他的举止没有在激烈的外部事件重压下变形。他难得有能力上升到很高的高度，但也永远不能掉到低于他的标准。于是这支召集自世界各地，实际上是我们岛上民族的军队满怀信心地指望靠他度过许多代价高昂的失败；而非常复杂——几乎像一个教会——并且在战时极端重要的军事领导层觉得，在这位总司令身上，他们有了一个可以依赖的人。这些都是大事。

直到1916年夏，英国远征军在这场法德大冲突中不可避免地仅仅扮演了一个微不足道的小角色。我们骄傲地回味蒙斯和勒卡托，回味马恩河的逆转，伊瑟河和利斯河光荣的防守，回味新沙佩勒，回味我们在卢斯对香槟的重大战役做出的重要贡献。在这些时候，我们作战人员的扩充远远超过了弹药供应。我们因为缺乏大炮和炸药付出了血与泪的代价。约翰·弗伦奇爵士承受了这份打击，有时受到黑格的仰慕者不恰当的轻视。我们可以肯定地说，如果英国陆军没在前线，法国将会被征服。但即使在1915年末的协约国战线，我们在数量上只占六分之一，在实际作用上也许只占四分之一。直到1916年7月的索姆河战役，我们才成为这场宏大陆战的一个主要因素。接下来的两年显示了英国的战备、伤亡和战胜的意志从没输给法国，并且最终发挥了决定性作用。黑格正是在这一时期主持大局的。没人可以说它没有以胜利告终。

* * * * *

在他生命的最后一年，我比任何其他时候都更频繁地与他会面和通信，并且以某种方式——尽管我不能假装与一个如此含蓄的人物关系密切——我对他有了比以往更多的了解。奇怪地，但对他来说也是典型地，这些源自我写的一本关于大战的书。虽然它讲述了他所率军队的伟大成就，但也包含了对他体现的战略上的"西方流派"的持续谴责。我问他是否想阅读和评论叙述他的作战行动的章节，说如果他想，我必须向他指出褒贬之处。他很乐意地接受了我的建议，说"别介意那些批评，让我们把事实弄清楚，然后大家就能自己做出评价"。接着我们短信和评论往来不断，借此我得以纠正无数以讹传讹的事实错误。从头到尾，他表现出完全的善意，从一个客观和超脱的立场看待整个故事，似乎它讲述的是上百年前的事件。我明白这是因为他满足于他认为英国军队的功绩，尤其是1918年的功勋，得到了公正的评价，而在天平的另一端，影响他自己行动的一切都不重要。"没

182

人，"他在最后一封信上写道，"比我更了解，作为第一军和第一集团军，以及作为英国远征军总司令，我自己的指挥远远称不上理想。"

这份高贵的言论无论如何都让人得以从另一个角度衡量他对协约国事业做出的贡献。

但最大的证据却在大战的最后阶段。道格拉斯·黑格体现的思想和精神品质通过神秘的渠道，在他作为首长的全部庞大军队中为人所知。灾难、失望、失算及其惨痛代价根本影响不到士兵对司令官的信心。1918 年秋，当之前总是太过正确的政府怀疑早些胜利的可能性并努力劝他不要重蹈他们担心的一场悲惨而无谓的灾难时，当他们以最不公的方式将直接责任丢给他时，他没有犹豫，而五次遭到大规模减员，损耗严重的部队顺应他们首长的意愿和激励，坚定地走向最终和绝对的胜利。要不是在几次决定性时刻被道格拉斯·黑格完全独立的动力改变方向或得到其增援，福煦的战士品质、宽广视野和庞大而良好的联盟不可能在 1918 年结束那场屠杀。要不是从亚眠到蒙斯，从索姆河到塞勒河（Selle）的英军以一系列大规模推进和猛攻踏平了德军堡垒和德国军事力量残余主力的英勇抵抗，使人类免遭可能在 1919 年发生的战事的屠杀，福煦那著名的战斗口号"去战斗""人人奋勇"，对历史的意义将只是一句适时的鼓励。

就算有人会质疑黑格在英国军事史上与威灵顿比肩的资格，也没有人会否认他身为士兵、国民的品格和作为将长期成为所有人的榜样。

亚瑟·詹姆斯·贝尔福[①]

---

① 亚瑟·詹姆斯·贝尔福（1848—1930），英国首相（1902—1905）、外交大臣（1916—1919）。保守党领袖。1874年进入议会下院。历任苏格兰事务大臣、爱尔兰事务大臣、首席财政大臣等职。曾镇压爱尔兰自治运动。首相任内通过《贝尔福教育法案》，成立帝国国防委员会，缔结1902年《英日同盟条约》和1904年《英法协约》。1915年任海军大臣。外交大臣任内，1917年发表《贝尔福宣言》，表示英国赞同"在巴勒斯坦为犹太人建立一个民族之家"。后又两度入阁，任枢密院议长。1921年出席华盛顿会议。次年封为伯爵。**

外交大臣亚瑟·詹姆斯·贝尔福
Keystone View Company

拉姆齐·麦克唐纳（Ramsay MacDonald）[1]作为首相讲话时，说到亚瑟·贝尔福，"他远看如烟世事。"这话里有事实真相，也有讲话者情绪的辛辣。麦克唐纳曾近看世事，他内心更愿意远望。一丝怀旧但不乏骄傲的下意识的嫉妒感导致他说出这恰当而含蓄的评论。麦克唐纳一生都在工党 – 社会主义者的漩涡里挣扎，有时被赶出议会，甚至因为他与反国家势力的联系，几乎被赶出这个国家；一直受到挑战和骚扰，在大众不满的持续风暴中时不时冒出成功的光芒；今天来了，明天又走了；他支持的事业，有时连他自己都不愿为之战斗；一时登上巅峰，一时落入低谷。这样的麦克唐纳只能对他那位幸运而失败的前任漫长、宁静、高傲的事业既敬佩，又不屑。

　　"他远看如烟世事。"亚瑟·贝尔福没有混入那片喧哗。他滑行在它的表面。他生而拥有巨富。为国家服务逾 50 年后，来自古老贵族头衔的财产在他死时已经减少，但依然相当可观。他从未真正担心过金钱，他从不需要面临谋生或支付生活必需品账单的问题。他在苏格兰有个美丽的家，在卡尔顿排屋街（Carlton House Terrace）有一座舒适的宅第，都由可靠的资金自动维护。这就是他在世上的位置。他与他所属的大地主阶级一样逐渐而稳定地失去财产。虽然他在晚年的不幸投机中失去了大量财富，他对此从未过度担心。他的需要不多；他的生活习惯很朴素；他总是很富足，也有富足带来的安全。

---

① 　拉姆齐·麦克唐纳（1866—1937），第一任工党首相（1924，1929—1931，后一直担任国民政府首相到 1935 年）。他于 1930 年 3 月 20 日在下院称赞贝尔福。✲✲

大人物的传记作者倾向于忽略或淡化这些非常实际的考虑。然而，它们在任何公共人物的事业中自有其价值。已故的贝尔福伯爵一生都没受到世俗需要的羁绊，这对他是幸运，对他的国家更是大幸。在现代条件下，对事务毫无偏见的看法与日常生活需要之间的妥协越来越多，他从来没必要这样做。这是他的一项巨大优势和力量源泉。

　　他是个单身汉。维系和抚养一个家庭的全部艰巨工作倾注了人类的主要心血，因为一个爱情悲剧，这些远离了他的视野。自那以后，他自给自足，完全独立。他考虑的是整个国家，兴趣在全世界。英国应该强大繁荣，大英帝国应该更紧密地团结在英国周围，而英国应该是权利与和平的捍卫者，它自己的志向与抱负应该与一个不断扩大和巩固的国际都市的要求和谐相融；而他应该在所有这一切中发挥重要作用，这些是他一生的目标。

　　他实际上是一个寻求世俗目标的业余牧师。他在早年生活中获得和拥有了深刻而明确的观念；借助不可思议的理解和感悟才能，他得以调整所有新现象和不断变化的形势，与他牢固形成的信念相适应。按麦克唐纳的说法，到 80 岁时，他对生活、思想和事务的兴趣还与20 岁时一样浓厚，但他的目标、原则和主题一直顽固不化，在他生活、扮演他的角色甚至统治的这段令人难忘的时间里几乎没有改变。他是那种你可以毫不夸张地使用"政治家"一词来形容的人。他对罗马天主教信仰的背离是倔强的，根深蒂固的。除此之外，他似乎拥有一个伟大教皇的个人品质。他具有那种沉着、超脱、高尚的思想和道德眼光与灵巧和实际的管理艺术的结合。对那些影响一个稳定社会的进程的人，这样的管理艺术不可或缺。为了捍卫他的原则和成见，他用上了每一种行动、言辞和辩论资源。但他知道何时改变，不仅知道何时改变，还知道如何依据形势的压力而改变。他坚持自己的信仰，总是对着同样的星星改变方向，只在逆风的驱使下无法避免时才偏离航向，他与时俱进，活在近三代人的最前沿。他从未陷入困境，从不落伍。他喜爱年轻，接受并且鼓励它的要求。在思想上，他永远年轻，同时让人感觉他拥有成熟的智慧。

最真实优雅的品味，综合平衡的判断，敏锐的洞察力，客观、长久、沉闷、不屈的激情，所有这些都是他的。他无所畏惧，他没有理由害怕。死亡迟早都会到来。它只是状态的改变，最坏不过是一种平静的忘却。贫困从未进入他的脑海。因为他的品格和行为，耻辱与他无缘。他们带他到前线观战，他平静地透过夹鼻眼镜看着爆炸的炮弹。所幸没有一颗近到让他跳起来。要是让它们逮到机会，它们是会让任何人蹦起来的。一次，我在下院看到一幕狂暴的场景，一名爱尔兰议员疯狂地冲过大厅，在距他的脸几英寸远的范围内挥舞拳头，挥了好几分钟。我们这些后面的年轻议员全都准备随时冲上去，帮他对付一个威胁他人身的对手，但亚瑟·贝尔福这位下院领导人对这个疯狂人物的兴趣既不多于，也不少于一位透过显微镜查看一只受到刺激的罕见昆虫的扭曲姿态的生物学家。实际上，没人有办法让他屈服。大战期间，有一次，当我们对爱德华·格雷子爵的政策力度相当不满时，我（向他表示歉意）对愤怒的劳合·乔治先生说："唔，至少我们知道，要是德国人来了，对格雷说，'如果你不签这份条约，我们就立即枪毙你。'他肯定会回答，'一个英国大臣屈服于威胁是最大的耻辱。那种事不合适。'"但劳合·乔治反驳说："德国人不会对他说那样的话。他们会说，'要是你不签这项条约，我们就扭断你在法罗顿（Fallodon）的所有松鼠的脖子。'那会让他屈服。"亚瑟·贝尔福没有松鼠。不管是重大危险还是很小的危险，不管是通过可怕的威胁还是利用其癖好，任何人都压服不了他的中心意志或破坏他的责任感。

这就是这个不同寻常的人给我留下的主要印象。我认识他，而且在 30 年时间里，经历了政治的变迁沉浮，享受着他成熟的友谊。现在，我们要走近他一点，看看他在生活小事上的表现。

温彻斯特学院有句格言："人如其行。"如果真是这样，亚瑟·贝尔福就是人中最完美的。他是我见过最有风度的人——在各个阶层，与大小人物打交道，他都从容、礼貌、耐心、体贴。但这种在他身上完全自然不做作的温文尔雅的态度却是他举止中最不值得一提的部分。他的举止在无论愉快还是尴尬的各种场合都游刃有余。不仅他自己从未表现出尴尬或不知所措，而且似乎在很大程度上将这一才能灌输给他置身的任何人群。他让每个人都感到轻松自如，与他们一起安然度过最尴尬、最痛苦的局面。不管需要说什么，他都知道如何说出来；别人口不择言，冒出愚蠢或冒犯的评论，他知道如何自卫或回以切中要害、公正或严厉的反击。在正确的时间、正确的场合，他可以并且确实庄重而温和地说出难以出口但必须说的话。这样的情况很少见。他永远是那个最愉快、最和蔼、最有趣的客人或同伴，他的在场令人愉悦，他的谈话让人开心。

他总是对任何话题或任何与他交谈的人表现得饶有兴趣，他拥有并且积极运用这样的技巧。他的谈话里也许没有约翰·莫利那样生动鲜明的特色，也没有罗斯伯里那常常令人不安的才华，但他予人的愉悦超过了这两人。他在交谈中不那么主动。他让谈话按同伴的意愿进行，以最恭维的态度重视好心说出的任何话，接受任何观点，一步步推动讨论——然而他自己经常说得很少。所有与他会面的人离开时，都感觉他发挥了最佳状态，他们找到了理解他们观点的一个人，不管他是否同意。相比他对他们说过的话，他们常常更清楚地记得他们对他说过些什么，而他也欢迎或者似乎同意他们所说的。他喜欢海阔天空的交谈，非常清楚如何掌控它，这样就没人被忽略，谈话也从未堕落到"令人讨厌的独白"。

政治、哲学、科学的各个分支、艺术、历史，与闲谈一样，都是他信手拈来的话题。他似乎能引出同伴最拿手的话题。让他和一个政治对手、一个不满的支持者、一个十几岁的小姑娘、一个学生、一名船长、一名探险家、一个发明家或任何专业的一位有学问的教授待在一起，几分钟后，你会看到一场热烈的交谈在双方渐渐高涨的热情和兴趣中滔滔不绝。没人逃得过他的吸引力。每个人都献出他最宝贵的思想财富，并且因为它们得到一个如此地位的人如此慷慨的欣赏而自豪，而开心。然而他还是能通过一些颇有见地而令人不安的问题，留心到任何对他设想的真相、感觉或品味的偏离。如果苏格拉底对他玩弄任何逻辑诡计，他会很快让那个老家伙知道自己的位置。如果我上了天堂，我会尝试安排他们就某个对我不算太深奥的话题聊上一回。

他一生都生活在欣赏他的朋友圈里。许多年里，他都是一个由杰出男女组成的名为"众人"（The Souls）的社团里的主要人物。他们一起吃饭，一起旅行，一天接一天地互相住到对方令人愉快的屋子里。另外，他接受各种各样人的邀请，从未因为其他更诱人的事件爽约，在他身后留下的是满意甚至快乐。

但在事关公共事务的地方，所有这一切之下却是一种冷漠的无情。他很少让政治对抗成为私生活的障碍，他也不会比阿斯奎斯更多地让私人友谊妨碍他对国家问题的解决，不管那友谊多么牢不可破。如果他生活在意大利文艺复兴那迷宫似的阴谋诡计中，他将不需要学习马基雅维利的作品。如果他生活在法国大革命中，他会在绝对必要的时候心安理得地将他的政府或政党的危险敌人甚至一个犯错的同事送上断头台。但他会极其礼貌和完全不含个人感情地这样做。

许多政治学学生认为他个性的这一面在他对待乔治·温德姆（George Wyndham）一事上体现出来。温德姆是他最好的朋友之一。社会交往和政治伙伴关系可以造出一对忘年交，许多年来，所有这些联系将他们连在一起。但有一天，作为爱尔兰事务大臣的温德姆与《爱尔兰自治法案》支持者打得火热，甚至到了损害保守党政治基础的程度。在公众看来，似乎贝尔福首相清楚地表明要求他辞职，并且眼也没眨一下就结束了他的政治生命。

但第一手证据压倒了这被广泛接受的印象。与乔治·温德姆最近最亲的人声称，首相全力支持他，一次又一次地拒绝同意他辞职，只在温德姆的健康和精神在各种压力下最终崩溃，他妻子和家庭在医生大力支持下恳求时，贝尔福才最终接受他辞职。温德姆无疑到死都是贝尔福的忠实朋友，他敬爱的妈妈珀西·温德姆夫人一刻也没动过埋怨的念头。

* * * * *

另一个为人广泛讨论的是发生在 1903 年秋的张伯伦先生辞职事件。张伯伦唤起了长期沉睡但一直存在的以帝国优先为伪装的贸易保护问题，使保守党陷入一场最激烈的分裂。贝尔福认为分裂他的党是"不可原谅的罪恶"。他习惯于指责罗伯特·皮尔爵士在 1846 年和格莱斯顿先生 40 年后的做法，完全不提这些争议的好处。他因此也和自那以后的其他领导人所做的那样，努力维持保守党在一些中心政策和原则上的一致，这使得保护主义者和保守党的自由贸易支持者在一个组织内保持团结。他在一本名为《偏狭的自由贸易》（"Insular Free Trade"）的宣传册中摆出他的观点。它总体上接受谈判税率和报复关税，但如果党内思想逐渐确认了采取更纯粹的政策，它也没有关上这样做的大门。但人们热情高涨，整个国家都在期待着。没人愿谈及任何其他事。关于自由贸易的旧教科书被移下书架，一阵辩论的飓风扫过这片土地。自由党人完全团结在他们的反对之下。一次选举近在眼前，并且在这些形势下，这很有可能是灾难性的。

时任财政大臣里奇（Charles Thomson Ritchie）先生、乔治·汉密尔顿（George Hamilton）勋爵、伯利的贝尔福男爵（Alexander Hugh Bruce，6th Lord Balfour of Burleigh）等支持自由贸易的大臣觉得，他们正一点一点被引向与他们的信念相反的立场。他们一起商量，并且详细研究了更换政府和首相的可能性。德文郡公爵的重要性超过所有其他人，是贝尔福唯一可能的继任者，总体上与他们意见一致，但他天生行动缓慢，而且出于不愿伤害感情的动机，避开了所有关于组阁的讨论。贝尔福对所有持异议人各自的态度了如指掌。他认为除了德文郡公爵外，他们都"阴谋"反对他。

9月9日，张伯伦先生为了可以放手解释和推广他的保护主义政策，致信贝尔福，请求辞职。他在随后几天里与首相有过几次谈话，双方同意，出于维持保守党团结的原因，他的辞职将被接受。因此在这个只有张伯伦和贝尔福知道的基础上，内阁在9月14日和15日召集会议。好斗的自由贸易支持者认为贝尔福肯定站在张伯伦一边，一起提出辞职，并且他们知道辞职将会被接受。德文郡公爵没发言，但他们认为他正与他们采取一致行动。

到目前为止，普遍的看法是，贝尔福故意向支持自由贸易的大臣们隐瞒了张伯伦先生"也已辞职"，并且他的辞职被明确接受的重大事实；他延迟了一整天没有干预，以便让参与阴谋的三个同事的辞职生效；并且只是在那之后，他才将德文郡公爵叫到他房间，告诉后者张伯伦已经离职，邀请他留下来。据认为，通过这种方法，他离间了德文郡公爵与同事，得以说服他留在政府内，帮助对抗张伯伦先生的全面保护主义政策。故事就是这样。

这个版本在历史上没有一席之地。首先，张伯伦实际上是在内阁提出的辞职，即，他说出了某种类似"他还是离开的好"或"他必须离开"的话。他儿子奥斯丁给我的一个朋友写下这样一段话。"……在那次关键的内阁会议前一晚，我从国外休短假回来，直到我在内阁与父亲会面才见到他。因此，我不知道他写给贝尔福的信，也不知道他辞职的打算。**我听到他在内阁宣布了那个打算。**[①] 内阁会议结束后，我和他一起乘车回到王子花园，怪他没跟我说一声就做出这个决定，但还是加了一句，说因为他要辞职，我当然该同样做。"

没人能怀疑这样的证词。然而，在男人间进行某些谈话时，每个在场的人都会从中得到不同的印象，这种事经常发生。在一些人自然而然地满脑子都是他们自己的立场时，这种情况尤为明显。支持自由贸易的大臣们离开内阁会议室时，当然一点也不知道张伯伦已经辞职及他的辞职已被接受。

贝尔福认为让贸易保护主义和自由贸易主义在同一天一起流点血对保守党的团结非常必要。他相当清楚，要是支持自由贸易的大臣们知道贸易保护主义的主要支持者自己即将下野，他们一个也不会辞职。相反，他们会高兴地留下来，把他赶出去。但这不是贝尔福的计划。他认为他们已经听到张伯伦的声明，并在这个基本事实的基础上提交了他们的辞呈。出于他自己的学识，张伯伦的话对他的重要性不同于对那些他不赞成的同事，他对这一事实没有足够的估计。他并不觉得一定要将自己的立场通知那些他认为阴谋反对他的人。按他的选择处理对他构成威胁的各种辞职，这是他的权利，他把这项权利留给自己。他是否该尝试说服任何人留下来，这完全取决于他一人的意见。但这样就存在一个推迟告诉德文郡公爵的问题。关于这一点，有一个完全说得通的解释。

公爵离开内阁时也许怀着这样的印象，即张伯伦不是真心提出

---

① 作者写成斜体。†（中文写成黑体）

194

辞职，而且他的辞呈已经被拒绝。我从当时还是斯坦利勋爵（Edward George Villiers Stanley）的德比男爵那里得到下面的叙述。他当时还是个低级部长——陆军部财政部长。他是德文郡公爵的继女婿，与公爵很亲密。他们一起驱车到伦敦近郊的君纳士贝莉（Gunnersbury）与利奥波德·德·罗斯柴尔德（Leopold de Rothschild）先生一起吃饭。吃到半途，有人送来一只内阁文件盒。公爵转向斯坦利勋爵，说："我的内阁钥匙留在伦敦了，把你的借给我。"斯坦利当然还无权拥有一把内阁钥匙，如实说了。文件盒因此一直关着，在夜里晚些时候又返回伦敦。

第二天上午，斯坦利勋爵前往唐宁街 12 号的组织秘书房间，得知张伯伦已经辞职，首相已经接受了他的辞职。午饭时，斯坦利勋爵偶遇一个朋友，后者告诉他，公爵很孤单很焦虑，妻子不在身边，他没人可倾诉，盼着斯坦利去看看他。

　　我去了（德比男爵写道）公爵家，发现他在房间里踱来踱去。他说："我当然写了辞职信。"我问他给出的理由是什么，他说他不能与乔·张伯伦留在同一个内阁。我的回答是："但是因为乔已经辞职，那个根本不成其为借口。"他像中枪一样跳起来，说："我对此一无所知。"这时我突然想到，前一夜的红色盒子里有这条信息，而他一如既往地从没打开盒子。这时他打开盒子，如我所料，发现贝尔福写来的一封信，信上告诉他乔已经辞职，希望他留下来。

　　他当时非常尴尬，因为他已经将辞呈亲手交给贝尔福。我自愿提出去见贝尔福。一开始他不肯见我，对于受到打扰非常恼火，告诉我说他正写信给公爵，说他对他的辞职多么遗憾，等等。我告诉他不需要写那封信，因为公爵正要撤回因误解而发出的辞呈。A. J. B.（贝尔福）这时叫我去喊公爵来见他。我去了。

晚上，我和公爵一起吃饭，他告诉我，所有的事情都令人满意地安排好了。

澄清之后，我相信这些事实第一次真实地展示了这场公案。

18日，张伯伦9日的信和贝尔福16日的答复公开，支持自由贸易的大臣们认为自己受到首相和公爵的不公正对待。他们的辞职被默默接受，自那次内阁会议后没听到任何其他消息。那时的公众意见普遍认为应该明确告知他们，说首相手里有张伯伦的辞呈，而他也接受了。连《年鉴》里那中立而没有感情色彩的描述也说到"一个普遍印象是内阁里的自由贸易成分陷入了互不信任的形势，而互相信任被认为才应成为大臣同事间关系的特征"。这无疑是真的，但也可以为贝尔福说句话：首先，他听到张伯伦在内阁提到辞职，其次，他将德文郡公爵看成自由贸易集团的领导人。他在内阁会议后立即书面通知了公爵这个决定性事实，即张伯伦已经提出辞职，而且被接受；他将告诉其他人的事情交给了公爵，如果公爵觉得合适。然而公爵那天夜里打不开那个红色盒子，第二天上午还忘记了它，因此三名支持自由贸易的大臣的辞职生了效。这无疑是贝尔福所希望的，尽管他没有策划它，也不可能预见。他在任何情况下都不会让他们轻易撤回辞呈，即使他们有心这样做。

通过手腕和巧合，首相暂时实现了他的全部目标。他一次性摆脱了内阁两方面的极端主义者。他为所有信赖他事业的忠诚者维护了他的中央集结地，留住了令人敬畏而庄重的德文郡公爵。没过多久，支持自由贸易的前大臣们在他们公开的辞职信上抱怨说，他们一点也不知道张伯伦辞职，而这实际上早在那次内阁会议前几天就被接受。现在，他们当然怪公爵自己单独做出和解，和解的条件却没有告诉那些与他同气连枝的同事。对官职一点也不在乎，但对自己的名誉非常在意的公爵着了急。他已经被那个红色盒子的问题弄得心神不宁，觉得那是他自己的责任。不过现在，他已经保证继续为首相工作，与首相协商好了重组政府的人员和措施。他像高多芬过去常做的那样躲到纽马基特①。在那里，他收到来自自由贸易支持者的一系列书信。他们很愤怒。他们有理有据地认为他骗了他们。德比男爵写信给我：

> 他给我看了一封来自……的信。你一辈子都没看到过这样一封信。它以天底下能有的各种罪名——背信、不诚实，等等——来谴责他。它让老公爵寝食难安。他对我说："想想我活了一辈子，到最后还背上这种种骂名。"

受到如此攻击的公爵不知所措。十天里，他陷入严重焦虑。这时首相就财政问题发表了一次讲话。一名宗教大裁判官对异端嫌疑分子言论的审查也绝对没有这个能干而单纯的老人对其领导人讲话的审查那么详尽；让他如释重负的是，他发现里面有一段措辞至少在隐含的意义上超出了使他受到束缚的原则。他立即投出他的辞呈，几乎高兴得在纽马基特的荒野上打起滚来。亚瑟·贝尔福那套用心良苦的计划全盘落空，保守党毫无希望地滑向一场惨败。

---

① 纽马基特（Newmarket），位于萨福克，是纯种马赛事的发源地和世界中心。与 18 世纪的政治家、廷臣弗朗西斯·高多芬（Francis Godolphin）一样，德文郡公爵也是成功的赛马拥有人。高多芬的著名阿拉伯赛马"高多芬阿拉伯"与另外两匹同时代同种的马被称为后来所有被培育为纯种马的赛马的祖先。﹡

* * * * *

1916 年 12 月的危机中，一场复杂而且更为致命的内阁动荡导致劳合·乔治取代了阿斯奎斯。在这里描述贝尔福在那场动荡中发挥的作用是不可能的。但没什么比关注贝尔福一步不差地穿过那座迷宫时的理性、冷静、正确同时无情的举止更予人以启发的了。他像一只矫健优雅的猫，脚不点地地巧妙穿过泥泞不堪的街道，从一个内阁通向另一个，从作为他支持者的首相到作为他最严厉批评者的首相。[①]

我必须从我的一捆贝尔福语录里攫取几片叶子。对一次讲话的评论："阿斯奎斯没东西可说的时候，他清晰的风格成了一个明确的劣势。"另一场合的一次反驳："那篇演讲中，有一些真实成分，有一些老生常谈，但真实的是老生常谈，不是老生常谈的不真实。"还有："它里面一些幽默的东西本意是认真的，另一些认真的东西本意是幽默的。"这里有一份我常常在悲观主义者唠叨不休的时候发现的很有帮助的评论："这是一个非常糟糕的世界，但还没糟糕到那种程度。"关于一个有点热情过度的支持者，"他危险的忠诚困扰着我们"。在一次午宴上，弗兰克·哈里斯（Frank Harris）先生[②]想表现表现，突然冒出一句，"世界上所有的罪恶都是因为基督教和新闻业"。亚瑟·贝尔福对这个主张考虑了一会，回道，"基督教，当然，但新闻业是为什么？"我年轻的时候，有一次问他是否曾准备过他的演讲结语。"没有，"他说，"我想到什么说什么，在第一个语

---

① 贝尔福在阿斯奎斯领导的自由党内阁中担任帝国国防委员会委员，后在阿斯奎斯领导的联合政府中担任海军大臣。1916 年 12 月，他成为劳合·乔治政府中的外交大臣。*

② 弗兰克·哈里斯（1856—1931），爱尔兰裔美国作家、记者、编辑、出版家。其五卷本自传《我的生活与爱情》（*My Life and Loves*）因内容过于色情在欧美被禁多年。*

法正确的句子结尾时坐下。"

在他的政府于 1905 年下台后，他间或会赴他的年轻朋友和前下院同事的小型宴会。那些同事离开了他，其中一些曾在所有那些英国政治闹剧中猛烈地攻击过他。他曾被这个国家的一场大选赶下台。他在下院只有区区上百名追随者，其中四分之三是对他不满的狂热的贸易保护主义者。他在这些情况下总是如鱼得水。尽管外面刮着猛烈的政党派系风暴，但随着谈话的进行，没人会认为我们所有人不是同一个政党的成员甚至同一个政府内的同事。一天夜里，我们谈到公共人物该不该阅读关于他们自己的报纸评语，特别是该不该向一个剪报代理人订阅的话题。我说我一直这样做：一个人不需要读奉承话，在我的经历中这些从来都不多，但时不时浏览一堆剪报，通过看到一些流言蜚语或不满，或一些他没意识到的危险批评，一个人能看到一些对一个部门首长有用的信息。"我从不，"A. J. B.（贝尔福，用一个他常被称呼的著名首字母缩略词）说，"自找麻烦，在一大堆垃圾里翻找，指望发现一只烟蒂的渺茫机会。"长期以来，他以从不读报自夸；长期以来，这被说成是他的一个美德。但报纸笑到最后。后来，我们的社会几乎只剩下报社这一个坚强自信的机构。他活到了那个时代。终于，他因为脱离公共意见受到责备；最终，他不得不读报纸，但他尽可能地少读。

他有许多保持活力的习惯。他从未用电报以外的形式回复邀请。大家因为很快得到回复而开心，认为电报是体贴的一个标记。30 年前，浅橙色信封的到达让我们的父母精神一振；如果它包含的不是坏消息，他们将它看成一种恭维；所以在另一头，一切都好。另一方面，你可以口授一封电报而不必亲笔写一封客套信。

他很少在午饭前起床。他躺在床上，不受打扰地处理事务，阅读，写作，思考；在周末下午的 1 点后出现。不管处于什么危机下，他都表现得镇静而精力充沛。他一天的工作已经结束；即使领导着一个摇摇欲坠的政府，即使在大战的最黑暗时刻，他似乎都无忧无虑。他会在午饭后坐下来快活地谈论半个小时；他希望能够打一轮高尔夫，晚年则希望打一场草地网球。在报纸以大字双标题炮轰政治形势的时候，若看到他过着这样的日子，无知的人会感到意外甚至愤慨。他们认为他漠不关心或没有顾虑，但他经常从黎明起就在工作了。他从不激动，在下院时很难被人激怒。我频繁尝试，只在那些我宁愿忘记的少数情形下，在公开辩论中才成功地惹恼了他。

总体来说，下院是他的世界。他生命中的现实兴趣和活动在那里。逾四分之一的世纪里，他领导着政府或反对党。没有哪个负责某项法案的大臣比他工作更努力，或更精通他提议的一项立法的所有要点。他从未在细节上出过差错，因为他细致耐心地研究过他负责执行的任何措施的每个方面和可能的困难。作为领导人，他的习惯是亲自结束几乎每一次重要辩论。他通常会讲上一个小时，也许有四五个带副标题的要点，每个要点用匆匆写在两只长信封上的三四十个词来具体阐述。在这些框框内，他让自己的思想天马行空。经常，他停下来选择最适合他意思的词。在这样的时刻，与会者同情地加入他的寻找。那情形就像他在读一份重要电报时丢了眼镜。每个人，不管是朋友还是对手，都急于为他找回它。当他自己在马甲的右上方口袋里找到它时，人人都为他高兴。那个正确的词就在大声欢呼或高声怒叫和众人的满足中冒出来。这种在发表讲话时吸引正反两方全部观众的才能是极出众的天分，就演讲可以影响意见或选票这一点而言，他影响了下院。

很奇怪的是，这个最轻松、自信、流利的演讲者也是那个最胆怯最吃力的写作者。他会赴一个有上万人参加的集会，当各种各样的后果系于他的话及其接受程度时，他的准备经常是在载他赴会的马车上，通过一场关于这些要点的谈话来完成的。一旦他在心里想到一个有力的主张，他确信可以聪明而独特地展示出来，但是一拿起笔，"他浑身发抖"，划掉、改写和重写的次数到了惊人的程度。他会在一个句子上花上几个小时，一篇文章上花上几天。这是个奇怪的颠倒。在权力巅峰说出的收不回的话，他一点也不怕，但他怀着双倍于适当的谦卑和敬畏进入文字的殿堂。他对自己的思维活动很自信，对自己笔的活动却没有信心。每个国家的历史都充斥着聪明机敏的作者，他们被要求公开创作时会退缩犹豫，或干脆避开这样的煎熬。贝尔福是个相反的例子，这一点相当程度地揭示了他的个性。他考虑的是权衡与平衡，是看到事物的两面，尤其是在他而言的所有缺点和不足。公共演讲的紧急需要和强迫性迫使他以最快的速度阐述他的思想。他的思维空前活跃，每一秒钟都需要在脑子里做出决定，但在他的卧室里，稿纸放在膝上，钢笔审慎地举在白纸上，针对每种情况和每个句子乃至几乎每个词的无数争论纷至沓来，在他深思默想的凝视前走来走去。他写的每句话都建立在很高的水平上，但它的杰出是以难以置信的劳动换来的。

由此可以看出，在政治上，他对大事的决断比对小事更容易。动荡期间，高级行政官员需要连续不断的明确的行政决定，而他在重大一般问题上比在这种决定上更有效率。他不擅长发号施令，但有时候，发出许多表述清晰、和谐一致的命令是统治者很有用的才能。他害怕孤注一掷，但在战时，不管怎么说，长官经常不得不孤注一掷。他讨厌在没有全面彻底了解的情况下表态，但在剧烈变化的时代，许多最重要的事不得不基于不完全和不确定的信息完成，而以之前的研究为基础的眼光经常是最安全的指导。1918年的一天，协约国最高委员会在凡尔赛宫开会，那里能听到德军的炮火，并且几乎处于射程之内。他就一个棘手的问题谈了10分钟。他说完后，老克列孟梭明亮的眼睛转向他，突然问道，"Pour ou contre？"（法语，"支持还是反对？"）他的思维类型擅长于选择基本原则，判断世界事务的轻重缓急。他指望有一个能干的手下，后者能够将他几乎总是很好的概念转化成实际行动。

* * * * *

这里不适合讲述主要由他负责的众多值得记住的政策行动，我仅择其要者。他的早期职业生涯全花在抵制《爱尔兰自治法案》上。作为爱尔兰事务大臣和后来的下院领导人，他努力公正、有力和仁慈地统治着爱尔兰。1905 年，他的下台让爱尔兰在政治上比之前和之后都更驯服，它的人民在各个方面都更幸福。然而，从北爱尔兰成立为一个自治地区那一刻起，他对南爱尔兰的命运和前途的关心就少得多了。我倒认为，要是爱尔兰自由邦被完全排除在不列颠帝国之外，他也不会伤心。他一直将这样的排除看成大不列颠掌握的最后一着棋。

当美国就古巴的长期动乱向西班牙宣战时，贝尔福碰巧临时执掌外交部。大不列颠和西班牙的友谊久远而珍贵。任何争议都分不开这两个曾并肩与拿破仑作战的国家。贝尔福的根本信念——也许是他最强烈的信念——是所有说英语的民族应该团结一致。因此他在一夜之间逆转了外交部对西班牙的温和同情，将冷漠的中立转为对美国的显著友好态度。西班牙人不会忘记。当西班牙在大战中显示出对法、美、英联合的极端冷漠时，我一点也不意外。法国人是拿破仑侵略者的后代，美国剥夺了西班牙殖民帝国的最后残余，英国似乎没把西班牙的友谊当回事，而且他们还占着直布罗陀。即便如此，贝尔福的决定经受了时间的考验。

在当时看来是一场严重危机的南非战争①的那个黑色星期里，贝尔福完全胜任那个形势。当雷德弗斯·布勒（Redvers Buller）的电报到达时，他是唯一在伦敦的大臣。那封电报提议放弃解救莱迪史密斯（Ladysmith），说这个拥有重要驻军的城市应该在打光弹药后投降。他没有等待征询他的首相舅舅或同事的意见，直截了当地叫布勒坚持解救莱迪史密斯，不然就交出军队指挥权，打道回府。莱迪史密斯最终获救。

　　大战中，一些事件将他带到海军部首脑的位置上，我在其中起了点作用。1911年，他不再是保守党领袖之后，危险临近的阴影笼罩在我们头上之际，我建议首相阿斯奎斯先生任命他为帝国国防委员会的一名常任委员。我强烈地感觉到，在那紧张不安的几年，我们需要他对生死攸关的海军和军事问题的判断力。我希望能与他讨论德国威胁的方方面面，而讨论秘密事务的自由只能而且只应该来自公共的、官方的关系。大战爆发时，我在海军事务的进展上尽可能多地支持他，并且人所共知，他是达达尼尔海峡行动的坚定支持者。因此当我自己不得不离开海军部时，我很高兴这场当时正处于争议中的行动将由他继续下去。他很坚定地坚持下来。

　　然而，海军部这样的行政和直接执行职位并不是最适合他个性和思维习惯的领域。在这场战争中，他值得记住的贡献开始于他转到外交部之时。美国参战时，他对华盛顿的访问展现出他的最佳状态。英国从未拥有过一个更有说服力和更令人印象深刻的大使和全权代表。战后，在威尔逊总统和劳合·乔治先生都因为国内政治的急迫需要被召回国的那几个关键星期里，他拯救了巴黎和会免于陷入愚蠢的空谈。这次和会上还有犹太复国主义者的声明和关于协约国间债务的贝

----

① 第二次布尔战争。✳

尔福照会的问题。至于尝试对此做出一个最终的或不偏不倚的判断，这些他一直坚持的决定依然处于很有争议的领域。

他在一片祝福和爱戴声中得意地庆祝了 80 岁生日。但在那之后，贫困时期开始向这个长期鄙视贫困威胁的人发起报复。他成了病人，他的身体受到损害，但直到几乎最后一刻，他的思维都保持了对人类前景清晰、平静的见解，在思考过程中保持了它的无尽愉悦。

在他生命的最后几个月，我有幸看过他几次。我痛苦地看到一个高居于普通人之上的人即将到来的离去和——所有人类意义上的——消失。看着他以冷静、坚定和愉快的凝视注意死亡的到来，我觉得对人类那么自然和必不可少的一个事件，斯多葛派会如此小题大做真是太愚蠢了。但我也能感觉到那出悲剧，它让这个世界失去了聚集在一个伟人生命和经历中的全部智慧和财富，而将那盏灯传给了某个鲁莽粗野的青年，或让它颤抖着落到地上，摔成了碎片。

希特勒的选择[1]

---

[1] 希特勒（1889—1945），纳粹德国国家元首、武装部队最高统帅，第二次世界大战头号战犯。生于奥地利。1921年成为纳粹党党魁。1933年出任总理。1934年兴登堡去世后，集总统、总理权力于一身，确立法西斯专制统治。1937年与日、意结成法西斯联盟。1938年吞并奥地利和捷克斯洛伐克苏台德区。1939年吞并整个捷克斯洛伐克，并大举入侵波兰，挑起第二次世界大战。1940年入侵西欧，次年进攻苏联。在世界各国人民共同打击下，于1945年4月底在柏林自杀身亡。

元首
Central Press Photos, Ltd.

对于阿道夫·希特勒这样的公众人物，他的生命达到了极高的高度，我们要等到他的所作所为作为整体呈现在我们面前，才有可能对他做出公正的评价。尽管不能因为其后的政治作为原谅先前的倒行逆施，历史也充斥了这样的例子：一些人通过残酷无情甚至可怕的手段获得了权力，但当他们的生命作为一个整体展现的时候，他们被看成伟人，他们的生命丰富了人类历史。希特勒也许会成为这样一个人。

我们现在①还不能形成这样的最终看法。我们还不知道，希特勒会是一个什么样的人，他会不会再次对这个世界发动另一场战争，无可挽回地毁灭人类文明？或者，他会不会作为这样一个人名垂青史：他恢复了伟大日耳曼民族的尊严与安宁，引领它回归往日的宁静、有益和强大，重回欧洲大家庭的中心？对这不可知的未来，要由历史来解答。现在只能说，这两种情况都有可能发生。如果，因为故事还没有结束，而且，因为它的最重要章节还未写就，因而我们不得不考虑他的作为和信仰的阴暗面，我们也决不能忘记或停止对光明一面的希望。

一个强大的帝国和民族在战争中遭受了巨大失败，阿道夫·希特勒就是它的愤怒和痛苦的产物。是他驱除了德国人心中的绝望精神，代之以危害不小但病态成分不多的复仇精神。当占据着欧洲一半的可怕的德国军队在每一条防线后撤，向他们作为侵略者时依然占据的土地的主人寻求停火时；当普鲁士民族的骄傲和意志力突然变成战线后

---

① 写于 1935 年。†

方的投降和革命时；当那个在可怕的逾 50 个月里成为几乎所有国家梦魇的帝国政府屈辱地倒台，留下忠实的臣民毫无防备地面对遭到重创后获胜的协约国的怒火时，是那个下士，曾经的奥地利房屋画师，决心赢回一切。

那份决心之后的 15 年里，他成功地将德国恢复到欧洲最强大的地位，而且他不仅恢复了国家的地位，甚至还在很大程度上逆转了大战的结果。约翰·西蒙（John Simon）爵士在柏林说，作为外交大臣，他看不出胜利者和失败者的区别。这样的区别确实依然存在，但失败者正在成为胜利者，胜利者正在成为失败者。希特勒起步的时候，德国匍匐在协约国脚下。他也许最终会看到欧洲其余部分匍匐在德国脚下的那一天。关于这些功绩，不管我们还能想到什么，它们无疑属于整个世界历史最为可观的部分。

要不是自大战以来，尤其是过去三年里①，英法政府的昏庸和愚蠢，希特勒的成功和他作为一股政治力量的幸存将是天方夜谭。没人做出真诚的努力来与德国各种存在于议会制度下的温和政府妥协。长期以来，法国追求一个荒谬的妄想，认为他们可以从德国取得大量赔偿来补偿大战的破坏。赔偿数字不仅是由法国，也是由英国接受的。这些数字与任何现存或可能想出的将财富从一个社会转移给另一个的程序都没有关系。为了迫使对这些愚蠢要求的接受，1923 年，法国军队实际占领了鲁尔区。为了收回哪怕是最初要求的一成，一个由一名能干的美国人②主持的协约国间委员会监督了德国国内财政达数年，因而在这个被打败民族的心中重新唤起了最深刻的怨恨，使之成为永

---

① 1932 年至 1935 年。†

② 指查尔斯·盖茨·道威斯（1865—1951），银行家，1925 年至 1929 年任美国副总统。1929—1932 年任美国驻英国大使，1932 年以后为复兴金融公司经理、芝加哥地方国民银行和信托公司董事长。✻

久的记忆。实际上，付出了所有这类冲突的代价，结果却是什么也没得到；因为尽管协约国从德国人手中获得了价值约10亿英镑的资产，德国与此同时获得了逾20亿贷款。这些主要由美国提供，英国也有较小程度的参与。然而，当协约国将财富源源投入德国来重建它和恢复它的生活与工业时，仅有的结果却是不断增长的怨恨和自己的资金损失。甚至在德国从借给它的贷款中得到巨大利益时，希特勒的政党依然每个星期都从对协约国干涉的愤怒中获得生命和力量。

我一直秉持这样的观点，即对失败者怨恨的矫正应先于胜利者的裁军。我们很少做出什么来矫正对签订于凡尔赛和特里亚农的条约的怨恨。希特勒在他的运动中可以不断指出欧洲领土分配中许多微不足道的异常和种族不公，这煽起了他赖以为生的怒火。与此同时，英国的绥靖主义者在隔岸观火的美国榜样的帮助下，将裁军进程强推到最突出的位置。年复一年，一点也不考虑世界的现实，裁军委员会探索了无数减少协约国军备的计划，其中没有一项被英国以外的任何国家认真履行过。美国一边鼓吹裁军，一边继续大力发展陆海空军。法国失去了美国承诺的安全保证，面对德国的逐渐复兴及其庞大的军人群体，很自然地拒绝将国防力量减少到危险水平。意大利出于其他原因提高了军备水平。只有英国将陆海防卫降到低于安全的水平，而且似乎对空气中孕育的新危险茫然无知。

与此同时，德国人，尤其是布吕宁政府领导下的德国人，开始了他们重获武装力量的庞大计划。这些得到了各个渠道的推动。飞行运动和商业航空只是个幌子，背后一个为空中战争的目的而生的庞大组织正扩张到德国的各个角落。《凡尔赛和约》禁止德国拥有参谋部，但它在国家工业指导部门的伪装下年复一年地成长为一个庞然大物。所有德国工厂都极为周详地做好了转向战争生产的准备。这些准备工作虽然掩饰得天衣无缝，但没逃过法国和英国情报部门的眼睛。然而两国政府都没有那种支配力量，或者要求德国停止，或者尽力修订条约，同时做到则更好。至少到1931年末，前一个做法都是相当安全和容易的，但那时候，麦克唐纳先生及其同事依然满足于发发祈祷和平的老套高调和收获英伦各地好意但无知的大多数人的喝彩。即使晚至1932年，英国政治依然向法国施加了要它减少军力的强大压力，而与此同时，法国知道，紧锣密鼓的准备正在德国各地进行之中。我在下院屡次详细解释和揭示了这一愚蠢的过程。最终，所有裁军会议的唯一成果是德国的重新武装。

就在所有这些可怕的转变在欧洲发生之际，希特勒下士正在打那场赢得德国人心的漫长艰苦的战斗。读到那场斗争的故事，不由得人不佩服他的勇气、坚持和生命力。这些让他得以挑战、反抗、安抚或战胜挡在他路上的所有权威和抵抗。在这个时候，在他们对祖国的激情和热爱中，他和与他共事的日益庞大的部队无疑显示出，没有什么是他们不会做，不敢做的，他们也不怕让自己或对头失去生命、健康或自由。这个故事的主要部分广为人知。喧闹的集会，慕尼黑的处决，希特勒的被囚，他的各种被捕和受审，他与兴登堡的冲突，他的竞选活动，冯·巴本的变节，希特勒对兴登堡的征服，兴登堡对布吕宁的抛弃，所有这些都是那一往无前的行军路上的里程碑。这场行军将在奥地利出生的下士推上了整个德意志民族的终身独裁者位置。这个有近7000万人口的民族构成了世界上最勤奋、最驯服、最凶猛、最好战的种族。

希特勒登上了德国的最高权力，他领导的国家社会主义运动消灭了德国所有的州和旧王国，将它们融为一个整体。与此同时，纳粹政权通过在必要时使用暴力，镇压和摧毁了这个国家的所有其他政党。就在此刻，他发现，德国参谋部和前任布吕宁政府建立起来的德国工业和航空秘密组织实际上已经随时可以开动。到目前为止，还没人敢走出这一步。对协约国可能干涉并将一切掐灭在萌芽状态的担心阻止了他们。但希特勒是通过暴力和狂怒崛起的，他身边围绕着与他一样冷酷的人。很可能，当他推翻德国现存的宪法政府时，他还不知道他们为他的行动打下了多么深远的基础；当然，他从未公正地承认他们对他成功的贡献。

事实是，他和戈林只需为史上最宏大的秘密重新武装进程发出信号。他早就声称，如果上台，他会为德国做两件除他本人外没人做到的事。一、他会将德国恢复到它在欧洲势力的顶峰；二、他会解决影响德国人民的严重失业问题。他的方法现在已经很明显。德国将通过重新武装恢复它在欧洲的地位；通过安排制造军备和其他军事准备的工作，德国人将在很大程度上摆脱失业的诅咒。这样从 1933 年起，不仅在工厂、兵营、机场，而且在中小学校、大专院校甚至幼托机构，通过国家权力的每一种资源和现代宣传，德国全部可用上的力量都被用于战争准备，而对全体人民随时备战的准备和教育也在开展。

直到 1935 年，这一惊人内幕的全部恐怖才突然出现在这个冷漠而轻率的世界面前，希特勒则抛下伪装，露出武装到牙齿的面目，他的军火工厂日夜轰鸣，飞机中队一支接一支不断成立，潜艇艇员在波罗的海演练，武装部队踩踏着从宽阔帝国一端到另一端的兵营土地。那就是我们现在的形势，对自满、轻率、迟钝的胜利者反客为主是一项成就，值得被世界史看成一个奇迹，而且是与一个人的个人努力和一生追求不可分割的奇迹。

每个人都想知道"关于希特勒的真相"，这当然不奇怪。他会用这股已经在他掌握之中，并且每周都在自我完善的巨大力量做什么？如果，如我过去所说，只看到我们做出评价不得不依赖的过去，我们确实会深感忧虑。迄今为止，推动希特勒事业成功的不仅有他对德国的热爱，还有阵阵仇恨的潮流。这潮流如此热烈，以至烧焦了那些逐流于其中的人。对法国的仇恨是这些潮流中的第一股,我们只须读读希特勒的《我的奋斗》一书,即可看出法国不是重新武装起来的德国的愤怒可能会指向的唯一国家。

但德国的内部压力甚至更惊人。犹太人被认为通过不忠和反战影响促成了德国在大战末的崩溃,他们还被认为是共产主义的主要支持者和各式各样失败主义学说的始作俑者。因此,德国犹太人这个数以百万计的群体应该被剥夺所有权利,从所有公共职位和社会生活中赶出去,逐出各种专门职业,在媒体上噤声,被宣布为肮脏和可恶的种族。20世纪意外见证的不仅仅是这些残暴思想的传播,还有德国政府及其居民不遗余力的实施。既往的服务,得到证明的爱国心,甚至在战场上负的伤都不能免除那些人的罪过,而他们的唯一罪过是父母将他们带到这个世界上。上至世界知名科学家、作家和作曲家,下至可怜的犹太小学童,针对他们的各种轻重不等的迫害都得到实施和美化,并且依然在实施,在美化。

类似的做法也落在各种性质的社会主义者头上。工会人士和自由主义的知识分子同样遭到打击。最轻微的指责是反国家的罪行。法庭虽然可以在普通案件中发挥作用,但对各种形式的政治罪行,它们被由狂热纳粹分子组成的所谓人民法庭取代。与新建军队的操场和巨大机场一道,集中营点缀在德国的土地上。在这些集中营里,成千上万德国人在强迫和威胁下顺从了这个极权国家无法抗拒的力量。对犹太人的仇恨自然而然地转到对基督教历史基础的攻击。于是这场冲突迅速扩大,以北欧日耳曼异教旧神祇为象征的德国崇拜正成为德意志民族的新宗教,天主教和新教牧师因此被取缔。对后者的支持正是我们现在的态度。

那个做出这些艰苦努力和放出这些可怕恶魔的严酷人物是个什么样的人呢?他是否依然拥有他唤起的激情?他从废墟中建起这个伟大

的国家，在世俗成功的明媚阳光下，作为它的首脑，他是否依然困扰于那些仇恨和对他绝望斗争的反对；或者在成功的软化影响下，它们如打仗时用的铠甲和残忍武器一样被丢弃？显然这是一个对所有国家的人都极为迫切的问题！那些在公共事务或社交场合亲眼见过希特勒先生的人看到的是一个能力出众、冷漠、知识丰富的公职人员，举止令人愉快，笑容令人放松，并且很少有人没受到一种微妙的个人魅力影响。这种印象也不仅仅是权力带来的错觉。他在他斗争的各个阶段对他的伙伴施展了它，即使在他处于时运的最低谷时。因此，世界还抱着最坏的已经过去的希望，还希望我们也许能活着看到希特勒在一个快乐的时代成为一个更温和的人。

与此同时，他向各国发表有时显得坦率而克制的讲话。最近，他说出了许多令人安心的话，那些过去对德国的看法错得离谱的人对此欣然接受。然而只有时间可以证明一切，历史的车轮滚滚向前：从已经在很大程度上为战争所动员起来的德国军火库和工厂、步枪、大炮、坦克、子弹和炮弹、航空炸弹、毒气罐、战机、潜艇和一支新生舰队源源流入不断展宽的河流。

乔治·纳撒尼尔·寇松[①]

[①]　乔治·纳撒尼尔·寇松（1859—1925），英国外交大臣（1919—1924）。1886年作为保守党人进入议会下院。初任印度事务次官、外交部次官。1898—1905年任印度总督，镇压印度民族解放运动，实行孟加拉分治。外交大臣任内参加策划武装干涉苏俄。1920年红军反击波兰军队时，提出不得越过停火线（即寇松线）的要求。1921年封为凯德尔斯顿侯爵。1924年任枢密院议长。**

乔治·纳撒尼尔·寇松，1920
Graphic Photo Union

英国现代政治中，很少有人的职业生涯比乔治·纳撒尼尔·寇松的更值得审视，很少有记录比他留下的更有参考意义。这是一个天赋远超平均水平的人物：装备有装饰着思想和财富的华丽宝藏；被意志、勇气和孜孜不倦的勤奋所驱动；没有特别经历过坏运气；没有被一个较大的计划排除在外，然而他没有实现他一生的中心目标。他为什么会失败，是如何失败的？这个非常杰出的人物一直处于相当牢固的地位，什么样的个人和外部理由剥夺了他一生野心所系的奖赏？在这个有限的领域，无疑没有一份探究比这更富教益。

乔治·寇松一出生就拥有了富裕和贵族门第的所有好处。一个富丽堂皇的家，环境优美，古树围绕，优渥的物质生活伴随着他的青年时期。但与此同时，严格的女家庭教师帕拉曼小姐和严厉的私人教师坎贝尔先生采用了程度最严格甚至苛刻的纪律约束和纠正。严格而虔诚的养育在一种旧世界的高贵氛围和充足资金的基础上进行。如同从这门家庭大炮射出的远程炮弹，这个年轻人在 19 世纪 70 年代初进入伊顿公学。不少于十年的时间慷慨地花在他的教育上。他将在伊顿公学度过的六年当成一生中最快乐的时光写了下来。它们当然是不断的几乎一个接一个成功的岁月。他很快作为一个拥有无穷力量的人在同代人中脱颖而出。他在伊顿公学快速成长，最终成为该校实际上的学生首领。他收获了数量创纪录的每一种奖项。拉丁文、法文、意大利文、历史，特别是英语散文和韵文在他的笔下超乎寻常地流利。在伊顿，他是当时最好、最勤奋的学者。但在所有这些成就之上，他还加上了一种固执、叛逆和轻蔑的恶劣脾性，这让老师们对他又爱又怕。

凭着可怕的研究能力和轻松快速的接受能力，他拒绝了所有偏爱，喜欢在不受重视中成功。他退出法文、意大利文和历史学教授的课程，以便通过个人努力从他们最珍爱的学生手里赢得奖励。

但即使有这么多缺点，他的魅力、英俊外表、风趣和天生优势无疑为他赢得同学的接受，获得出丑的老师的尊敬。他当然不是模范学生，但学业优秀，远远超出常人。他以神奇的速度成熟起来。还没到17岁，他就掌握了丰富的词汇，写出感人的句子，拥有了优雅的文字品味。他在"校外寄宿生班长"撰写的事件记录中的条目是供吹牛夸大的学校传奇。他的思想和知识与他流利的口才和写作齐头并进。他激励和启发了伊顿辩论社团，使事业高峰期的格莱斯顿先生为它所折服，向它发表讲话。人人都注意到他现在的卓越，预言他未来的声名。

他在牛津大学的四年同样醒目。他将主要注意力直接投向政治。他的学术研究屈居兴趣之后，只为他在考试中争得第二等成绩。但他很快成为年轻保守党人的意见领袖。他维持着查塔姆俱乐部（Chatham Club）和坎宁俱乐部（Canning Club）。他成为学生会主席。他大量写作，不断演讲。他从事一切活动都全力以赴。他的早慧名声传到牛津之外，传遍了当时主导政治舞台的贵族圈子。21岁的他成了臭名昭著的"未来之星"。

"臭名昭著"一词是经过考虑的，因为所有这些早熟的光芒里混进了一个无辜但依然严重的污点。他娴熟的口才让他一举达到啰唆的程度；他考究的措辞有一种浮夸的成分；他广博的知识被指浅薄；他天生的优秀伴着一种优越神气。然而，所有这些只不过是强劲而充满希望的前进大潮下的一股暗流。

那时候，一个有如此才能和影响力的青年作为一个大选区自由选出的代表进入下院非常容易——实际上现在依然很幸运地容易。但他在此第一次遇到一场与他的天赋不完全适应的考验。19世纪80年代末的下院在社会等级上与今天的议会大不相同。但与现在一样，它也是对一个人最恰当最全面的评论。它发现了寇松的某些不足。它当然无关知识或努力，也无关说服力或举止外表的吸引力。所有这些都在他的掌握中。你可以打开他的背包，一个项目一个项目地记下清单。这份清单什么也不缺，然而不知为何，加起来却不完整。全面考虑了他的年轻和出众才华，下院认为刚当上议员的他无足轻重。他引来欣赏和嫉妒，但既没有多少爱，也没有多大恨。他可以准确地论述一桩事，发表一份有力的反驳。他优雅地挥舞着议会小刀；他工作、旅行、阅读、写作（仅一本关于波斯的书就有1300页），做一切受委派的事，但没有能力影响意见或改变事件。单纯的人拥有粗野的力量和通过经验获得的信念，他们平平淡淡结结巴巴的讲话比他精致优雅的表现更有价值。他在下院遇到了对手；与那时候的议会大人物相比，他即使在全盛时期也从未被看成匹敌的斗士或未来对手。理论上，只要事情可以通过一场考试来解决，他与小皮特就没什么不同。但实际上，他却不值一提。

在他得到一个副大臣职位前，保守党已经连续在台上五个年头。索尔兹伯里侯爵在1892年的失败给寇松提供了坐上下院反对党前排的大好机会。可以保险地说，一名一流议员，拥有前大臣的全部优势并且没有明确的不合格，不可能在他的政党三年后重新上台时拿不到一个内阁位置。然而在1895年，索尔兹伯里侯爵无疑即将提议，并且寇松先生无疑也即将接受那个虽然重要但稍逊一筹的外交部副大臣职位。我们肯定会得出结论，尽管有优雅的演讲，不遗余力的周到，对成语和警句的掌握，社会关系和完美的品格，他还是在下院一败涂地。这是一个持久的结论。

说句公道话，他从未自愿放弃这场斗争。他希望战斗，扎营，然后在下院继续战斗。他怀着不满和警惕看到即将到来的继承贵族身份的阴影。为避免这不幸的命运，他尝试过立法。与其他两名贵族子弟一道，他在下院推动一项法律。它将给予议员自由，让他们可以拒绝或推迟不受欢迎的向贵族的晋升。最终获任印度总督时，为了使下院的大门在他回国时向他敞开，他接受了一个爱尔兰贵族头衔。因此没人可以确定地说，他不会如迪斯雷利那样最终获得成功。不管怎么说，他一直将最终被排除在下院之外看成一生最大的不幸。

在他第二次获任次大臣的时候，我第一次用欣赏的目光打量他，并且立即为他谈话中的快活、坦率和充实所吸引。1895 年夏，德文郡公爵府上开招待会，庆祝保守党重新掌权，我在那里向他致意。一年后，他任印度总督期间，我数次作为一名少尉军官在他府上做客。他拥有或至少养成了在交谈中与年轻人完全平等的令人称道的习惯。政治家在这方面做得很好。在加尔各答，他的饭桌上，他对密友韦尔登（James Edward Cowell Welldon）主教那俏皮而毫不留情的打趣逗得我非常开心。主教当时是印度都主教，是我在哈罗公学时的校长。"我觉得，"他对我说，"我们不久就会听到你在下院侃侃而谈。"我还没有能力以公共演说所需的速度即兴构思，尽管这是个巨大妨碍，我自己依然强烈地怀着同样的看法。

许多人个性中都有矛盾的品质，但很少形成比乔治·寇松的品质更鲜明的对比。世人认为他的举止和内心非常自负。这种广为流传的深刻印象来自许多评价者的经历和报告，但在一个由亲密朋友和地位相当的人或他看作地位相当者组成的小圈子里，你看到的寇松立即打破了这种印象。这里你能看到那个迷人、快活的同伴。他总是随时准备自嘲，随时可以表达同情和理解，让每一个他以敏捷机智触及的话题大放光彩。似乎难以置信，这颗温暖的心和孩子气的快活天性可以如此有效地瞒过他见过和共事的绝大多数人。他最不擅长所有的小事，在私生活的琐碎细节上斤斤计较，甚至与足可信赖的朋友争吵，然而在他各种宫殿般的宅邸里展现他的殷勤好客时，他又是最快乐，最如鱼得水的。一方面，在他交游广阔的圈子里，他在每一个疾病和不幸的场合都伸出安慰和同情之手；另一方面，他是严厉指责下属的高手，在为他服务的人中很不得人心。他似乎用同样慷慨的手一路撒下感激和怨恨的种子。尽管拥有各种迷惑人吸引人的品质，他从未有过一批追随者。虽有庄重的言辞、外表和举止，但他从未领导过。他常常盛气凌人，但从未居于中心地位。

寇松的印度总督任期是他最辉煌的时期。近七年时间里，他威严地统治着印度的广袤地区。从未有继任者超越他给这一工作注入的智慧力量。他对什么都感兴趣，经手的几乎每件事都井井有条。对印度所有民族的真诚热爱，对他们基本尊严和权利的坚持拥护，对他们的遗迹和艺术的深刻了解，孜孜不倦的工作，处理没完没了的文件的一支不倦的刀笔，这些都是他在这段漫长岁月里对英印政府做出的贡献。一份以和平主义为主，包含明确反军阀观点的边境政策，庞大的建设性公共工程计划，在政府每个部门体现出来的自由思想和人道主义倾向，这些合起来使寇松的总督任期成为英印历史上一段难忘的时期。

然而它最终结束于悲伤和愤怒。一场高层不和在总督与总司令基钦纳伯爵间发展起来。[①] 事后就事论事，我相信寇松无疑是正确的。但在手腕、阴谋、个性力量、可疑而危险的花招方面，那个士兵每次都胜过了这位政治家。基钦纳伯爵与国内政府和印度事务大臣建立了自己的秘密联系。他有自己的代理人和通信渠道。他以劳合·乔治般的技巧选择作战阵地。在争议的最高潮，寇松自己的朋友组成的政府和几乎是他铁杆朋友的印度事务大臣布罗德里克（William St. John

---

① 基钦纳 1902 年至 1909 年任印度陆军总司令。寇松想要维持现有安排，即总司令仅有行政职能，同时一些高级军官向总督提出关于政策、供给和花费等军事事务的建议。而基钦纳则想要对所有军事事务的完全控制。✱✱

Fremantle Brodrick）先生宣布反对他，并且是错误地宣布反对他。①

他愤而辞职，回到英国，将斗争的矛头对准了前同事，主要是他的两个最亲密的朋友贝尔福先生和布罗德里克先生。但这场可怕的冲突从未发生。寇松从印度回国后，发现保守党的长期统治实际上已经瓦解。张伯伦先生的关税改革运动吸引了公众的注意力。保守党政府在 1906 年的大选中被扫地出门，它所有知名的杰出人物都沦落到默默无闻的破落反对党地位，只在九年后通过大战的动荡才得脱身。他们的私人争论因此不再有公共意义。他们转入休眠，但火还没熄灭。寇松直到多年后才与布罗德里克再次说上话。他们自学生时代起就结下的友谊永远束了。至于贝尔福，他的沉着是庄严的，他的礼貌和善意是可靠的，他留下的印象无法抹消。这是另一个对寇松侯爵的公共生涯极其重要的事实。

* * * * *

现在我们来到那场大战。在这个阶段，寇松接触到一个个性几乎与他完全相反的人物。你很难想象两个像寇松和劳合·乔治这样完全不同的人。性情、偏好、环境、成长、思维过程都完全不同而且显著对立。当然，两人的分量和力量从来都没法相比。那个威尔士村庄的后代整个年轻时代都在反抗贵族阶层，他曾从驾驶四马马车的当地保守党大佬的路上愤怒地跳下，在夜里拿大佬的兔子发泄怒火。他有一种极宝贵的才能。这正是那位伊顿公学和牛津贝利奥尔学院（Balliol）的学生一直缺乏的才能——他的神仙教母拒绝赐予他的恩惠，没有

---

① 基钦纳获得了印度事务大臣布罗德里克的同情。1907 年，寇松离开印度六个月后，基钦纳的主张得以实现。﹡

222

它，所有其他才能都廉价得惊人。乔治有"透视眼"。他有那种深刻的原始本能，能看透话语和事物的表面。这种视力虽然模糊，但肯定看到了砖墙的另一面，或距人群两块地远就能找到目标。在这项才能面前，努力、知识、学问、雄辩、社会影响、财富、名声、清醒的头脑、无穷的勇气都算不了什么。将两人放在任何机会平等的环境下，一个将吃掉另一个。劳合·乔治为自己的目的利用寇松，在自己方便的时候慷慨地回报他，频繁地奉承他，但从未让他进入他的决策核心。

* * * * *

乔治·寇松的信写得很漂亮。写一手好字的劳累对他是一种愉悦。他可以优雅地驾驭一支羽毛笔或钢笔，比我知道的任何人速度都快，时间都久。他一天肯定要写上许多小时的信，写到深夜。在支撑着脊椎的钢制紧身衣的支持下，他会一直写啊写啊，写出通常无关紧要的漂亮、严肃、华丽的书信。这对他是一种放松，也许在无意识中是对他几乎持续的疼痛或不适的反向刺激。

我记得在他任印度总督期间的1903年我去看望第一任寇松夫人。她婚前叫莱特（Mary Victoria Leiter Curzon）小姐（诙谐者称之为"亚洲的莱特"），是她那个时代最漂亮最迷人的女性之一。当时她在英国，正从最终致命的疾病的第一次发作中恢复。她给我看了正在印度的丈夫写来的一封信。它有100页长！她给我看了页码。全部用他优雅流畅、清楚易读的笔迹写成。整整100页啊！

1915年末，因为看到即将到来的事件，我离开内阁，去了法国。我和寇松在阻止从达达尼尔海峡撤退方面一直密切合作。他写给我一封足有20页长的信，生动地描述了内阁内部关于那个严重问题的全部争斗，反对我在这场讨论中的缺席——"你一直领导了我们"。当这封相当极端的文件送到我手里时，我正在部队。一段时间后，他非常担心，想收回它。虽然我一生几乎都没遗失过一封重要书信，但我永远没能找到它或知道它的下落。然而如果它现在出现，也已经不再重要了。

寇松个性中的弱点之一是对解释自己立场的考虑太多，对做好事情的考虑太少。当他写完令人信服的书信，或者凭他的全部力量和知识将一个问题以全面细致的形式提交议会时，他通常会觉得他的任务已经完成了。他已经尽了力。形势会自己发展。他过多关注对事件的说法，过少关注事件本身。

* * * * *

我与他只有过一次公开争论。1922 年，鲍德温先生正计划推翻劳合·乔治先生的联合政府，这场危机于秋天到来，当时所有人家里都开过几次饭桌会议，我和劳合·乔治在会上讨论了与奥斯丁·张伯伦、贝尔福、寇松和伯肯黑德日益加深的不和，尝试找出个解决办法。问题取决于，在没有召集议会或等到即将到来的保守党会议召开的情况下，要求解散议会是否恰当。大家认为，除非保守党内的普遍感觉愿意那样，劳合·乔治先生将不会在大选后继续任首相。我们这些联合政府内的自由党成员底气很足，因为几个月前，我们已经书面提出辞职和支持一个纯保守党的政府。我清楚地记得，寇松是如何在所有人面前起身离去时说出"好吧，我乐意"的。这意味着他将在一次对全国的呼吁中支持我们。

几周后，在卡尔顿俱乐部（Carlton Club）那场重要会议召开时，我们有点惊讶地发现，寇松用他的势力反对我们，而他保留了新政府的外交部职位，全力打击我们。无疑他恨劳合·乔治。但是同时他还有对我们所有人的由衷承诺。这一背叛给我们的选举演讲加入了一丝苦涩色彩。寇松发起挑战，声称发给自治领的电报是在没有问过他这个外交大臣的情况下编造和公布的。那封电报请各自治领在查纳克危机（Chanak [Crisis]）中支持我们，反对土耳其再次入侵欧洲。我几天前做了一次大的阑尾炎手术，但我不会放过这件事。因此我详细写道，"不顾这一重大形势，寇松侯爵于周五夜离开伦敦，前往他的一所乡间别墅，并且提出要直到周二才返回。星期天，劳合·乔治先生和张伯伦先生（即首相和他自己的党派领导人）明确要求寇松先生返回伦敦。他答复说他留在乡下，因为他在伦敦的房子还没有为他入住做好准备。他最终被说服于周一返回。到今天为止，我还不知道侯爵阁下在伦敦的住处问题是如何最终得到解决的"。他不喜欢这个，他不会喜欢它。他在《泰晤士报》回复，说我的声明漏洞百出，充满了恶意，并且给出了他病得有多重的详细解释。我们之前没听说过他这场病。我声称他承认了对他不利的论点。

直到九个月后，我才再次见到他。我们在伦敦一次大的私人宴会上见了面。他是位重要的大臣，我们则下了台，因此我没有刻意接近他。但在女士们离开宴会厅后，他走到我身边，以最高贵最迷人的姿态伸出手，将以往的所有不和一扫而光。这是那个真正的人。

* * * * *

1923 年春，博纳·劳先生健康恶化。一次地中海巡航没能恢复他的体力，他决定辞去首相职务。

几个关于宪法惯例和礼节的问题出现了。当反对党的领导人职位空缺时，它会在各种合适的人物中自由选择。但一个政党如果在台上，君主的选择也许预先确定，并且在某种意义上预先限制了该党的决定。这是绝对的君主特权。任何政党都不可以向君主提出首相人选。一旦首相有了组阁的委任，他可以自由行事。然而，国王在选定任何特定的人之前让执政党选择自己的领导人，这也许与宪法的精神更加协调。君主不应被卷入一个可能有争议的决定，这是英国政治制度的固有传统，除非在出现僵局或紧急情况下，这个传统没有例外。举例来说，如果新首相不被拥有下院多数的政党接受为领导人，国王会招致无谓的打击。即使出于对王室决定的尊重，但有违执政党的本身倾向，它接受被提名的首相为其领导人，很可能首相的地位会很尴尬，而政府也会很短命。等上几天，让有争议的主张自己解决，这对王室没有任何损失。王室这时将依据一项确定的事实，而不是不管对情况多么了解的估计来行事。

当然，即将离职的首相作为多数党和下院多数派领导人，向国王提出对继任人选的建议是合乎惯例的。这样，王室做出一项不被接受的选择的风险大大降低了，而且在任何情况下，不管发生什么，君主都受到他是依据负责任的建议来行事这一事实的保护。如果出了问题，即将离职的首相会承担责任。大部分情况下，建议的内容都显而易见。但也会出现形势比较含糊的情况。这次就是其中之一。而且，博纳·劳先生只在几周前才得出寇松不适合的结论。这里必须提及促使他做出决定的事件。

英国与穆斯塔法·凯末尔的正式和约签订前，一个投资人希望到土耳其开办一家企业，向博纳·劳先生提出申请。首相即将为恢复健康开始他那悲观到近乎绝望的航程，写了封短信，将事情转给外交部。寇松侯爵在这件事上找到一个严厉回击的机会。他写信毫不留情地批评了投资人的人品，以他最冗长的说教方式论述了其中的不便。这份不便是因为人们被误导，认为他们可以就外交部职责范围内的问题求助唐宁街 10 号。他评论说，这样的做法只会恢复前政权最坏的传统之一。首相什么也没做，却无端遭此指责，要不是病得太重，早就发火了。但他无疑意识到，如果一个政府和政党落到一个能写出如此小题大做的文字的人手里，这个政府和政党会有很大麻烦。

博纳·劳先生的病情日趋沉重，他觉得自己去表态不太恰当。他唯一确定的是不会推荐寇松。因此他在 5 月 20 日致信寇松，"我理解，在当前形势下，国王让首相推荐继任不合惯例，我估计他不会这样做，但如果他如我希望的那样立即接受我的辞职，他将不得不就我的继任问题立即采取行动"。当然，这是承认了寇松的优先权利，但没有约束力。

博纳·劳先生现在病到连亲口向国王告别都做不到。他的两个密友带着他的辞呈赶到温莎。乔治国王在表达了对这个消息的遗憾之后，问他会向自己推荐谁。两位先生说，他病得太重，承担不了建议之责；于是国王请首相向他推荐一个内阁大臣，他好征询这位大臣的意见。这个消息带给博纳·劳先生后，他起初想提议内维尔·张伯伦先生作为顾问。他对后者良好的判断能力最为嘉许。但因为张伯伦先生只是邮政大臣，而且是内阁新人，他打消了这个想法，打发人回复说，索尔兹伯里侯爵可以承担这个任务。听到这个消息的索尔兹伯里侯爵立即赶到伦敦。但与此同时，国王担心自己也许会在和平时期被要求不仅为自己选个首相，还在实际上决定保守党的领导人选，采取了其他步骤。为了让王室的那一重要职能得以在与公众情绪和利益相一致的基础上履行，他寻求了其他拥有独立地位的年长政治家的意见。

* * * * *

1923 年 5 月 21 日，星期一，寇松侯爵在萨默塞特郡的蒙塔丘特庄园度过圣灵降临周。上午的邮差送来了博纳·劳先生的信。他一生追求的时刻来了。寇松通盘考虑了政治局面，没找到一个真正的竞争对手。保守派的大人物里没人有望对抗他的要求。贝尔福伯爵已经75岁。奥斯丁·张伯伦先生和伯肯黑德伯爵因他们对劳合·乔治先生的忠诚，还没得到原谅。寇松在博纳·劳政府的同事里，只有一个人是可能的竞争者，而寇松有没有把他放在眼里都值得怀疑。这些都合情合理。在官场经历、智力水平、议会地位和名声方面，他都远远超过了唯一能想到的对手。

鲍德温先生那时初出茅庐，还是一个几乎默默无闻的人物。他只当了六个月的财政大臣，进内阁才刚刚三年。他从未在议会或其他地方发表过一次值得关注的演说。寇松则是上院领导人。他在公众心目中占有突出地位已经有四分之一个世纪，此刻正以他一贯的盛名占据着外交部。星期一一整天，寇松都在等待那次必将到来的召见。它终于来了。至晚，斯坦福德姆男爵（Arthur John Bigge，1st Baron Stamfordham）的一纸电报召唤这位大臣去伦敦。星期二去伦敦的旅途是在制定计划中度过的。对这次召见的含义，寇松心中没有疑问——确实也不该有。

他将成为首相。

但随着国王征询的进行，一开始可能似乎很明显的选择中又透出一丝新的怀疑的光芒。贝尔福伯爵的巨大影响被放入反对这位前总督的天平的另一端。他被从诺福克的谢灵厄姆特别招来。他得了静脉炎，医生反对说，旅行会带来危险。贝尔福没给吓住。他觉得自己有义务要履行。到达王宫后，他坚定地表达了现在的首相必须从下院产生的观点。他将自己严格限制在这一论点上，小心翼翼地不使用其他理由。这就够了。当夜晚些时候，贝尔福结束这趟疲惫的旅程，回到谢灵厄姆的病床上时，一直陪着他的一些忠实朋友问他：

"亲爱的寇松会上选吗？""不，"他平静地答道，"亲爱的寇松不会。"

就在寇松正赶往伦敦，一路盘算着在唐宁街10号该干些什么的时候，国王派人去叫鲍德温先生。那天下午，斯坦福德姆男爵造访卡尔顿排屋街时，他只是为了告诉寇松，说鲍德温先生已经在白金汉宫。这次打击是痛苦的，那一刻也是异常沉重的。

历史进程就这样被王室的选择突然改变。如果寇松得到国王的委任，保守党当然会接受寇松作为其领导人。1923年的突然崩溃将得以避免。新选出的议会将度过其正常任期的大部分时间；社会党人也不会在当年秋天以少数选票上台；给议会人员带来极大压力，给公共经济和政府带来伤害的1923年和1924年大选将得以避免。从上院选出首相的做法已经过时的原则事实上得到王室承认。实际上，这个问题只有议会在当事人在场及综合考虑形势后才可以决定。

既然这些事件可以在事后回顾，当时做出了正确选择这一看法不言自明。更值得怀疑的是选择是不是以正确的方式做出的。但如果寇松能预见到形势，他的个人命运也许会改观。新首相急于留住他。一接到委任，鲍德温先生第一个就去拜访寇松，请他留在外交部。寇松立即答应了。他无意放弃外交部。他不会让痛苦扭曲他的行动。他不会让怨恨支配他。他在新团队里忠实地扮演了他的角色。这一正确并且具有公共精神的举动尽管是他个性中值得称道的部分，但最终对他的野心造成了致命损害。如果他远离鲍德温政府，在六个月后落到保守党头上的选举灾难之后，他将处于一个比以往远远有利的位置上，这是没什么疑问的。鲍德温被认为犯下大错。寇松没受到那次误算的损害，而且代表了现在保守党不得已再次采用的自由贸易政策，也许会是那个不可或缺的人。因此他最终失败也是因为他像个绅士一样公平地参与了这场游戏。这是那些求仁不得仁的例子之一。

寇松的最终醒悟来自命运之轮的下一次转变：1924 年的政府组成时，他将外交部让给了别人。

经历最初的打击之后，他凭善意和尊严挺过了这些重大反转。但是无疑，它们给他漫长紧张的一生带来了最终的失望。他经历了金色的早晨、青铜色的正午和铅灰色的傍晚。但所有这些都是充实的，每一种都按它自己的风格打磨到闪闪发亮。

菲利普·斯诺登[①]

① 菲利普·斯诺登（1864—1937），英国政治家。因谴责资本主义的不道德和对社会主义乌托邦的承诺而在工会圈子中广受欢迎。他是第一位工党财政大臣（1924、1929—1931），在1931年破坏了工党的政策，被工党开除，并被严厉斥责为叛徒，因为那年该党被斯诺登支持的国民内阁联盟以压倒性的优势击败。1931—1932年在国民内阁中担任掌玺大臣。**

财政大臣菲利普·斯诺登
Elliott & Fry，Ltd.

一般男女对当前政治人物有什么看法？它与实际差别多大？它夸张到多大程度？成百上千万人是根据报纸上的漫画和评论形成他们的看法呢，还是一些深刻的本能让他们得以看出公共人物的真正人品和性格？

政客们喜欢被称为政治家，在政治舞台上时间一长，国人对他们的品质和价值无疑会有一个相当敏锐的看法。关于被媒体或政党会议或两者突然提升到全国性突出地位的新人，一般男女（我们总是要加上"女"，因为现在她们有了选票）可能轻易受到误导或者肯定投出怀疑的目光。这就是我们的大规模投票，像之前的小规模投票一样，很可能为知名人物甚至由众所周知的名字所主导的原因。他们喜欢根据一个人在四分之一世纪里积累的印象来行动。他们觉得，根据这样顺境逆境的审查，他们可以形成清晰的好恶和明确的赞成或反对。

将斯诺登（Philip Snowden）先生看成漫画上那个歹毒恶意的骷髅，看成那个津津有味地用刑架、拇指夹和微小税收减免对付受害者的万恶的折磨者，这样的看法是错的。他实际上是个心地善良的人，连个虫子都不会伤害，除非他的政党和财政部要求，那时他也是怀着内疚去做的。菲利普·斯诺登是我们这个时代的一位杰出人物。他是工党的主要缔造者之一。他是第一个，也是目前为止唯一的工党财政大臣。1931年的政治动荡将工党赶下了台，他在其中发挥了决定性作用，两次在绝大多数支持下启动国民内阁（National Government）。

近40年时间里，菲利普·斯诺登坚持不懈地一步步建立起工党。他面对了它的全部不幸，忍受并且制造出它的大部分愚蠢做法；他拥有分享它繁荣岁月的无可置疑的权利。不列颠民族认可的菲利普·斯诺登的第一个品质是他们知道他的立场。

他只是一个与拉姆齐·麦克唐纳一样的教条社会主义者，但他从不同的角度背叛了社会主义。麦克唐纳喜欢保守党的气氛与传统，旧式英国的魅力吸引着他。斯诺登对社会主义教条的看法里有着对过时的格莱斯顿式激进派的强烈蔑视。在他看来，托利主义是一种现实烦恼，而激进社会主义是一种类似佝偻病或疥癣的由恶劣条件或传染带来的疾病。看待真正的保守主义者或心怀嫉妒的社会主义者时，他的心里怀着同样程度的厌恶和怜悯。

这些人已经所剩无几。格莱斯顿式激进派是非常自大的一类人。首先，他们确信自己无所不知。在他们看来，维多利亚女王时代之后，世界上也许还有许多要做的事，但已经没什么需要知道的。亚当·斯密和约翰·斯图亚特·穆勒相当直率地写尽了它。科布登、布赖特，及按他们所说因为恶劣的早年环境而有些堕落的格莱斯顿先生，以令人钦佩的雄辩表达了它。他们会满腹狐疑地迎入他们思想殿堂的那位孤独的新教师是亨利·乔治（Henry George）先生（在任何意义上都不是劳合·乔治先生！）。亨利·乔治以他的土地税粗暴地冲击着维多利亚时代的激进派。他们居住的潜水钟似乎有一道裂缝。它是一道确确实实的裂缝。它也许令人哀叹，但必须面对；不然的话，半个世纪的打击和改变都不能在他们的思想系统上打开一道缝隙或裂口。

另一方面，斯诺登的教条固若金汤。自由进口，不管外国人会如何对我们；金本位，不管我们的黄金多少缺乏；严格的债务支付，不管我们如何借到钱；极高的累进直接税，即使它窒息了创造力；"免费早餐"，即使它完全提供自英国管辖范围之外！它们的一个缺点、一项嗜好、一种享受——对常被提及的"上帝给予人民"的土地

234

价值的特别税收。至于其他，反对所有战争，即使是最避不开的；对所有殖民领地和财产的深恶痛绝，即使大量平民从那些殖民领地和财产中获得雇佣，挣到每天的面包。至于那些不能理解或不信这些教条的人，最好给他们颈上系上磨石，将他们投入樱草会（Primrose League）^①，或投入独立工党^②。

我们得想象财政部常任官员是怀着怎样快乐的心情欢迎斯诺登先生的。所有英国财政大臣，有人自发地，有人无意识地，有人不情愿地，都屈服于那诱人的知识氛围。但这次是主教进入了圣堂。财政部的思想和斯诺登的思想如两只长期分离的同类蜥蜴一般热烈拥抱，这场快乐的主政开始了。可惜许多烦人的问题不断涌现。首先，这位财政大臣得一直假装自己是社会主义者，是阶级斗争喋喋不休的支持者，等等。当需要向一干银行家做出"政治家似的"讲话，或向公众发出购买储蓄证书的呼吁时，这会很尴尬。那位挥霍的丘吉尔先生给当时的财政留下一个烂摊子，这位新财政大臣在急难之中不得不采取与他口诛笔伐的前任同样的做法。当保守党人将兵役维持在最低限度时，经济也非常困难，所有的社会主义者都将希望寄托在失业救济金上，把它看成拯救工党的最后希望。关于这些不协调，不必在此赘述。

我当然不同情斯诺登支持的路线。劳工运动对自由主义的破坏，将成百上千万满足程度和繁荣程度较低的同胞置于不相干和靠不住的社会主义标准之下，这些对不列颠民族是一场灾难，其后果逐渐变得

---

① 为纪念本杰明·迪斯雷利，由两名议会保守党人（其中之一就是丘吉尔的父亲，伦道夫·丘吉尔勋爵）创建于 1883 年。樱草被认为是迪斯雷利最喜爱的花，但仅仅是因为对维多利亚女王赠予她自己怀特岛奥斯本的庄园中的樱草的感谢。樱草会为保守党找到了大量的自愿游说者，帮助在 1886 年和 1895 年的选举中战胜了自由党。 ✳
② 存在于 1893 年至 1975 年，但更接近于一个持不同观点的个人的集合，而非有纪律的组织。1906 年至 1932 年以集体身份加入工党。斯诺登和麦克唐纳在加入工党之前，曾属于独立工党。 ✳

明显起来。与它相伴的是民主进程的衰退、对普遍选举的显著破坏和议会机构的衰败。英国正是通过议会机构赢得它的自由。粗鲁和乏味被带到每个问题的讨论中，这已经与维多利亚时期的辩论的紧张形成了强烈对比；粗鲁和乏味也进入了当时下院对行政机构的严格控制中。

有组织的庞大政党颁布了使所有生产、分配和交换手段国有化的纲领，这些与国际化、反国家主义情绪一起，在欧洲引发了对极端民族主义和独裁暴政的强烈反应。如果说这些结果在我们岛上还没有变得显而易见，那也只是因为这些社会主义者当上大臣后，在实践中很大程度上抛弃了他们为上台而宣扬的主义和原则。看到一个阶级政党秉持着只能通过严重的国内动乱和对英国自由与伟大的破坏来实现的空想原则，这不光对工人阶级，而且对整个民族，无疑都是严重的伤害。

30 年来，菲利普·斯诺登勤勤恳恳、孜孜不倦地努力建设这个新的政党，这之后，公共职责迫使他转而用他全部辛辣的口才和宣传能力反对他自己的创造，并且选择作为子爵进入他长期以来努力摧毁的世袭议会，退出了政治生活。花费一生创建这个社会主义政党，之后带着毫不掩饰的乐趣给它以致命一击，这表面上的矛盾在考虑到所有情况之后，并没有让他受到任何反复无常或目标不一致的指责。终其一生，他都真诚地痛恨保守党、沙文主义、既得利益集团和所谓"上层阶级"。另一方面，他从未有一点点参加任何革命运动的打算，他也不会在任何情况下为财政或政治上的放纵或道德沦丧状态负责，这样的状态将危及既有的国王、议会和资本主义制度的坚实基础。相反，面对现存秩序和国家破产的急迫危险，他不仅站到自己的朋友和同事对立面，而且全心全意地猛烈攻击他们，这大出公众意料之外，也让他们中的大多数感到高兴。

我们必须区别他与拉姆齐·麦克唐纳先生的作为。在国家危急之际，斯诺登退出并且同时几乎摧毁了他创造的政党。[①]但危机一过，他立即寻找机会与新盟友决裂，再次成为他一生支持的思想的积极倡导者。他没有梦想作为准保守党大臣继续待在官位上。如果他是政府领导人，他会不会有另一番举动，这点不得而知。大臣生活确实有愉悦和虚荣，优雅富足的上流社会令人舒适，这些对他都没有吸引力。我们联邦的统治力量能够提供的任何利益都不能支配他的判断或行动。

危机克服后，与摆脱旧朋友时一样，他以十足的精力摆脱了新朋友。相比他在 1931 年指责社会主义者时的猛烈，他在 1935 年谴责国民内阁时的措辞毫不逊色。这种明显的四处树敌让他看起来像一种为咬而咬，不放过任何人的恶狗。实际上，它来自极端诚实的个性，只有极其急迫的形势才是暂时偏离它的正当理由。这样一个人如果是西班牙人，他也许能通过铁腕维持民主与议会政府来使西班牙免于内战的恐怖。这样一个人就是在 1919 年从共产主义手中挽救德国的德国社会主义者诺斯克（Gustav Noske）。斯诺登很清楚他该走多远，当被推到超出那个限度时，他的激烈反应不仅效果良好，而且出人意外。

他写下的关于他早年生活的故事让我们所有人不仅敬重他的人品，而且欣赏英国那自由宽容的制度。在这个制度下，他走出约克郡一个村庄的鄙陋小屋，成为世界上最富有国家的财政大臣及其古老贵族阶层的子爵——如果那算是晋升的话。他展示了在严格的原则、宗教信仰和对社会变革的强烈关注的支撑下的贫穷是一种财富。我们听到他父亲与叔叔关于命定、选举和地狱之火的讨论，及他母亲一锤定音的总结：

"你们说上帝像我们爱子女一样爱我们。你们是不是认为我会把

---

① 斯诺登留任财政大臣，并在 1931 年 8 月麦克唐纳组织国民内阁时忠诚于他。工党开除了两人。但斯诺登决定不参加 10 月的议会选举，相反被任命为掌玺大臣，并进入上议院。**

孩子扔进地狱之火？不会！不管他有多坏。"

这些小佃农用的水从邻近的井里汲取，我们看到他们挺身反抗试图为用井收费的地主代理人。谁会奇怪这样的景象和经历给予一个孩子的决心？菲利普是个聪明的孩子，很快成为村里学校最好的学生。得知没人可以在赛跑和跳高上打败他，那些非常熟悉他残疾身体的人肯定觉得不可思议。他成了个小老师。他通过了低级文官职务的规定考试，成为他后来两度担任大臣的财政部的一名"税务局征税官和稽查员"。

但最令人同情的是他生命的第三个阶段。一场轻微意外带来的脊柱感染导致了终身残疾，迫使他离开文官职务。他父亲已经过世，他和母亲回到他的出生地伊肯肖（Ickornshaw）村，这就是他现在的贵族头衔。10 年时间里，他作为社会主义演说家走遍了全岛。将这些年说成是与贫困作斗争的岁月完全是对它们特征的误解。菲利普·斯诺登从一开始就通过一个简单的方法克服了贫困。这个方法就是将自身需要降到一个非常严格的界限之内，靠着他从演讲中得到的每周 30 先令，他得以探究一个伟大的世界性问题，骄傲地过着自给自足的生活。他是个布道的修士，除了自己的理性外没有需要遵从的上级。在近来这个财富如此重要，对贫困的恐惧困扰着许多人的时代，这段简短描述中有对各个阶级都有极大价值的道德教益。

多年前，第一次见到他时，我是年轻的自由党大臣，他是一小撮独立工党人之一，然而他们还是被迫遵守了阿斯奎斯政府的主要政策。我们同行四小时去兰开夏郡。那时，在这层表面上愤怒甚至恶意的情绪和凝视之下，我看到他天性的某种吸引力和善意。他的脸庞虽然在某种程度上为痛苦、疾病和敌对情绪所扭曲，但一个真正令人心安的、体谅的和令人愉快的微笑让它容光焕发。之后有七年时间，与他这个财政大臣就财政问题争论，或反对他的大臣职位就成了我的任务。我们在广泛的规则之内尽可能猛烈地互相攻击。但他给我的印象是一个慷慨、忠实的人，我对他从未有过任何毁掉这种印象的感觉。

马克思主义从未干扰他敏锐的才智。一个熟悉他的人对我说："你只有在看到没有斯诺登主持财政部的工党政府后，才知道工党政府是什么样。"上任后，他立即反对同事们疯狂而轻率但非常流行的浪费作风，这让他们大为惊讶。虽然在许多方面被压倒，他依然继续为他认为的健康财政的基本原则而斗争，这一冲突的摩擦引来他的愤怒甚至仇恨，导致他最终攻击起他的朋友和同事。

英国民主应该为菲利普·斯诺登感到自豪。他是个有能力维护社会结构，同时还能捍卫大众利益的人。他漫长的一生是辛劳、忘我和病痛折磨的一生，是荣耀与成功的一生。他的无畏、正直、简朴、清醒的判断、对英国的热爱和刻意隐藏但非常强烈的对伟大祖国的自豪，所有这些使他成为我们时代真正有价值的人之一。他贫困、病痛、自律和厌恶战争的一生达到了辉煌的顶点。英国议会历史不会忽略这样的场面：当他引用下面的名句时，下院热情地起立致意。

> 我们全部的历史都在颂扬未来：莎士比亚的声音与纳尔逊[1]的手，
>
> 弥尔顿与华兹华斯对我们上帝选定和自由的土地的忠诚与信任，
>
> 为我们见证……
>
> 即使世界都与它对抗，英国依然屹立！[2]

---

[1] 霍雷肖·纳尔逊（1758—1805），英国最伟大的海军将领，在1805年的特拉法尔加海战中击败法国和西班牙联合舰队，奠定了英国的海上霸主地位。他本人在战役中中枪，伤重不治。✲

[2] 语出阿尔加侬·查尔斯·斯温伯恩（1837—1909）《英国：一首颂诗》（"England: An Ode"），出自《爱星者及其他诗》（*Astrophel and Others Poems*，1894）。✲

克列孟梭 [1]

---

① 克列孟梭（1841—1929），法国总理（1906—1909，1917—1920）。1876年入选众议院，属左翼，绰号"老虎"。力主对德进行复仇战争。1906年任内政部长，同年出任总理。在第一次世界大战中主张将战争进行到底。组织协约国对苏俄进行武装干涉。曾为巴黎和会主席，参加起草《凡尔赛和约》。1920年竞选总统失败，退出政界。**

退休的乔治·克列孟梭
Central Press Photos, Ltd.

关于克列孟梭与福煦间的争论出版过许多无益的哀叹之词。这两位在危难时期拯救了法国的人互相指责，读者被请来声讨对方。争论双方都是老人，都顶着辉煌的光环，都行将就木。他们属于过去，历史不朽的一页属于他们。他们为什么要撕掉那一页？即使克列孟梭确实粗暴地对待了福煦，确实在赢得胜利后立即将他赶出政治舞台，即使福煦早前曾将自己的半身石膏像送给克列孟梭，希望获得支持，我们无疑也该主张，这些故事还是留着不说的好。一切都该体面地呈现给后辈。纪念碑周围不该堆满垃圾，上面只能刻上人的丰功伟绩。

我不这么看。历史女神不该是挑剔的。她必须看到一切，触及一切，如果可能，察觉一切。她不用害怕这些个人细节会让她失去浪漫和英雄崇拜。记录下的琐事和闲聊可能会——也确实应该——抹去小人物。他们不可能持久地影响那些在大风大浪中光荣地占据最重要地位的人。一两代人的时间——当然，一个世纪——将呈现这两人的真实面貌。后代人的判断将不会为他们的最终纷争所扰乱。要是福煦从坟墓那边将投枪扔向克列孟梭，而克列孟梭进入坟墓那一刻，在最后的挣扎中将投枪扔回去，我们对两人的了解反而更多。

有了克列孟梭那本非凡的《胜利的辉煌与悲壮》（*Grandeurs et Misères de la Victoire*），我们的知识当然更丰富了。浮躁浅薄的作者倾向于将这部作品当成一个老人阴郁的胡言乱语。他们急急忙忙地为它道歉。我们被告知，说常识和公正禁止我们看重一个耄耋之年的垂死者激烈的胡话。相反，我把这本书看成对那个时代和那场冲突的历史的重大贡献。它不仅在字里行间向后来者展示和阐明了克列孟梭的品格，还讲述了这场大战及其起因。福煦跻身世界最伟大将领的地位也许还有争议，但克列孟梭是世界伟人之一已有定论。在此我们有了他自己刻出的形象——一部粗犷的杰作，没有完成并且部分扭曲，但永远予人以启示。

真相是克列孟梭体现和代表了法国。如果一个人可以奇迹般地放大到成为一个国家，那他就是法国。世人在想象中用象征性的动物来描绘民族——不列颠狮子、美国鹰、俄国双头鹰、高卢雄鸡。但这只戴着精巧时髦的帽子，留着白色八字胡，双目灼灼的年迈老虎，将比任何家禽更像法国吉祥物。被恐怖分子的肮脏屠场压倒之前，法国大革命经历过辉煌的一刻，他就是它那一刻的幽灵。他代表了起而反对专制者的法国人民。思想的专制、灵魂的专制、身体的专制；外国暴君、国内暴君、骗子、伪君子、贪污受贿者、叛徒、侵略者、失败主义者，所有这些都在这只老虎的势力范围内，它则对他们发动了无情的战争。反教权、反君主、反共产、反德国，他在所有这些方面代表了法国精神的主流。

还有另一种情绪，另一个法国。它就是福煦的法国——古老、高贵；这个法国的优雅和文化、礼仪是它赠给世界的礼物。还有骑士的法国、凡尔赛的法国，以及贞德的法国。福煦唤起的正是这个次要的和隐性的民族特征。从这两人在大战最后一年的结合中，法国人民从他们身上看到了高卢的全部荣耀和生命力。这两人各自体现了他们的古老和现代历史。法国大革命的血河流淌在这水火不容的一对人之间。他们间耸立着基督教高举起来反对不可知论的屏障。但是当他们凝视着贞德金色雕像上的铭文"La pitié qu'elle avait pour le royaume de France"（法语，大意：她的心与法国同在），看到圣女没举起的剑的闪光时，他们的两颗心是一样的。法国人拥有双重特征的程度没有任何伟大民族可比。英国或美国，甚至德国，都没有任何类似的这种双重性。这是一种不仅在一个接一个的议会，而且在法国每个街道和村庄及几乎每个法国人的心中持续进行的没有尽头的斗争。只有在法国面临生死存亡时，这种斗争才会暂停。福煦和克列孟梭的同志情谊如浮雕般演绎了法国历史。

* * * * *

我们大部分人都熟悉克列孟梭的故事。自始至终狂风暴雨的一生；一路斗争、斗争；从不止步，从不停战，从不休息。他的刀在半个世纪的火与冰中锻造和淬火。他是风口浪尖上的蒙马特区长①。他对分崩离析的帝国②的抨击，对革命者过激行动的抵制，拯救克莱门特·托马斯和勒孔特将军③生命——差点付出他自己生命的代价——的徒劳努力，所有这些导致极端分子和保守分子都将怨恨集中到他身上。极端分子是因为他们的暴行受到抵抗，获胜的保守分子则寻求惩罚那些煽动起民众，又不能再领导他们的人。很长时间里，他艰难谋生，做过医生、教师、记者。所有这些考验只是他长期受到威胁的一生的开始。他进入议会后，另外一系列的冲突开始了。坚定的激进共和主义者、摧毁部长和内阁的人、令所有政治家胆寒的议会恶霸、反对偶像崇拜者、决斗者、无情攻击法国新殖民帝国建设者的人，所有

---

① 1871 年 3 月，法国在普法战争中战败后，劳工阶级在巴黎蒙马特高地起义，成立了巴黎公社，它存在了两个月。＊
② 法兰西第二帝国由拿破仑三世统治（1852—1870 年统治）。皇帝与帝国都在普法战争中被推翻。＊
③ 克莱门特·托马斯，国民自卫军将领，曾带着大炮到蒙马特尔高地，防止普鲁士人攻占它。在 1871 年 3 月，勒孔特将军，指挥常备军，从国民自卫军手中夺取了大炮。但双方的士兵都加入了公社的起义。在兵变中，两位将军都被囚禁、枪毙。＊

这些敌人从四面八方联合起来反对他。他追随甘必大①，又与他决裂。他受到布朗热②愚弄，成为后者的死敌。共和国的存在由一条细线维系多年，但这条线至少有克列孟梭这个不眠不休的守护人。

但他身后留下多少怨恨啊！每个人都感受过他的毒舌刀笔，面对过他刀枪的也不在少数。深厚的势力、普遍的利益、神圣的传统都遭到对抗——而且受到伤害、损毁、妨碍。十来位名声显赫的政治家记得是他毁了他们的野心和计划。这些有时候还是很好的计划。作为"那个北越人"（the Tonkinner）受到指责并且被赶下台的朱尔·费里通过他的辛苦努力和奉献将法国殖民地的范围扩大了两倍。③克列孟梭在他下台中发挥的作用超过了任何人。另一个古老的历史性领域为法国而开启。英国人在恢复埃及的偿付能力和秩序方面邀请法国人合作。促使法国舰队从即将轰炸亚历山大港的现场撤出，转而北上的重大决定中，对克列孟梭的畏惧就是个明显的因素。克列孟梭没能阻止法国夺取突尼斯、北越（印度支那），但他毁了那个成事者；而且实际上，他没让法国染指埃及。法国的新殖民地贡献了1914年战线上的兵力。对于控制或阻止取得那些殖民地，没人做得比克列孟梭更多。可以肯定，在后来的岁月中，对这一点的反思给他带来不少痛苦。它无疑让他饱受责备。

法国政治中有一种英国政治无法比拟的紧张、复杂和暴力。它在

---

① 甘必大（1838—1882），法国政治家，反对拿破仑三世的第二帝国，帮助建立了第三共和国。1870年10月7日，因害怕革命，乘热气球逃离巴黎。他曾任共和国的内政部长（1870—1871）和总理（1881—1882）。**

② 布朗热（1837—1891），19世纪80年代法国著名的军事家、政治家。在法国掀起民族沙文主义运动，并联合保王党谋取政权，后失败自杀。**

③ 朱尔·费里（1832—1893），法国总理（1880—1881，1883—1885）。任内积极推行对外殖民扩张政策，在非洲，先后入侵占领突尼斯、马达加斯加、刚果河和尼日尔河地区；在亚洲，侵占越南东京地区，并挑起中法战争，因战争失败被迫辞职。**

19 世纪 80—90 年代达到极致。令人毛骨悚然的政治戏剧中的所有元素都有了现实表现。法国议会生活忙乱、激烈、邪恶，经历了连续不断的丑闻、欺骗、揭露、伪证与谋杀、阴谋、个人野心与报复、诡计与背叛，这些只有在芝加哥的地下世界里才能找到类似的现代做法。但在这里，它们在万众瞩目的舞台上呈现在全世界观众面前。它们的演员都是最能干的人，是知识分子和演说家，他们有名望，有权力；他们有最高贵的情感；他们生活在公众视线中；他们控制着军队、外交和财政。这是个可怕的社会，优雅得冷峻，充满了火药味，到处拉着通了电的电线。克列孟梭无情地、好斗地、得意扬扬地大步流星，穿过它的中心，时不时在此在彼转身开辟一条战线，用他的权杖打倒对手。

让我稍稍提及 19 世纪最后 25 年里震动了法国的四次大丑闻。在格雷维事件中，格雷维（Francois Paul Jules Grévy）总统的女婿因为大量出售荣誉勋章被定罪，付出了总统的地位和名声的代价；白费力气的布朗热狂热差点以净化和恢复共和国为借口摧毁了它。这是前两个。更大更恶劣的还在后面：巴拿马的污水坑必须抽干；[1] 德雷福斯（Alfred Dreyfus）的痛苦必须经历完。[2] 请读者记住，所有这些惊人事件与活生生的戏剧都发生在一个国家，而它已经被革命和内战的记忆从内部分裂成势不两立的保皇派、波拿巴主义者、共和主义者和社会主义者等派系；发生在一个一切都不安全，都有争议的国家；发生在一个刚刚在战场上被打败，一直生活在德国势力阴影下的国家。这

---

① 法国于 1880 年开始在巴拿马开凿与海平面齐平的运河（无船闸），但在约 2.2 万工人死亡（绝大部分死于疟疾和黄热病）后，于 1893 年被迫放弃此计划。✳

② 德雷福斯上校（1859—1935），阿尔萨斯犹太裔，法国军官。因被宣称在巴黎将法国军队机密透漏给德国大使馆，被判终身监禁。1896 年，指向一个不同的罪犯的证据被封锁，而之后德雷福斯则基于错误的记录而被指控。面对这种不公，作家左拉在克列孟梭编辑的《震旦报》（L'Aurore [The Dawn]）发表头条文章《我控诉》，并在 1898 年的巴黎引发了一场公共抗议。德雷福斯于 1899 年获得总统特赦。✳

个民族一个世纪的历史是以失败告终的外部战争和以屠杀与剥夺为高潮的内部不和的历史，那些事件就发生在这个民族中。外国军队三次进入巴黎来规定议和条件。四五次政变或革命建立或推翻了国王、宪法、政府和法律。晚至 1871 年，对巴黎公社的镇压还伴随着成千上万的处决。在各党各派，鲜血和血迹清晰可见——优雅的举止、文化或智力的辉煌也掩盖不了。大战前的现代欧洲无处寻觅这样的景象。从来没有一个如此优雅文明的社会需要抚平这样可怕的伤口。

　　克列孟梭不会怜悯，也不指望别人的怜悯。他不择手段地推翻了一系列政府。他在格雷维丑闻中毫不留情。他的门上钉着十来位部长的政治头皮。他随时准备采取一切手段——包括武装行动——对付布朗热将军和盲目聚集在那个稻草人身后的爱国力量。到目前为止，他还是那个无情的进攻者。但在巴拿马事件上，形势似乎发生了逆转。怀疑的瘟疫那有毒的气息污染了他。巴拿马骗局的两个最大恶棍——公共人物中的两个主要腐败者——是科尔内留斯·赫茨（Cornelius Herz）[①] 和雷纳克（Jacques Reinach）男爵 [②]。克列孟梭与这两人关系密切。赫茨曾向他的《正义报》（Justice）提供财务帮助；一贯无所畏惧的克列孟梭曾在雷纳克暴死那天夜里领他去见内务部长。140 名代理人的作为受到质疑。许多人据称牵涉到那盘根错节的腐败中。每一方都声名扫地，或者名声遭到质疑。每个倒下的人都拼命拉别人下水。在这些日子的谵妄中，与有罪者最微不足道的接触都被认为有损

---

① 科尔内留斯·赫茨（1848—1898），法国电学家，后成为美国公民。在 1892 年至 1893 年的丑闻中被牵连。许多法国部长，包括克列孟梭，被指控从巴拿马运河公司收受贿赂。他被认为是运河公司与受贿官员之间的中间人。他逃往英国，被缺席审判为五年监禁，但英国拒绝将他遣返法国。✴
② 雷纳克男爵（1840—1929），银行家，法兰克福比利时领事之子。是巴拿马运河公司的财务顾问，被怀疑参与了有组织的行贿。据说他为了避免欺诈罪和诈骗罪的指控而自杀。✴

一个公共人物的名声。克列孟梭的接触可不算小，他给出的解释也不算特别详尽。那么，他——对别人毫不留情的他——能脱身吗？这难道不是他的敌人团结起来，一举摧毁他的机会吗？

众议院全体会议上，激动的德鲁莱德（Paul Déroulède）声称赫茨在法国的影响力和荣誉的快速上升只能归因于某个权势熏天的人。"这个有用的、忠实的、不知疲倦的中间人——如此活跃，如此危险——你们都认识。他的名字挂在每个人嘴上，但你们中没有一个人会说出他；因为他有三样让你们害怕的东西——他的刀，他的枪，他的嘴。我一样也不怕，我要说出他的名字。他就是克列孟梭先生！"

还有：

"科尔内留斯·赫茨是敌国特工。他的共犯完全应该受到处罚。同时，让我们为了伸张正义，指出那些帮助他的人中罪大恶极的。"①

任何国家都免不了发生这样的事件。节俭人的储蓄被挥霍，公共资金被盗取或可耻地滥用。立法机构成员甚至部长们收受贿赂或好处，或得到巨大利益的承诺。公众可以假定或声称他们的投票或讲话被腐蚀了。与这些真正有罪的人混在一起的是许多虽非罪犯，但为举止不慎和交友不良所损害的人。与这些人混在一起还有一些人，他们完全清白的交易或友谊似乎将他们与这些有罪的人归到一类。一旦指责的声音高上去，一旦动机受到怀疑，一旦名单通过谣言传开，怀疑向各方蔓延，完全合法的行动或关系对公共人物可以是极端危险的。但对于正直诚实一直有一个可靠的辩护：简朴的生活方式、可以向世人公开的家庭账目、高傲地随时展示所有收入来源的意愿。这就是克列孟梭能够做出的辩护。"我的生活中没有不可告人的秘密。"他对选民说，"除了一匹我每天花费 5 法郎养的马和一家狩猎场的 500 法

---

① *The Tiger, Georges Clemenceau, 1841—1929*, by George Adam. †

郎股份外，我请任何人找到我生活中的其他奢侈享受。"

  但更多的指责还在后面。在巴拿马问题上被击退后，克列孟梭的众多敌人带着新的武器再次发起攻击。为了证明他收受英国资金，他们在法国内阁默许下拿出声称来自英国外交部的文件。这些文件显然是编造的，在众议院的攻击下灰头土脸地败下阵来，但谣言传向四面八方。"现在，"有人说，"我们知道他为什么反对我们的殖民扩张了；现在，我们知道他为什么不让我们染指埃及并且差点让我们退出突尼斯了。"每次会议上，迎接他的都是"啊，噢，是！"和"说英语！"这类难听的喊叫。他在自己的瓦尔（Var）选区被打败，在人群的奚落和侮辱中退出它的边界。很少有公众人物在和平时期受到过比这更残酷的逼迫。这确实是黑暗的日子，是曾经被踩在脚下的对手阴险的胜利！

    害人者，被人害；

    胜利者，被打败；

    主宰他人命运的人啊，

    成了自己命运的求恳者。[①]

  不，不是求恳者，绝对不是。他绝不屈服，独自面对全体愤怒的法国人。

  离开了众议院，他的声音再没人听到。没关系！他还有另一件武器。他有笔。他的传记作者说克列孟梭的新闻稿加起来不止 100 大卷。他为面包和生活，为生活和荣誉而写！他的作品广为流传。他就这样活了下来。他活下来不光是为了恢复，还为了攻击；不光是攻

---

① 拜伦《拿破仑颂》，写于 1814 年拿破仑退位并被流放到厄尔巴岛时。✳

击，还要征服。最大的丑闻还在后面。克列孟梭成为德雷福斯的支持者。这一次，他不得不对抗他眼中最神圣的组织——法国陆军。教会、上流社会、大金融家、媒体，这些都和以前一样站到他的对立面。但现在还加上那个庞大的组织。不久之后，欧洲的自由将有赖于它的刺刀。"破坏对陆军将领的信任，你会危及国家安全！"众将军异口同声地大喊。"你希望我们领着你们的儿子走向屠场吗？"德佩利厄将军在一次德雷福斯案审判中大声质问。但归根到底，争议的问题是德雷福斯是不是叛徒，而他是无辜的。整个民族分为两派。友谊为此决裂，家庭因它而分裂。但法国的才能还没黯淡下去。真相和公正滚滚向前，沿着他帮它们清理出来的道路，克列孟梭恢复了自己的荣誉。他甚至当了一段时间的总理。

* * * * *

在大战最艰难的时期，这个经验丰富，胸怀半个世纪仇恨的人被招来指引法国的前进方向。许多法国将军声名扫地，他们的计划全都失败了。四处蔓延的兵变在前线被艰难地镇压下去。巴黎陷入各种重大而复杂的阴谋中。英军在帕森达勒流光了鲜血，俄国人倒下了，意大利人只剩下最后一口气，美军远水难解近渴。敌人大兵压境，勇猛顽强，而且就我们所见，似乎无坚不摧。正是在此刻，在所有其他能想到的组合都试过后，这个好斗的老人被要求登上那个实际上的法国独裁者宝座。他像马略回到罗马一样重掌大权；虽然许多人怀疑他，所有人害怕他，但命中注定，势为必然。

正是在这个时候，我开始了解他。我之前见过他几次，但只是泛泛之交。身为军需大臣，我频繁前往巴黎，与法国部长们交往不断。我与劳合·乔治先生的紧密关系让我有了额外的密切联系人。克列孟梭组阁那天上午，我与他待了半个小时。我聆听了他在众议院的开场演讲。我的朋友、同事及在法国的对应人物艾伯特·托马斯（Albert Thomas）只剩下一两天就将在这场高层地震中失去职位。[①] 我们俩在业务细节上合作非常紧密，因此我斗胆请求法兰西之虎不要干扰正运行顺畅的海峡两岸的合作。我觉得我打动了他，但与此同时，托马斯在社会主义者的支持下，宣称克列孟梭作为总理"对国防是个威胁"。这当然是致命的。

我还听到了克列孟梭在众议院的答复。对一个只有肤浅的法语知识和对气氛的间接感受的外国人，要评价这样的演讲表现相当困难。当然，克列孟梭比我听过的任何法国议员都更好地再现了英国下院的辩论方法。英国下院辩论的实质和基础是正式谈话。事先准备的演说、在户外对选民或大众的长篇大论，这些在我们建造巧妙的小议会厅里从未大获成功。要获得良好效果，你得毫不马虎地紧扣主题，与听众建立起紧密联系。显然克列孟梭像是在这么做：不用笔记或书本或纸片，他从论坛的一头踱到另一头，随着想法在脑海里出现，大声地断断续续喊出尖刻的句子。他像一头咆哮的野兽，在笼子里跑来跑去，怒目而视；他身边围绕的全体议员愿意做任何事来避免他出现在那里，但一旦让他到了那里，又觉得他们必须顺从他。这确实不是言辞或说理的问题。痛苦凝结成的强烈激情，步步紧逼的严重危险，可怕的疲乏和内心深处的预感，所有这些牢牢抓住了听众。最后一把绝望的赌注必须投下。法国已经决心打开笼子，让它的老虎扑向战壕对面或法国内部的敌人。描述这个形势不需要语言、雄辩、论证。咆哮着，嗥叫着，这只凶猛、年迈、无所畏惧的食肉动物投入了战斗。

---

① 艾伯特·托马斯（1872—1932），法国军需部长。但在 1917 年 11 月被迫离任，就在克列孟梭的开场演讲之前两个月，而非丘吉尔所说的"一两天"。**

与德国的生死搏斗就以这样的方式开始了。它将持续整整一年。知名法国人物遭到无情的诽谤中伤。对证明为卖国者的处决只是潜在恐怖统治的一个象征，如果需要或心情使然，它会将仅有异想天开的思想或占据国家最高职位的人送到万塞讷去面对行刑队。仅仅意见不合或与之前被认为热情不足或失败主义的朋友交往即足以将地位最高的政治家暴露在至少被捕的危险中。克列孟梭唤起了各派心中的恐惧，但没人有德国人那样多的理由来抱怨它。

作为外国人，我有时候可以对他说一些他很少容忍法国人说的话。"现在将他们聚到你身边，忘记既往不和无疑是明智的。杰出人物会陷入自身走不出的境地。在英国，我们经常帮他们走出泥沼。我们制造了许多混乱，但我们总是或多或少保持了团结。"他眼睛发亮，摇着头，心照不宣的滑稽微笑照亮了他晒黑了的蒙古人似的脸庞。

一天，他对我说："我没有政治体系，我放弃了所有政治原则。我是个在事情出现时凭经验处理的人。"或者那句话是"根据我看到的事情发生方式"。我想起德卡莫尔先生给儿子的信："根据情况，所有原则都同样真实，同样虚假。"克列孟梭说得很对。唯一重要的事是打败德国人。

接下来是那场重大危机。德军再次打到马恩河。从蒙马特尔的高地上可以看到远处地平线上的炮火闪光。美军硬生生插入蒂耶里堡。我在巴黎周边有重要的军火和战机工厂，我得做好工厂南迁和搭建临时工厂的准备，因此有很多时间待在法国首都。一场战争开始前，你永远应该说，"我很强大，但敌人也强大"。战争打起来时，你应该说，"我筋疲力尽，但敌人也很疲惫"。你几乎不可能在这两句话很有用的时候说出其中一句。直到崩溃，德国人似乎都是不可战胜的，但克列孟梭也是如此。他在他的陆军部房间对我说出他后来在论坛上重复过的那番话："我将在巴黎城前战斗；我将在巴黎战斗；我将在巴黎城后战斗。"人人都知道这不是信口开河的吹嘘。巴黎也许会变成伊普尔或阿拉斯（Arras）那样的废墟。那也不会影响到克列孟梭的决心。他打算坐在安全阀上，直到取胜或他的世界炸成碎片。他对生不抱任何希望；对死不屑一顾，他已经 77 岁了。在命运颤抖时能找到这样一个专制统治者和捍卫者，这个国家是快乐的。

* * * * *

获胜时，法国在外国眼中似乎是忘恩负义的。它把他扔到一边，以最快的速度回到过去政党政治的混乱中。大体而言，你不能责怪法国人，但他们也许可以表现得更礼貌些。赢得和平的克列孟梭是个伟大的政治家。他面临着巨大困难。他为法国争得协约国（也是整个世界）所能忍受的最好协议。法国大失所望；福煦不仅失望，还为个人摩擦所苦。克列孟梭死不改悔，继续声讨教会。总统职位传给一个默默无闻的温和人物，此人不久后从一节火车车厢里掉了下来。法兰西之虎回到家，人人都以为他回去等死。但他生龙活虎地过了一年又一年。他随时都有能力抓起舵把，指挥法国这艘巨轮。当然他感觉到了。他如撒旦般骄傲地将自己包裹在他的长寿纪录和令人敬畏的声望中。"你接下来做什么？"他从印度旅行返回后，他们问他。"我要活到死。"他顽固地答道。

无论何时，无论在台上的是哪个政府，只要因公去巴黎，我都会特地去拜访他。"我不请人来这里，"他说，"但是你来，我随时欢迎。"他的长女告诉我，有一次，他甚至以"一种令人难忘的方式"对她说，"温斯顿·丘吉尔先生绝对不可能与法国为敌。"他去世前一年，我最后一次见到他。弗朗索瓦大街一所小房子，一间小小的书房兼客厅。当时是冬天，房间似乎没加热。房间里有一架大壁炉，但堆满了书。显然这一年不会生火了！我后悔没把大衣穿过来。老人戴着显眼的黑色无边便帽、手套，包裹得严严实实地露面了。见不到一丝拿破仑的俊美，但我指望一些圣赫勒拿岛君主的尊严；而比拿破仑更久远的罗马人物出现在眼前。凶猛，骄傲，高官下台后的贫困，下台后的庄严，给予这个和下一个世界的坚毅外表，所有这些都属于那些古代人物。

"丘吉尔先生，我一直欣赏英国人对马的热爱。我发现了他们为什么爱马。看看他们骑兵的马，再看看他们炮兵的马。从未有这类马养育得如此漂亮。我会告诉你英国人为什么爱马。他们是水手，他们生活在海上，在船上。他们只在假期才回到陆地。他们在陆地上喜欢动物，尤其是马，因为他们在海上的时候根本看不到。"还有：

"我在印度的时候，看到你们民族看不到的一些事。我经常去市场，去爬山。我找到一个好翻译，许多人来和我交谈。你们英国官员对印度人很粗暴，一点也没有融入印度人中。但他们尊重印度人的政治意见。这是本末倒置。法国人会亲切得多，但我们不会让他们质疑我们的政府原则。"

"劳合·乔治先生现在是法国的敌人。他亲口告诉我，说英国永远不会是法国的朋友，除非它很软弱或处于危险中。我对他很恼火，但在那些事情进行之际，有他在那里，我还是很高兴。"

我提到一名法国政治家的名字。"不，我不能与外国人讨论法国政治。请原谅，有些名字我是不会说的。随时过来，（在门口）再见。"

＊＊＊＊＊

我收到他女儿这样一封信：

关于我父亲的记忆有这样一个传说，这已经与我的祖父本杰明·克列孟梭联系在一起了。它说他希望站着入土。如果他希望这样，我们会怀着对他留下的一切——他触摸过的一切——的无比尊敬，满足他的遗愿。我自己身为他的长女，曾与他如此密切地共事过，在长期的每日接触中，知道他最内心的想法，更加应该这样做。总之他自己巨细靡遗地安排了与最终归宿有关的一切。如果有一天，你去看这个没有任何铭文的无名坟墓，我想你会为那个简单孤独的地方所打动。在那里，你只听到风刮过树丛，听到谷底小溪的低语。但他曾希望回到他父亲身边，回到几个世纪前，位于旺代林木深处的祖先土地，科隆比耶的克列孟梭（les Clemenceau du Colombier）。

乔治五世[①]

① 乔治五世（1865—1936），英国国王（1910—1936）。维多利亚女王之孙。曾在海军服役。1892 年封为约克公爵。1901 年册立为威尔士亲王。1910 年继其父爱德华七世（1901—1910 年在位）的王位，次年加冕。第一次世界大战期间曾数次赴前线视察。1917 年起，将萨克森－科堡－哥达王朝改称温莎王朝。1921 年赞成《英爱条约》签署。1931 年 8 月麦克唐纳内阁总辞职后，授命麦克唐纳再度组阁，组成多党联合政府（国民内阁），以图缓解财政危机的压力。✳

乔治五世国王陛下
Graphic Photo Union

乔治五世的统治将被看成整个英国历史和英帝国历史上最重要、最令人怀念的时代之一。没有哪个类似的时期有如此巨大的变化横扫整个世界，没有哪个时期的制度、习惯和观点经历了如此断然的改变；没有哪个时期的知识、科学、财富和人类力量经历了如此大规模的迅速扩张。确实，社会变革发生的速度无与伦比。这些大震动、大骚乱对欧洲和亚洲的大部分帝国、王朝和政治组织造成了致命打击。维多利亚时代还沐浴在法律和宁静阳光下的世界，现在有很大一部分为无政府的风暴所侵袭。在19世纪获得自由，并且充满希望地建立起议会来保卫自由的强大国家，有的倒下，有的屈服在独裁统治下。与在野蛮国家一样，在最有才华和受过良好教育的人居住的广大地区，所有个人自由的享受，所有反对国家的个人权利的要求，都完全终止了。民主轻率地抛弃了经过多少世纪的斗争和牺牲获得的财富。一声野蛮怒吼，不仅旧的封建主义，而且所有自由思想都被一扫而光。

然而世界上还有一个伟大的制度，法律在此得到尊重，自由盛行，普通公民可以无所畏惧地向政府声称他的权利，批评它，选择它的代理人和政策。在不列颠帝国的中心有一个机构，它是世界上最古老最庄严的机构之一，不仅远远没有废止或衰落，反而与时俱进，甚至从压力中获得新的活力。没有为地震所撼动，没有为瓦解一切的大潮所削弱，虽然一切都随波逐流，英国王室却屹然挺立。如此斐然的成就，如此惊人并且与整个时代趋势截然相反的事实，与优秀、聪明并且真正高贵的国王的个性是分不开的，虽然他的工作已经结束。

这位已故国王的父亲死于严重的政治动荡和宪法危机的时刻。①
大议会在圣詹姆斯宫（St. James's Palace）承认并欢迎乔治五世为国
王，看到这个人谦卑地面对上千年的世袭合法继承加在他身上的责
任。很少有人对如此令人不安的荣耀不为那个未经检验的继承人心生
怜悯。一些人——也许很多——对未来疑虑重重。然而那一刻，没人
预见到欧洲和整个世界正飞速奔向那场令人震惊的可怕灾难。连我们
自己土地上的命运都充满了困难和争议。各党派互相发泄着怒火。所
有人都津津乐道着上院否决权、《爱尔兰自治法案》、社会主义的兴
起。很少有人想到大战正逼近他们。

我们得转向细节。上院已经否定了在下院由自由党多数通过的预
算案。似乎他们挑战了几代人慢慢建立的关于资金案的惯例。通过在
一场大选中就这个直接问题求助于选民，同一个政府通过充分多数的
选票回到台上。如果第二次选举让同样的政治势力重新上台，为了实
施所谓的民意，创设四五百个贵族头衔就似有必要。

这是新政权的第一个问题。现在，所有这些问题都尘埃落定，从
现实进入历史，因此低估它的严重特性是容易的。许多年后的一天，
我斗胆问陛下他经历的最坏时刻是什么，是宪法危机，还是大战？
"对我，"他说，"最艰难的是宪法危机。在大战中，我们全都团结
一心，我们应该同生共死。但那时，我任国王第一年，民族的一半走
向一个方向，另一半向着另一个方向。"你也许能想象，大部分国王
的私交、军队、国王跻身的社交圈子，都对荒谬然而可能无法避免的
数百名新贵族的创设心怀怨恨。安妮女王统治时期有过先例，但只是
创设了十来个，而且只是为了贯彻一个明确政策的目的。现在则是批

---

① 此危机起因是上院拒绝了劳合·乔治的 1909 年预算案，阿斯奎斯向新国王施压
创设足够的自由党贵族，以保证上院能通过下院提出的议案。✳

量制造世袭贵族，这样的规模对整个贵族制度显然是致命的。然而，体制必须运转，如果下院再也不服从上院的无限否决权，这一不幸的权宜之计必须承受。

1910年末，首相阿斯奎斯先生向国王要求解散议会——一年内的第二次，另外还要求一个保证，即如果下院——连续第三次——对否决权的限制达成一致意见，国王将同意用一群新的贵族充实上院，压倒巨大的保守党多数。国王无疑经受了极大痛苦。他最强烈地感觉到，首相不是一个人，而是带着上院内阁领袖克鲁侯爵来见他的。阿斯奎斯先生这样做，无疑是因为克鲁侯爵是国王的私交，他认为这场痛苦的讨论有侯爵在场会更容易。最终，国王给出他要求的保证。如果他不这样做，内阁就会辞职，在随后的选举中，他们无疑会得到选民多数支持。他的同意当然只是他本人和主要大臣间的秘密。

大选随之进行。新的下院以150票多数通过了《议会法案》。上院做好了顽强抵抗的准备，在某个时刻，国王允许在辩论中声明，他将同意那次势成必然的创设。在这份暗示下，上院让了步，《议会法案》得到王室批准。它是《爱尔兰自治法案》的前奏，并且也打算作为那个前奏。

回头再看，我们必须认为，国王就一个公认为宪法最边缘的事务采取的果断行动是明智的，正确的。《议会法案》依然是这片土地上的法律。自此，随后的保守党多数拒绝改动它在两院间建立的这层新的法律关系。爱尔兰走过了比当时似乎可行的道路更加灾难性的道路，获得了管理或弄糟自己事务的权力，失去了管理或弄糟帝国事务的权力。

我准确描述了这一历史性交易，因为我们必须将它看成君主在解读宪法方面的个人裁量权的最重要实践之一，甚至是最重要的实践；因为它在他的统治开始之际落到他头上；也因为它证明了他的远见和忠诚。怀着这样的远见和忠诚，他在英国宪法的文字构不成全面指导的时期奉行了它的精神。接下来我们进入一个政治纷争激烈的时期。北爱尔兰威胁要武装反抗任何将它与都柏林议会联系起来的计划，无论这些计划多么可靠。北爱人订立了盟约，从国外采购了武器，军事组织也在北方发动起来。

民族主义的爱尔兰也在做反击准备。橙带党和绿带会（Green）在新教与天主教对立的推波助澜下互相威胁，强大的保守党与大部分有钱有势的人和英国领导层的同情都投向北爱一方。而且，他们甚至做出援助承诺。按人们的描述，对皇家常规部队动向的误解导致受到直接影响的团的军官集体辞职。尽管它不是任何基本意义上的兵变，而是良心上的消极抵抗行动，这一事件还是以"卡拉兵变"一名传了下来。你可以想象国王这个军队首脑的痛苦。

与这些痛苦的事件和民族生活的分裂趋向并肩而行的还有其他动荡迹象。女性选举权运动转向了暴力。好斗成为司空见惯的倾向。街道和公共集会成为疯狂斗争的现场，妇女们激动得忘乎所以。这些目标有力地将她们成百上千地聚集起来。一个不幸的家伙在德比马会日自寻死路，倒在马蹄下。预示并且伴随着工党的崛起，对劳工的煽动持续进行着，罢工和工业骚乱盛行于国内各地。接着，可怕的警告和低语盖过所有这一切，宣布了海外危险和一场世界大战的到来。

正是在这些年里，在国防和外交政策方面，在一个为最激烈的政治纷争所撕裂甚至有时似乎要走近内战边缘的国家，君主制度和不断增长的对国王本人的尊重维持了团结。在这片国内动荡和日益增长的海外危险中，国王体验到他最深切的焦虑和痛苦。到他长期统治末期在王室和自己个人身上聚集的有力影响，当时还没有，但他坚定地遵守了宪法。他努力平息各政党的怒气，完好地保存不列颠民族恢宏的共同传统。他静静地，耐心地强化自己，稳步赢得各阶级臣民的尊重和信心。那支当时无疑是世界最强大的伟大海军的力量和备战水平也在稳步增长。他早年曾在海军度过，指挥过它的舰艇，熟悉它的粗野黑暗的一面，认识它的官兵。

接着突然之间，在一般人看来晴朗无云的夏日天空划过世界大战的闪电。

此处不适合争论大不列颠的一份明确声明是否会推迟德军的猛攻。在爱德华·格雷子爵建议下，对庞加莱总统那份饱含激情的呼吁，乔治国王肯定满怀内疚地签署了他的不承担义务答复。当然，他与他的任何一位大臣都明白，让不列颠帝国团结一致地加入这场战争极其必要。在听取公众意见前就这样一个可怕的事务采取行动是极大的冒险，同样肯定的是，他的整个统治都表明了对和平——尽管不是不计代价的和平——的热爱，是这份热爱导致他避开这样的危险。英国的冷淡甚至明显的犹豫是我们作为一个自由宪政民主国家不得不付出的代价的一部分。但通过全国和不列颠帝国高涨的坚定决心，我们十倍地赢回了这个代价，这份决心消耗了每个对手的意志力，不熄不灭地持续了超过 42 个可怕的月份。一旦确立，这个民族怀着这样的决心加入了这场战争。

我们看到，在大战前，国王用上他到当时为止能够聚集的一切影响力，来推动爱尔兰问题的解决，来使英国在一个生死存亡的时刻团结起来。他的白金汉宫会议本来只是各党派谈判的开始，各派政治家努力寻求的一份协议本来可能在会议上达成。但大战让所有这一切暂时落空了。

国王和忠诚的王后投身到各种形式的战争工作中，为所有人树立了榜样。国王不知疲倦地检阅了不断增长，但可惜在许多个月里都没有武器的军队。日复一日，他在各种各样的工作上鼓励和协助他的大臣们。他的长子一到年龄，他就让他去了前线。在那里，作为近卫团的一名低级军官，那位王子——后来的爱德华八世——在战壕里屡次暴露在炮火和步枪火力下。"父亲有四个儿子，"他说，"为什么该我困在这里？"但国王的次子——当今乔治六世——也处在危险中。他在海上服役，参加了海军遭遇战中最大的日德兰海战。乔治国王本人经常访问战区，他戴着钢盔的照片见证了他处于敌方炮火下或射程内的无数场合。在一次这样的检阅过程中发生了一桩不幸的事件。他的马被部队响亮的欢呼声惊吓，直立向后倒下，将国王压在身下一顿暴踩。几个月后，我从内阁辞职，向他告别时，我对他严重的病情和明显虚弱的身体大为震惊。这些当然都瞒着外面的世界。

大战的痛苦在继续。政府和大臣们被战争压力搞得筋疲力尽。国王随时准备在组成新联合方面施以援手，该联合旨在释放和更自由地表达他的人民和帝国不屈不挠的战争决心。所有人都立场坚定，链条上没有一个环节断裂，但英国力量全部的锚都固定在世袭君主和他深刻理解的王室功能上。胜利最终到来，绝对的、最终的、无可置疑的胜利；一场完整性罕有其匹，重要性无与伦比的军事胜利。所有与他交战的国王和皇帝，不是逃之夭夭，就是被推翻。白金汉宫再一次被包围在如海的人群中。那不再是 1914 年 8 月那种忠诚、狂热但稚嫩的热情。带着憔悴的欢乐、难以言表的轻松和深深的感激，他的人民和帝国向君主欢呼，他建立在法律和自由基础上的王位如此雄壮地挺住了最可怕的攻击和危险。

胜利的阴影是失望。极大努力带来的反应是虚脱。即使战争取胜，战后时期也是漫长而苦涩的。大战和盛怒的民主国家使其政治家制造的那种战后的和平岁月是动荡和萧条的岁月。在炮火和全民努力的嘈杂中听不到的尖锐声音，现在成了最响亮的音符。为大战危险所阻的颠覆进程又重新开动。在英国盾牌的保护下免遭征服或入侵的弱小民族，用他们得到呵护并积聚起来的力量反对成功保护了他们的人。但国王保持了他的分寸感。当劳合·乔治先生带着胜利和约从巴黎回国时，国王做出了史无前例的举动，亲自到维多利亚车站迎接他的功臣，用自己的马车载他到白金汉宫。历史不会忽略这一举动的重要意义。

我们自大战以来的国内政治的主要特征是社会主义者对自由党的吞噬，以及作为一个可供选择的政府，这支强大但庞杂力量的展示。这些社会主义者有破坏性的理论，梦想着一种与我们通过数世纪的尝试和失败才得以发展起来的唯一文明根本不同的文明。乔治五世与拉姆齐·麦克唐纳及社会主义者的关系构成了他的为王之道的重要篇章。再一次，宪法和议会政府机制一起成为他的指导和工具。他从一开始就决定表现出对所有政党在宪法上的绝对中立，不管他们的教条或主义，不管谁能在下院获得多数。确实，就算是需要倾斜天平，它也是偏向新来者一方，他们必须得到王室的帮助和偏爱。

高居于阶级冲突和党派纷争之上的国王有一个在我们社会独一无二的视点。作为全体人民的君主可以是他唯一的野心。他必须培养有助于全民团结的每一种倾向。所有遵纪守法的臣民都应该有机会根据宪法程序承担王权之下的最高职责。每个统帅着下院多数的政治领导人，甚至通过其他政党的分裂而得以维持自己在下院的政治领导人，都有权在最全面、最慷慨的程度上得到王室的支持和协助。国王很可能一再重复那句老话，"相信人民"。他从不害怕也从不需要害怕英国的民主。他将劳工和社会主义的新力量与宪法和君主政体调和起来，吸收与集合成百上千万被遗忘者的代言人，这个艰巨的过程将由后来的历史学家做细致研究。让海外国家与我们的美国同胞惊讶的是，我们看到的景象是国王和皇帝与政治家轻松自如、亲密无间的合作，而那些政治家的理论无论如何似乎危及所有现存制度，并且其领导人刚刚组织了一场总罢工。

这样做的结果就是在宪法的基本原则上实现的国民大团结。这是个世界奇迹。这样的发展本来很可能需要波澜起伏的一个世纪，并且在其过程中毁掉我们国民生活的连续性和传统，但乔治五世在他的统治期内实现了。这样做，他在全世界复兴了立宪君主制思想。他给自己和他的国家招来许多土地上的艳羡目光。他复活了国民精神，普及了世袭君主政体，将自己置于一个非常崇高的地位，作为国家真正的仆人，他赢得各种各样的人和各个阶层的忠诚和感情。

　　爱尔兰是另一个能感觉到国王之手而不影响诸大臣直接责任的领域。冒着极大的个人风险，他亲自为北爱尔兰第一次议会揭幕。在这个庄重的场合，他要求大臣们为他准备的讲话要吸引包括爱尔兰北部和南部的所有臣民。这些话激动人心。不管结果好坏——我依然相信，最终是好的——爱尔兰问题的解决无法阻挡地走向终点。《英爱条约》签署后的上午，国王在白金汉宫召见相关大臣，与他们合影，以最引人注目、最公开的方式将自己个人与他们的行动联系起来。这一政策依然饱受争议，那些签署条约的人也深感失望。

　　国王采取的最具争议性的政治行动发生在 1931 年的财政经济危机期间。他无疑应用了已经非常强大的个人影响力来形成一个国民（或所谓国民）政府，以挽救国家于无谓的崩溃和没有正当理由的破产。但他的行动决不会超出王室职责的边界。道德和现实的全部责任都由首相拉姆齐·麦克唐纳先生和鲍德温先生承担。这些首相、大臣向国王提出建议，承担建议的责任。虽然那个建议与他自己的感觉和愿望一致，但它决没有打乱宪法的位置。国民内阁的成立和它从我们国家有史以来参与投票最多的选民那里获得的压倒性支持开启了一段经济复苏和政治缓和的时期。在这些多事之秋和艰难岁月，没有国家显示出同样的景象。也许有人认为它是以我们政治生活的活力甚至我们政府的效率为巨大代价获得的。但人民很快理解了它的好处，并且

266

四年后，他们再一次显示了他们对之前做法的明确赞同。乔治五世统治的最后阶段就这样看到了他的心愿实现。

这最后四年与他开启统治那疾风暴雨的四年形成了多么鲜明的对比啊！那时候，他发现他的国家经历着激烈党派斗争的震动；离开时，它和平宁静，并且基本上团结一致。他打赢了有史以来最大的战争。他在面临生死存亡的可怕危险的岁月里肩负着不列颠帝国的命运。他看到他的庞大版图毫发无损地渡过难关。他看到王室和君主的力量增强到深不可测的程度，与此同时，整个帝国的忠诚与臣民的权利和自由在日益广泛的基础上建立起来。对于无知和不动脑筋的人，以及对前一世纪的许多知识分子，王室已经成了纯粹的象征。他看到它现在成为一条不可或缺的现代纽带，仅凭它，整个英帝国（英联邦）就团结在一起。实际上，通过一次与我们自己的过去和时代对立的运动，王室被置于与所有自治领地产生直接关系的位置上，它们的内阁则愿意在重大宪法问题上与君主，并且只与君主私下交涉。

他在我们的习惯、风俗和情绪中看到了太多改变。女性获得了完全的政治解放，发挥出巨大的政治力量。汽车取代马是一场深远的变革。每个阶级的财富和福利都大幅度提升。犯罪、暴力、酗酒和酒精消费下降了。我们的民族更加伟大，更加体面。兴旺发达的自由媒体成了王室家庭的忠实守护人。广播让君主得以向全体子民发表讲话。在一个毁灭和混乱的世界，乔治五世给成为他职责的这个伟大公职带来了辉煌的重生。

他的统治因了某种非凡的完整性和对称性而显得高贵。登基25周年纪念释放出他在世界各地的臣民那逐渐聚集起来的压抑的感情。对君主的尊重和热爱提升了对王室的敬意。我们看到他在威斯敏斯特宫听取议会陈述，四个儿子在他身边。我们听到他的声音向治下所有土地上的全体人民发出纯朴衷心的鼓舞信息。当他的寿命耗尽，他的统治高潮已经过去时，他迅速而无声地离开了我们。弥留之际，他试图用虚弱的手签署摄政委员会必需的委任书；他在亲爱的人环绕中，在人类的尊敬和臣民的痛苦中去世。他鞠躬尽瘁，给所有与政府有关的人士留下了榜样和启迪。忠实、严格、不知疲倦、朴实而成功地履行的公共和私人职责，以及在重大事务上的一种平静、自豪的谦卑，这些都是给他的名声添光彩的个性特征。

费希尔男爵^①和
他的传记作者

---

① 费希尔男爵（1941—1920），英国海军将领。1854 年加入英国皇家海军。曾参加 1853—1856 年克里米亚战争、1859—1860 年的第二次鸦片战争和 1882 年入侵埃及的战争。1899—1902 年任地中海舰队司令。1901 年晋升为海军上将。1904—1910 年、1914—1915 年两度出任第一海务大臣，任内大力改革英国海军，使英国在第一次世界大战中保持海上优势。1909 年被封为男爵。**

费希尔男爵
Elliot & Fry，Ltd.

现如今，等待一位杰出人物的身后传记，十年算是一段很长的时间。不止一位成名记者尝试过撰写费希尔男爵生平的工作。现在问世的两大卷本是他的老友及信任的代理人培根海军上将的作品。[1]我们将怀着对费希尔那奇特而富有活力的个性的浓厚兴趣阅读它们。可惜的是，培根海军上将完成这项任务时，蓄意再现了围绕在那个伟大的老水手身上的敌意和争论。他同时代的大部分人都乐于坦然面对不快的事件，让过去成为过去。在与费希尔男爵有关的难忘事件的讨论中采用一种仇恨和争议的方法，对于我们对他的缅怀没有真正的益处。他的朋友只能希望，这些匆匆拼凑的记录不是他自己的时代对"水手"费希尔的最终评价。

因为与这些事件有牵涉，我首先来说说培根海军上将。培根是个精力充沛、野心勃勃和精明能干的舰长。在本世纪初完成的英国海军火炮技术的大复兴中，他与费希尔男爵紧密联系在一起。费希尔男爵任第一海务大臣时，培根舰长正在地中海舰队指挥一艘军舰。他从驻地给时任第一海务大臣的密友及支持者写了一系列书信，有力有利地描述了地中海舰队对费希尔新改革的感受。因为地中海舰队司令贝思福（Charles Beresford）男爵敌视这些改革，培根的描述虽然也许因其私人特征而不为人所知，但如果公开，它们将被看成与直接上司的分歧和与第一海务大臣的特殊关系。

收到这些信，费希尔非常高兴，认为它们很有力地表明了他正

---

[1] *Life of Lord Fisher*, by Admiral Sir Reginald Bacon. †

在发展和实施的政策相当正确，于是让海军部印刷厂用他自己那醒目的印刷格式印出来。过了一段时间后，他让它们在专业和政治圈子里相当自由地四处传阅。一份副本传到现已不发行的报纸《环球》（*Globe*）编辑手里，培根立即因为对上级军官的不忠诚和不专业的举动受到谴责。我们在这里不需要关心这次已经过去的争议的细节。海军部委员会认为培根没有写出任何不恰当的内容。他得到继续工作的机会，但考虑到事件造成的影响，他决定退役；不久后，费希尔男爵本人也辞去第一海务大臣职务。培根时值盛年，拥有大量宝贵的技术知识。大战前的皇家海军扩张要求数量大大增长的工厂来制造战列舰用的大炮和炮塔。培根出任刚刚转向海军生产的考文垂铁厂的经理。从 1907 年到大战爆发，他在那里起劲地阴燃着。

现在，在他的文字中，他似乎受到一种个人不满和对我深恶痛绝的强烈感觉的驱使。这很冤枉，我将简单地谈一谈与他的关系。大战爆发时，我有机会就他正在制造的大炮和炮塔去见他。当时他声称，可以运到战场的重型榴弹炮能够摧毁欧洲所有现存要塞。这还是在列日和那慕尔陷落前。看到现实事件证明了他的判断和印象，我指示他制造 10 来门 15 英寸的榴弹炮。他答应在半年内完成。这些当然是当时曾设计出来的同类武器中最大的。为了激励他的行动，我答应他，如果在规定时间内完成合同，他可以自己在前线指挥他们。对一名在争议中退役的军官，这条回到作战前线的道路当然是为他设置的最高奖赏。

1914 年冬，在我的建议下，费希尔男爵被召回海军部任第一海务大臣。1915 年 3 月，培根舰长实现了他的承诺。他的巨型榴弹炮中的两门已经由他亲自指挥，在法国开火。我们的海战前线最重要的关键职位之一—多佛尔巡逻舰队司令一职碰巧空缺。我知道费希尔男爵想让他的老下级和替罪羊回到海军。我还知道他自己不好意思提出这事，我觉得拥有非凡的机械天才和个人动力的培根将是多佛尔警戒线的不二人选，因此我向费希尔男爵提议任命他。老人对我深表感谢，培根舰长则成为负责多佛尔海峡的海军上将。

在他的《费希尔男爵生平》中，培根屡次抱怨让一个文官当上海军大臣，抱怨一介政客却拥有挑选最高级司令部海军军官的权力。他特别批判了我几年前对贝蒂（David Beatty）伯爵的战列巡洋舰中队司令的任命。一想到这些神圣事务由一个纯属政治身份的人物来处理，该多令人震惊啊！但我必须谦恭地指出，正是因为这同样的文官影响力，才有了他先重新进入作战现役，再获得他一生最大的机会。从严格的专业精神方面来判断，海军部委员会当时连一刻都不会考虑一个在海边慢慢腐朽的退役军官那点可怜的请求。在他们眼中，他对司令官的不忠已经玷污了他的记录。

两年时间里，就我的估计，培根海军上将的工作极其出色，但1917年，重启的德国潜艇战的全部力量压向我们时，情况表明太多太多敌方潜艇正顺利通过多佛尔海峡，来猎杀我们在英吉利海峡的运输船和船队。在形势的急迫压力下，培根被剥夺了指挥权，罗杰·凯斯（Roger Keyes）被任命接替他。这一改变后几周内，英国恢复了对多佛尔海峡的控制，几个月内，不少于九艘试图通过海峡的德国潜艇被摧毁。此时，我早已不再负责海军部。经历了在法国服役或无官无职的近两年时间后，我成为军需大臣。我因而能够了解到事实情况，并且能够确定，不管培根在第一年发挥了多大作用，他都过深地陷入技术研究中，疏远了在他职责中占据重要地位的军事方面。然而，我知道他的研发能力，很乐意地在我包罗万象的部门的技术机构为他找到工作。在此，他令我满意地履行了职责，直到战争结束。就这样，我连续三次向他提供了在国家最需要的时刻积极为国服务的宝贵机会。

既然我记下所有这些事，我意识到它们也许暗示了对我自己在选人用人上的某种批评。我认为这个批评并不公正，因为培根在他的每一份工作上都提供了最有价值的服务。他是技术专家而非战术家，这一点使得解除他的多佛尔指挥权成为必要。那一点也没有减损他在其他领域和职责上发挥的作用。但不管对平时或战时海军任命方面的文官影响可以做出什么样的指责，培根本人无疑是最不应该做出这些指责的人。我们可以让他就这样为一种引不起公众兴趣的委屈所毁灭，并且让他在忧郁中只能伤害到那些帮助过他的人。所幸他对此一无所知。

要想让读者理解费希尔男爵所处的环境和身边聚集的能力出众但同时别有用心的一群人，这些关于培根海军上将的题外话是必要的。培根这面镜子映出从那个老人自己身上放出的一道光亮。费希尔身上总有一种对海军很陌生的东西。从没人评价他是纳尔逊传统所指那种"生死兄弟"的一分子。费希尔为人严厉，反复无常，报复心强，为愤怒带来的仇恨所折磨。当情况需要时，他会用为一般英国绅士或公学毕业生受到的教育所厌恶和避免的方法秘密或粗暴地行事，一直被看成海军部队里的"黑暗天使"。这位老水手不会害怕甚至不讨厌这个说法；相反，他引以为荣。他一直努力将自己与"无情、残酷、残忍"这些说法联系起来。"如果下级反对我，"他常常会说，"我会让他的妻子成为寡妇，让他的孩子失去父亲，让他的家成为粪堆。"他履行了这些残忍的宣言。"偏袒，"他在"弗农"号（*Vernon*）的日志簿上大言不惭地写道，"是效率的秘密。"在他第一次掌权期间，成为一名"费希尔派"——按海军的说法是在"鱼塘"①里——是获得晋升的必备条件。整体上，他的仇恨和手腕受到公众热情的驱使，我认为显著有助于公共利益。但在他和他的专业成果之后，侦探

---

① 费希尔的名字"Fisher"意为"渔夫"。✱

犬一路嗅着走过,时不时发出深沉的吠叫。

1914 年,让费希尔重回海军部是我在履行官方职责的过程中采取过的最冒险的步骤之一。当然,就我个人而言,那是最差的一步。然而,回首那悲惨的几年,我感觉如果需要凭我当时拥有的信息再次做出决定,我还会那样做。费希尔给海军部带来一大波对军舰建造的热情。他的天才主要在于建设、组织和激励。他很少关心陆军及其命运。那是陆军部的事。只要关系到资金,他会很高兴地凌驾于财政部之上。更多更快地建造各种军舰是他在 1914 年那个阴郁严峻的冬末带给海军部的信息,并且在我看来是唯一的信息。我关心的是战争整体及让英国海军的优势在这场战争中完全发挥的需要,很高兴地在主要海军同事身上发现了力量强劲但主要限于物质领域的势头。因此我尽可能给予他最大的自由,并且尽我所能地协助他。1917 年,我和他离开海军部两年后,当德国重启大型潜艇战,我们海军力量的根基受到怀疑时,我们有理由高兴的是,所有这些军舰和大量小型舰艇正在涌向大海。这是费希尔的成就和贡献。这是决定性的重大成就,就我的估计,它值得付出一切代价。

他的传记作者不遗余力地要证明他是个大胆的海军战略家和战争领导人。我们得知他有这样一份绝妙的计划:用英国舰队强行进入波罗的海,夺取该水域的制海权,切断德国的斯堪的纳维亚补给线,用一次向柏林的两栖进军解救俄国军队。确实,费希尔男爵频繁地谈到和写到这个计划,而且我们一起批准了大量平底船的建造。这种船有钢板保护,可供部队冒着炮火强行登陆。但我相信,他从没有形成过一份明确或连贯的作战计划。我更加相信,他在漫长和相对容易的准备阶段完成后,没有那份必然会需要的决心。他很老了。在与海军作战有关的所有事务上,他都不同寻常地谨慎。他忍受不了让军舰承担战役风险的想法。他形成了一个我们的高级海军军官普遍主张的教条，即英国海军的任务是维持我们自己的运输线畅通，封锁敌方运输线，并等待陆军完成他们的工作。一次又一次，在口头和书面上，我用这样的问题来质问他，"进入波罗的海前，你首先要封锁易北河。你要如何做到这一点？你是否做好了封锁易北河所需的夺取岛屿和舰队作战的准备？在德军可以用全部力量从基尔运河两端自由出击的时候，你能不能分割舰队，用一部分进入波罗的海？"即使我们的关系很深，甚至非常密切，即使他的想法很勇敢，讨论时极其坦率，但他从不会面对这个相当明显的问题。我必须申明，我确信，他从未认真计划过要冒波罗的海行动的长期而可怕的危险，但他含糊而显眼地谈论这个无论怎么看都很遥远的计划，意在打消他明知我会向他提出的要求（事实上，这也是所有协约国政府，特别是威尔逊总统和美国政府向他们的海军将领提出的要求）。这个要求就是将海军力量更直接地用于这场战争的主战场。

我曾在回忆录里详细描述过造成费希尔的短暂统治和 1915 年 5 月的辞职的事实。自我写下《第一次世界大战回忆录》（*The World Crisis*）后，几件重要的新事实曝光。例如，我不知道费希尔男爵在与我表面上亲密无间地共事的同时，还与议会反对党领导人暗通款曲。直到阿斯奎斯先生转给我时，我才读到费希尔离开海军部之后交给国王陛下政府的那篇惊人的最后通牒①。我一直满足于将他至此达到高潮的举动看成整体上属于精神崩溃的结果。我依然相信，这样的精神

---

① 1915 年 5 月 19 日，费希尔向首相阿斯奎斯送去了他"保证这场战争胜利终结"的六个条件：（1）丘吉尔必须离开内阁，他费希尔本人也不能在贝尔福之下任职；（2）海军元帅亚瑟·尼维特·威尔逊爵士（1842—1921），当时非正式地在海军部工作，必须离开；（3）应予任命一个全新的海军部委员会；（4）费希尔必须拥有对海上战争的完全控制权；（5）海军大臣的职责应被严格限制在政策和议会程序上；（6）费希尔必须对所有的新建设和造船厂工作及皇家海军的文职编制拥有完全控制权。**

和斗志的崩溃是主要解释，并且是对他最为有利的理由。

但培根海军上将迫使我们想起他的实际举动。他正与一位政治长官（丘吉尔）合作，双方建立了值得尊敬的互信和热烈宣称的友谊。按他屡次三番的说法，他对此人有重大的个人义务。得到战争委员会的全面批准，他与那位长官同意实施进攻达达尼尔海峡的行动。三个多月时间里，他签署并且向进攻达达尼尔海峡的舰队发送了每一道命令。他自作主张，为舰队增加了重要舰艇。在摧毁海峡外围堡垒，成功似乎有了可能，甚至大有希望时，他提出亲自出马，指挥强行通过海峡所必须采取的决定性行动。当形势开始转坏时，他开始缩减作战资源，在行动路线上设置障碍。他抵制了大部分必要补给、装备和增援的派遣。到此时，一支陆军已经登陆，两万人已经或死或伤。陆军正竭力坚守苦战赢得的阵地。他曾主张派出这支陆军，但推卸了与它的命运有关的一切责任。他的政治长官现在暴露在日益激烈的批评下，达达尼尔海峡行动遭到广泛指责。

就在此刻，他不顾舰队和陆军的后果，否定自己对发动进攻这一路线的责任，以一个无关紧要的借口提出立即辞去指挥职务。他的传记作者向我们确认，提议中的对达达尼尔海峡舰队的增援中包括了超出他期望的几艘潜艇。他辞了职，拒绝履行最重要的职责，连指定一名继任的事都悬着。他回到家里，拉下窗帘，宣扬他已经在罢工这件事。他秘密与反对党领导人通信。首相以国王的名义指示他回去履职，他依然不为所动。他说不出任何理由，拒绝一切讨论。此时我们还在战争中，并且实际上处在它的转折点之一。在法国，我们的军队被打退。在达达尼尔海峡，他们处境危险。德国潜艇威胁着地中海的舰队；整个德国公海舰队驶出基地，进入北海。一场可能至关重要的海军战役的所有准备工作都由我在没有第一海务大臣的情况下完成。两支舰队正驶向对方，但负责的海军军官依然拒绝施予援手。几天后，当一场严重的政治危机发生时，他给首相寄去一份最后通牒，傲慢地详细列出他出任海军独裁官的条件，还说这些条件当然必须向舰队公布。

这些不幸是无可辩驳的事实。培根海军上将将它们全部大白于天下，并且努力不去为它们辩护，而是不惜代价地给它们找借口。他承认辩护是不可能的。仅仅在他的字里行间引用它们就足以毁掉费希尔的名声。

对于我，如我所言，我一直采用了精神崩溃的假设。战争这一刻的压力超过了他老迈的精神的承受力。他的举动的真正解释是歇斯底里而非阴谋。尽管他不遗余力地破坏一次很可能将战争时间缩短一半的行动，尽管他不经意地毁掉了我决定性地影响其进程的权力，我一直努力采用一个宽容的观点，给出尽可能合理的解释。我知道他的弱点和优点。我欣赏他的才华，也理解他的放纵。他以绝对的智力从海军同事中脱颖而出。我确信他没有那位笨拙的传记作者描绘的那般阴暗。常言说得好，人类事务中的无心之错永远多过刻意。在他逃避职责后遭到排斥的痛苦岁月里，我同情他。我甚至支持重新起用他。培根海军上将迫使我先于历史做出虽然是无意的严厉审判，对此我很遗憾。

查尔斯·斯图尔特·巴涅尔^①

———————

① 查尔斯·斯图尔特·巴涅尔（1846—1891），爱尔兰民族主义者，爱尔兰自治派的领袖。1875 年当选为英国下院议员，后成为下院中爱尔兰议员集团的领袖。1879 年任爱尔兰农民争取土地改革的土地联盟主席。1881—1882 年因抵制英国国会有关爱尔兰土地的立法，被捕入狱。后在狱中与政府妥协，同意不采用暴力进行抵制运动，削弱了他在运动中的影响。**

查尔斯·斯图尔特·巴涅尔
National Gallery，Dublin
by Sidney Prior Hall

对现在一代人来说，意识到巴涅尔先生在维多利亚女王统治后期发挥的深刻而巨大的影响相当困难，在某些方面甚至不可能。现在的年轻人将自治的爱尔兰看成一群阴郁、贫困的农业郡。他们过着自己的生活，远离英国和不列颠帝国的发展进步，在国际舞台上独立扮演的只能是几个不和谐的小角色。但在我们写到的那个时代，爱尔兰和爱尔兰事务占据了英国事务的中心，而英国本身则是世界羡慕的对象，被奉为一个进步和充满希望的文明的领导者。在天主教徒解放运动（Catholic Emancipation）①让英国政治走上正轨后的两代人时间里，爱尔兰议会党②静静地躺在威斯敏斯特膝上，只是偶尔寻求对局势的影响。那些日子里，艾萨克·巴特（Isaac Butt）先生③抱着他通过各方善意达成宪法自治的温和学术思想，以令人钦佩但难有回报的庄重领导着爱尔兰议员。"先做绅士，其次才是爱尔兰人"据说是那时候的爱尔兰代表的座右铭。

但到了19世纪70年代，一个新的人物出现在爱尔兰人的长凳上。他的个性、态度和方法似乎与爱尔兰人的所有通常特征格格不入。这个人坚定、严峻、含蓄，不是演说家，不是理论家，不是玩弄辞藻的高手，而是一个似乎无意识地散发出一种沉静的难以言表的力量感——一种待时而动的感觉——的人。当下院意识到巴涅尔对几乎

---

① 1829年的《天主教解放法案》废除了天主教徒担任公职的绝大多数限制。＊
② 1882年建立的由英国下院中爱尔兰民族主义议员组成的官方议会党团。＊
③ 艾萨克·巴特（1813—1879），辩护律师，议会议员，爱尔兰民族主义组织的领导者。＊

全部由天主教徒组成的爱尔兰议会党日益增长的影响时，众人惊讶地注意到这位新的或未来的爱尔兰领导人是新教徒，而且是爱尔兰教会会议^①的代表。还有个说法是"他是世上最像英国人的爱尔兰人"。确实，在19世纪70年代，巴涅尔在威斯敏斯特主要从事的就是英国的政治活动。他成为当时飞速崛起的英国激进主义的盟友和某种程度上的排头兵。对于残忍而愚蠢的鞭打在英国军队的废除，他做出的贡献也许超过了任何人。这种惩罚当时被认为与有效的军纪不可分割。在已经实现并且早已被超过的每一次改革运动中，巴涅尔都带领着爱尔兰议会党帮助英国公共生活中最进步的挑战力量。然而他自己却天性保守，尤其是在与财产有关的方面。确实，他热心而真诚的生活中的矛盾令人吃惊：一个领导天主教徒的新教徒；一个推动了一场"罢租"运动^②的地主；一个激起反叛的遵守法律和秩序的人；一个控制着爱尔兰常胜军（Invincibles）^③和恐怖分子而且唤起其希望的人道主义者和反恐怖主义者。

在爱尔兰，民族主义领导人经常将自己表现成命中注定者和天命的工具。这个不幸的国家近乎迷信地将它的灵魂绑到每一个冉冉上升的首领的事业上。奥康奈尔（Daniel O'Connell）^④和巴涅尔这样的人

---

① 爱尔兰教会会议是爱尔兰教会管理神职人员与平信徒的机构。爱尔兰教会是新教教会，安立甘宗的一部分，覆盖了爱尔兰全境。✻
② 作为爱尔兰土地同盟的主席，巴涅尔为合理地租、固定租期和自由出售（承租权）而斗争。他认为支持土地骚乱能帮助达成爱尔兰自治的目标。他与其他人在言辞激烈地反对1881年《爱尔兰土地法案》（Second Land Act）后，被关押囚禁。在狱中他起草了一份《无租金宣言》（"No Rent Manifesto"），号召佃农给予一次全国性的地租打击。巴涅尔与他的同仁被释放，作为交换，他们撤回了这份宣言。✻
③ 芬尼亚兄弟会的一个激进分支，1882年在都柏林凤凰公园暗杀了爱尔兰事务大臣弗雷德里克·卡文迪什勋爵。✻
④ 奥康奈尔（1175—1847），爱尔兰民族主义者。1828年被选为下院议员，但他无法就任，因为作为天主教徒，他无法发誓反对教皇的精神权威。奥康奈尔领导了一场运动，结果1829年《天主教解放法案》获得通过。✻

不是以英国政治领导人，而是以指引以色列的先知面貌出现的。

　　从他在剑桥求学时起，一种神秘和传奇的气氛就围绕着巴涅尔。他是煽动家和鼓动分子的反面。他修习了数学和冶金学。他是一个大地产庄园的继承人。他是郡长①和敏捷的板球选手。他一成不变的野心是在威克洛山脉②发现金矿矿脉。在他经历的全部政治成败起伏中，他可以到有天平、曲颈瓶和试管的实验室寻找安宁和消遣。他在这不同寻常的背景上延续和生长起来的爱尔兰民族主义可以追溯到他母亲和她对理想主义的芬尼亚兄弟会（Fenian）③会员的崇拜。他憎恶暗杀。他非常现实，不会怀有芬尼亚兄弟会那个起义反抗英国强权的梦想。随着他权威的增长，因为害怕巴涅尔辞职，芬尼亚兄弟会与常胜军暂时停止了血腥杀戮。

　　那是多么大的权威啊！自有记录以来，爱尔兰从未见过这样的权威。多年前，我还是个孩子，经历了一场严重事故后正在布莱顿复原。在那里，我每天见到后来成为"下院之父"的著名的"Tay Pay"（即 T. P.，全名 Thomas Power O'Connor）④的妻子奥康纳夫人。从她那里，我听到了关于巴涅尔及其政治起伏的许多传说和生动描绘。那些盲目追随他的爱尔兰议会党成员几乎不敢和他说话。议会大厅里的一个冷漠颔首，或者顺着议会厅长凳轻声给出的几句简短指示——

---

① 巴涅尔 1974 年任威克洛郡郡长。✻
② 威克洛山脉起于都柏林以南不远处，向南延伸约 40 英里（合 64 千米）。✻
③ 芬尼亚兄弟会 1858 年在美国成立，起初的目标是占领被英国殖民统治的加拿大，以其为交换条件换取爱尔兰的独立。✻
④ 托马斯·鲍威尔·奥康纳（1848—1929），爱尔兰记者和巴涅尔的支持者。戈尔韦（Galway）选区的议员（1880—1885），拥有大量爱尔兰人口的利物浦选区议员（1885—1929），唯一一位在爱尔兰之外的选区当选的爱尔兰民族主义者。他经常被以姓名首字母称为"T. P."，模仿爱尔兰口音时发音为"Tay Pay"。"下院之父"指连续服务最长的下院议员，是一个荣誉头衔。其唯一职责是主持下院议长选举。奥康纳因自 1880 年至 1929 年均在下院，而获此荣誉。✻

秘密会议上的严格、清楚的指点——这些就是这个爱尔兰政党与其领导人的仅有联系。"你不能去见见他，弄清他对此是什么想法吗？"一位 19 世纪 80 年代的英国政治家这样问一个爱尔兰议员。"我还敢打扰巴涅尔先生？"则是回答。后面将会看到，这份谨慎的双方都不无道理。

当 1880 年的格莱斯顿政府得意扬扬地入主内阁时，他们在西方地平线上看到爱尔兰风暴的阴云；一场得到勇气支撑的土地运动；一场通过炸药实施的民族运动；一个以妨碍议事为武器的爱尔兰议会党。所有这些过程齐头并进，为首的就是巴涅尔！那些日子里，现在似乎小得令人难以置信的爱尔兰问题很快占据了九成政治阵地，并且在接下来 40 年时间里，它将一直是英国和英帝国政治的重要主题。它分裂了大不列颠，刺激了美利坚；欧洲各国饶有兴趣地关注着这场争论。外交政策、社会政策、国防和议会程序，所有这些都不断牵涉其中。而且，它成了政党据以收获或失去对其权力不可或缺的多数选票的主要过程。

若没有巴涅尔，格莱斯顿先生永远不会尝试《爱尔兰自治法案》。这位全盛时期的元老形成了这样的信念，即那是一个可以统治爱尔兰的领导人，其他人没一个做到。那是一个能够以不为旧制度所不容的方式引入新制度的人。不屈不挠，在追随者眼中富有魅力的巴涅尔成为《爱尔兰自治法案》这道拱门的拱心石。格莱斯顿试图竖起它，却和他的支持者倒在它的废墟下。巴涅尔是能够控制所有爱尔兰人的最后一个伟大领导人。作为新教徒，他大概是唯一一个能够最终安抚北爱尔兰的人。考珀（Francis Thomas de Grey Cowper）伯爵曾说他既没有爱尔兰人的优点，也没有他们的缺点。他是个极其温和的政治家，将革命力量作为一件没投出的武器控制在手里。如果他接受了抵制，那也只是作为介于煽动破坏与合法之间的一个驻足之地。他的追随者之一弗兰克·奥唐纳过去经常说，巴涅尔谈论暴力，但从未用过。在1881年的第一阶段，格莱斯顿先生逮捕了巴涅尔，将他投入凯勒梅堡监狱。但自由党内发挥作用的力量大到迫使大不列颠首相与他的政治犯谈判。双方艰难地达成一项协议，巴涅尔获释，名声大噪。

但这场斗争越发激烈。它毁掉了下院的老辈自由党人。妨碍议事被作为一种议会技巧采用，古老的辩论自由为"终结辩论"（closure）——为了给它打上外国起源的印记，伦道夫·丘吉尔勋爵过去一直称之为"Clôture"——和日益收紧的秩序规则所破坏。巴涅尔说他的策略以格兰特将军的策略为基础，即通过正面进攻猛击敌人。他以妨碍议事对抗英国的仇恨，以毁掉旧式议会辩论礼仪的激烈对抗高压。在爱尔兰，教会和革命者都不喜欢他，但两者都不得不服从他的政策。他是个加里波第式的人物，后者在民族解放事业中同时迫使教皇和烧炭党（Carbonari）[1]效忠他。当有人拿煽动仇恨甚至谋杀来嘲讽他时，他认为这样回答就够了，"我对爱尔兰的意见负责，只对爱尔兰的意见负责。"

这里不是讲述当时历史的地方。最简略的总结就够了。一度伟大的辉格党骑在方兴未艾的民主浪峰走向灭亡，自由党政府吸收了它的全部剩余。辉格党人与他们的托利党对手一样痛恨土地战争和对议会传统的违背。格莱斯顿先生支持每个海外国家的自由和民族运动，与加富尔和马志尼是朋友，拥护希腊和保加利亚的独立。他毫不留情地（我们还可以说是廉价地）谴责过"轰炸国王"[2]和土耳其苏丹的许

---

① 19世纪意大利的秘密革命团体，特别是活跃在南部。✳

② 两西西里国王费迪南多二世（1810—1859）因为对不同意见的残酷镇压而闻名。他因1848年对墨西拿和1849年对巴勒莫的肆意炮击而得到"轰炸国王"（King Bomba）的外号。✳

多镇压做法，而现在，他被迫对爱尔兰采用了其中许多。他自己的爱尔兰事务大臣在凤凰公园（Phoenix Park）被谋杀，下院为之震动。人身保护令（Habeas Corpus）在爱尔兰大部分地区暂停执行。对驱逐、骚乱和偶尔猛烈批评的辩护占据了自由主义报纸的版面，取代了此前对外国暴政毫无保留的谴责。所有这一切都与格莱斯顿先生格格不入，为他带来的新选民所不齿。他的脑海里一直孕育着某种大和解的希望，某种信任和谅解之举的希望，那样的举动将把同胞岛屿的关系建立在一个轻松、自信和快乐的基础上。虽然他谴责巴涅尔和爱尔兰民族主义者是"通过劫掠走向帝国的分裂"，但他心里涌上一个很郑重的想法。他后来在 1886 年一份最令人难忘的演讲结语中体现了这个想法，"爱尔兰站在审判席上等着。它请求一份赦免法案的福报，我们在那样一份赦免法案中的利益甚至超过了他们"。

在这种氛围下，自由党政府在 1885 年的选举中一路披荆斩棘，尽管这一次依靠了爱尔兰的选票，但终归成了胜利者。张伯伦、莫利、迪尔克等自由党激进派，这些新时代的人物，全部盼着一个解决办法。元老格莱斯顿虽然震惊于他们的无数教条，但也有此希望，这更加强烈地鼓舞了他们。还得补充一下，1885 年的选举之后，他领导一个政府的权力取决于一份与巴涅尔的协议。但保守党或其中一些人也参与了市场出价。索尔兹伯里侯爵政府的爱尔兰总督卡那封（Henry Howard Molyneux Herbert, 4th Earl of Carnarvon）伯爵在伦敦的一所空房子里会见了巴涅尔。保守党在 1885 年的选举中横扫各大城市，以热情的保守党工人组成的庞大人群这种当时不敢想象的奇观对抗自由党人和自由党激进派，其领导人伦道夫·丘吉尔勋爵与爱尔兰领导人保持着亲密深厚的关系。新激进主义咄咄逼人的拥护者约瑟夫·张伯伦有无数与爱尔兰人交易的计划。这些人中，巴涅尔大概更青睐保守党这个追求者。他自己的保守天性，他的现实感，自由党的压迫激起的怒火，这些导致他大大偏向保守党。毕竟，他们能提供实际利益。也许他们独自就可以做到，因为那时候的上院这道障碍只有保守党人能够通过。1885年夏，索尔兹伯里侯爵短命的少数政府期间，当爱尔兰议会党主要支持保守党人时，张伯伦先生和格莱斯顿先生都通过一条私人渠道与巴涅尔对话。

查尔斯·斯图尔特·巴涅尔与基蒂·奥谢（Kitty O'Shea）的爱情在政治浪漫史上自有一席之地。从1880年起，巴涅尔就爱上了他称作"奎尼"的基蒂。这位夫人是个迷人的冒险家，厌倦了丈夫——毫不奇怪！——渴望尝一口政治的秘酿。她是一个英国元帅的妹妹，对爱尔兰的事业并不是非常忠诚。巴涅尔独自租住在伦敦时，她听说他是冉冉上升的新人。她请他赴宴，试试运气。她派人给下院的他送来名片。当他出现时，她丢下一朵玫瑰，他拾起玫瑰；多年后，它干枯的花瓣被放入他的棺材，与他一起下葬。

如果世界上还有感情专一的人，那就是巴涅尔。他早年曾遭情人抛弃，从政只是作为一个安慰。基蒂成为他最重要最钟情的人。她同时是情妇和护士、女王和伴侣。那个孤独的人与不列颠的强权抗争，受着病痛的折磨，从她的微笑和陪伴中汲取生命力。通过一种奇怪的心灵感应，只要她一进入下院女性旁听席，他都能知道。在她那本奇怪的书里，她描绘了他们先是在埃尔特姆，后在布莱顿的同居生活。那是隐秘和不顾后果的混合。从一开始，基蒂丈夫的迁就就不可或缺。与奥谢上尉的冲突很快变成合谋。奥谢接受了这一地位，甚至从中受益，尽管不是以有人描述的卑鄙方式。他自己也对那个大人物着了迷。在巴涅尔的支持下，奥谢作为一名爱尔兰民族主义者回到戈尔韦，尽管所有其他支持自治的人都将他看成爱尔兰事业的一个糟糕的拥护者。当推举这个冷淡而不称职的候选人的选举出现一片反对声音时，巴涅尔以一种专横的姿态堵住他们的嘴，"我控制着一个支持爱尔兰的议会，不要质疑我的意愿"。

就这样，我们看到巴涅尔和基蒂年复一年过着夫妻一样的生活，他们的爱一点也没有因为不正当而减少；追随这位爱尔兰领袖的上尉则有机会充当他与张伯伦、迪尔克和伦敦这个大世界的其他大人物的中间人。但他心里一直隐藏着一股报复精神。他经常发火、诅咒，之后又平息下来。只要那至高无上的政治利益还在，他都忍受着。有这样一次事件。在奥谢的三人之家里，巴涅尔发现他在基蒂的卧室。这是一个为他们的不成文规矩所禁止的状况。巴涅尔没有赶走奥谢，而是将基蒂扛到肩上，扛到了另一个房间。据说巴涅尔本人就是一座覆着冰盖的火山。他无疑生活在一架随时可能会爆出滚烫热水的锅炉边缘。公众对这出秘密戏剧一无所知，但早在《格莱斯顿－凯勒梅堡条约》（Kilmainham Treaty）签署时，它已经在内阁众所周知。巴涅尔匆匆从凯勒梅堡监狱赶去看她，亲手抱过他们死去的孩子。身为内政大臣的威廉·哈考特爵士告诉内阁，说《格莱斯顿－凯勒梅堡条约》是巴涅尔的情妇的丈夫操纵的。基蒂在巴涅尔的行动中扮演了一个重要角色。她在凤凰公园谋杀事件后阻止了他放弃政治。她一直是他与格莱斯顿先生之间的中介。奥谢受到同胞谴责之激烈不亚于爱尔兰历史上任何一个人。看到妻子为国家大事周旋于巴涅尔与首相之间，他无疑非常兴奋。他自己是张伯伦的跟屁虫，与后者的关系极大地满足了他的自负甚至自豪感。这个故事既非那么简单，也不似有人描绘的那么不堪。

巴涅尔过早地与奥谢夫妇纠缠在一处，以至在19世纪80年代，他没时间将自己解脱出来。在格莱斯顿将他投入凯勒梅堡监狱前，他已深陷在他们的罗网及诱惑中。奥谢夫人的书里假装她一直在欺骗奥谢，但从1881年起，他无疑得知了全部情况。党内密友在拆信过程中意识到这场阴谋，希利和比格（Joseph Gillis Biggar）屡次警告巴涅尔，说奥谢夫妇将会毁了他。对此巴涅尔毫不在意。他的爱比死还强烈，它蔑视每一个社会教条，不仅超越了世俗野心，甚至还超越了委托给他的事业。

与此同时，民族历史正在展开。格莱斯顿先生支持《爱尔兰自治法案》。他与自由党人断绝了关系。因为一股他一直觉得奇怪的令人费解的逆流，他与"激进乔"正面遭遇。伦道夫·丘吉尔勋爵领导伯明翰的保守党人支持他们几个月前还在反对的候选人。索尔兹伯里侯爵重新掌权。张伯伦成为联合派政府的支柱。格莱斯顿与所有感情用事的势力重新联合起来。这些势力使 19 世纪的自由主义成为欧洲历史上一个非常强大但昙花一现的因素。出于一些与这个故事无关的原因，伦道夫·丘吉尔勋爵退出索尔兹伯里侯爵的政府。保守党选民大为震惊和失望。联合派政府沉闷而笨拙地艰难前行，虽然不够出色，但目标很坚定。渐渐地，格莱斯顿先生卷土重来。这一过程得到一桩意外事件的推动。

1887 年，《泰晤士报》开始刊出以《巴涅尔主义与犯罪》（"Parnellism and Crime"）为题的一系列文章。接着，为了证实其记者所做指控，它以莫利所称的"出色的临摹能力"炮制出一封巴涅尔笔迹的信，信上将这位爱尔兰领导人与凤凰公园谋杀行动直接联系起来。这封信的故事在出版史上无与伦比。1885 年，都柏林住着一个穷困潦倒的记者，名叫理查德·皮戈特（Richard Pigott）。多年来，他欺骗轻信的公众。他募集捐款用于为芬尼亚兄弟会审判中的被告辩护及救济他们的妻儿，然后贪污了接受的资金。失去那份收入来源后，他转向撰写请求捐助的信。但他的泵从基督教慈善机构的井里没打出多少水来。据传言，约在这一时期，他通过出售下流图书和照片来补充稀缺的资金流。即使那样也满足不了他微薄的需要。就在他命运的危急时刻，一位先生找上他。此人相信巴涅尔及其同事参与了极端分子的罪行。但他需要证据，因此他向皮戈特提供每天一个几尼金币及酒店和旅行费用，如果皮戈特能提供必要证据，他还提供获取文件的巨额费用。皮戈特当然能提供。于是那封著名的巴涅尔的信和大量显示有罪的文件出世了，并且辗转到了《泰晤士报》办公室。

不幸的是，《泰晤士报》经理没有调查这些信件的来源。他为它们一共付了 2500 英镑。但他没问问题。他相信这些信是真的，因为他想要它们是真的。政府则出于完全一样的原因采取了同样的观点。他们相信自己有了一件最重要的武器，不仅可以对付巴涅尔，还可以对付格莱斯顿。不顾伦道夫·丘吉尔勋爵写在一篇秘密备忘录中的重要建议，他们设立了一个由三名法官组成的特别委员会，来调查巴涅尔和同事及他们领导的政党与土地政治谋杀间的联系。

这相当于一场政治审判，不过是一场没有陪审团的政治审判。一年多的时间里，法官们不辞辛劳地工作着。恐怖主义和反谍行动的许多秘密被揭开。像勒卡伦 [①] 这样受英国政府雇佣潜伏的奇怪人物讲述了他们在英国、爱尔兰和美国的阴谋故事。整个政治世界入迷地关注着这个案件。自从萨谢弗雷尔 [②] 受控告以来，这样的事见所未见。一名杰出的爱尔兰辩护律师充当了其同胞的主要法律顾问，他后来成为基洛温的拉塞尔（Charles Arthur Russell）男爵和最高法院王座庭庭长。协助他的是一个年轻的激进派律师，名叫赫伯特·亨利·阿斯奎斯。直到 1889 年 2 月，皮戈特被推上证人席并且在失败的质证中崩

---

① 托马斯·米勒·比奇（Thomas Miller Beach, 1841—1894），化名亨利·勒卡伦（Henri le Caron），为英国政府刺探在美国的爱尔兰民族主义极端分子动向的间谍。1889 年，他向调查皮戈特对巴涅尔的指控的委员会透露了他的职业。英国政府为他的证据付给他 1 万英镑。他声称爱国主义是他当间谍的动机。✳

② 亨利·萨谢弗雷尔（Henry Sacheverell）是英国教士，1710 年，因为两份布道受审。他在布道中宣扬辉格党大臣的玩忽职守危及到教会。布道和随后的审判引发了政治激情；当萨谢弗雷尔被暂停布道三年，两份有罪的布道被烧毁时，伦敦爆发了骚乱。✳

溃时，这出戏才达到高潮。拉塞尔将他揭得体无完肤。他被要求写下单词"likelihood"和"hesitancy"，他在伪造的信上拼错了这两个词。他重复了他的拼写错误。他写下出现在那份指责文件上的"hesitency"。他写过的请求捐助的信被宣读，遭到法庭所有各方的嘲笑。证据确凿的揭露第二天继续进行。伪造的事实得以确立。第三天，叫到皮戈特的名字时，他没有出现。他逃脱了审判。警探追踪到马德里的一家酒店，他打爆了自己的脑袋，逃脱了对他罪行的惩罚。

这些调查对英国选民产生了深刻影响。一场大选再也拖不下去了，而自由党压倒性胜利的前景似乎已成定局。巴涅尔在英国各地被普遍看成一个最终得以昭雪的蒙冤者。他洗脱了由政治恶意带给他的一次可怕指控。《爱尔兰自治法案》的前景前所未有地光明起来。除开国家间的差异，对巴涅尔的指控被赋予了法国赋予德雷福斯案的全部重要意义。所有政治势力都为强烈的政治热情所搅动。接着反击来了。一些人引爆了奥谢这颗炸弹。龟息了十年的丈夫突然奋起，打出致命一击。丈夫对妻子提起离婚诉讼，将巴涅尔列为共同被告。终有一天，历史考查将揭示当时争议事项的真相，即张伯伦是否鼓动过奥谢采取这次行动。别忘了，许多人真诚相信，英帝国的生命取决于《爱尔兰自治法案》的失败。

巴涅尔和奥谢夫人一开始对诉讼非常淡定。巴涅尔确定他可以控制爱尔兰，甚至爱尔兰保守势力。对于基蒂，离婚将终结一种虚假和令人作呕的局面和长期的忧虑，而且她看到了成为巴涅尔夫人的一条确实而迅捷的途径。如果巴涅尔为案件辩护，按他那位著名律师乔治·刘易斯（George Henry Lewis）爵士的意见，他当然会通过证明那个长期共谋来赢得官司。但如果那样，他和基蒂将永远不能在全世界面前缔结婚姻。必须承认，巴涅尔偏向这条路。但奥谢夫人的律师弗兰克·洛克伍德这个极为出色的人物说服他不做抵抗，让案子进行下去。后来，洛克伍德说，"巴涅尔受到各方面极不公正的对待。各方反应本来对他非常有利。我自己也不是完全没有自责"。

19世纪90年代初的政治世界一片喧闹。得知被告巴涅尔被判有错,有人欢喜有人愁。一字不漏地刊登在每一份报纸上的案件细节满足了公众虚伪的好奇心。某个故事说,有一次,巴涅尔沿着防火梯逃出她的房间。这个故事招来幸灾乐祸的嘲笑。但之后的反应与巴涅尔的预计大相径庭。格莱斯顿先生乍看上去并没有显示出一个如此圣洁的人物该有的震惊。只是在认识到英国新教徒对一个被"被定罪的奸夫"的激烈反感时,他才看到他的政治利益受到多么严重的伤害,他与巴涅尔断绝关系变得多么必要。他谴责了巴涅尔。爱尔兰被迫在最伟大的议会政治家与那个骄傲的首领间做出选择。前者为爱尔兰人的事业做出全部牺牲,一个人就可以在那座大岛上实现胜利;而在后者的领导下,爱尔兰人民也许可以走向不列颠帝国内一个自由和真正的伙伴关系。这个选择很艰难,但势在必然。根据由31名成员签署的申请书,爱尔兰议会党召集了一次会议。前一天刚刚再次当选领导人的巴涅尔主持会议。按一个与会者的说法,他看上去"似乎是别人犯了错,他坐在那里评判我们"。一份呼吁要求他暂时退隐,将党的管理交给由他提名的委员会,等事态缓和后,他可以重新回到领导位置上。巴涅尔没说什么。但其他成员发出同样强烈的不让他退隐的呼吁。最终,会议暂时休会。

巴涅尔现在在争取时间。他相信爱尔兰支持他,只要他足够久地推迟决定,他肯定会赢。但会议重新开始后,他的对手采取了更强硬的路线。T. M. 希利先生领导了这场反叛。"我要对巴涅尔先生说,他的权力没了。"他声称,"他从人民那里获得那份权力。我们是人民的代表。"巴涅尔先生被激怒了。"希利先生受过这种战斗的训练,"他说,"谁训练了他?谁给了他第一次机会?谁为他获得议会席位?希利先生能坐在这里摧毁我,这要归功于我本人。"辩论日复一日地进行着,巴涅尔日益绝望地避免就真正的问题投票表决。他依然抱着那个信念，即爱尔兰人民会支持他对付一帮反叛的议员。但他知道形势已经转向他的反面。他的双眼在苍白的脸上更猛烈地燃烧着，只是靠了极大的努力，他才依然控制着自己。各方的情绪已经绷紧到破裂的程度。第五天，希利引用了巴涅尔六个月前的一次讲话。他在那次讲话中提到与自由党的联盟，"一个我敢说会持续下去的联盟"。"谁打破了它？"希利质问道。"格莱斯顿的信。"巴涅尔说。"不，"希利反驳说，"它死在离婚法庭的恶臭里。"

1890 年 12 月 6 日，会议第七天，结局来了。场面一片混乱。一直与巴涅尔甘苦与共的约翰·雷蒙德（John Redmond）用了"党的主人"这个说法。"那谁将是党的女主人呢？"爱尔兰最尖刻的声音叫道。巴涅尔站起身，眼神非常吓人。有那么一会儿，他似乎要打希利，一些反叛分子甚至希望他那样做。但，"我向我的主席朋友请求。"其中一人说。"最好请求你自己的朋友，"巴涅尔说，"最好请求那边那个怯懦的恶棍，那个在爱尔兰人的会议上敢于污辱一个女人的家伙。"接下来是更多无益的争议，更多指责。最终，贾斯汀·麦卡锡（Justin McCarthy）站起来。"继续一场除了责备、愤怒、争议和侮辱外什么都没有的讨论，我看不到还有什么用。"他说，"因此我提议，在这场严重危机中与我一样想法的人和我一起离开这个房间。"45 名成员静静地鱼贯而出，27 人留下了。巴涅尔不久将发现，爱尔兰站在那多数人一边。

天主教会决定性地转向他的反面。他徒劳地宣称他消失了的权威，徒劳地以疯狂的热情投入严酷的爱尔兰候补选举。又一年机会渺茫的严酷斗争摧毁了一个一直很虚弱的身体。接着按莫利那感人的说法，"大幕的阴影悄然盖上那个舞台。"查尔斯·斯图尔特·巴涅尔最后一次挣扎着渡过爱尔兰海峡，于 1891 年 10 月 6 日死在布莱顿，死在他无比钟爱的女人怀里。

距那个最后的舞台已经过去了 45 年。但透过逐渐浓密的历史迷雾看去，巴涅尔现在的形象一点也不比他同代人看到的要小。他们看到那位政治家，他们不可避免地透过派系和党派偏见的眼镜看到他。我们看到那个人——走过世界舞台的最奇怪、最令人困惑的人物之一。他绝不忘记。他绝不原谅。他绝不动摇。他把自己献给一个目标——爱尔兰国家的目标；他毫不动摇地追求它，直到一朵丢在他路上的玫瑰开启了一个新世界——爱的世界。与他之前为爱尔兰奉献了一切一样，当选择的时刻到来时，他为爱献出了一切，甚至爱尔兰。一个更平凡的人也许会更吝啬地给予，更多地占有。那些抛弃他的爱尔兰政治家大部分走得不情不愿。要是他接受了暂时退隐，他也许会在一两年后得回过去的权力。他还很年轻，被他本可轻易避免的挣扎耗尽心血而死时才 46 岁。尽管他会控制，但他不会妥协。因此，我们少了他可能作为第一任爱尔兰首相而收获的欢呼，但有了这个不死传奇更暗淡但也许更久远的名声。我们少了一个成功的政治家，多了一个火与冰的人，那个强力控制着火热的激情，但在毁灭他并且让他不朽的压倒性力量面前最终崩溃的人。"它会轰动九天。"在说出他不为离婚案辩护的决定时，他对一个同事说。"九个世纪，先生。"则是答复。

这就是那个构成了一部希腊悲剧所有元素的故事。索福克勒斯或欧里庇得斯从中可以找到一个足以迎合他们阴郁品味的主题。现代英国观点讨厌它的结局。当代外国观点直接理解不了对巴涅尔的政治毁灭。它被归因于英国人的虚伪。但它的结果是清楚的，毁灭性的。巴涅尔与基蒂·奥谢的爱让爱尔兰堕入一份凄凉的命运，使不列颠帝国痛苦地失去了它的和睦与力量。

"B.-P."
贝登堡男爵①

---

① 贝登堡男爵（1857—1941），英国陆军中将、作家、童子军运动的创始者。毕业于卡尔特豪斯公学。1876年加入英国陆军，被派往印度和非洲。1899年在第二次布尔战争中，贝登堡在马弗京战役中成功地守住了城镇。1907年他在白浪岛进行了一次营地训练，这就是现在童子军运动的起源。1910年从英国陆军退休。**

贝登堡男爵
The Daily Mirror

我一生只认识三位没赢过一场对外大战役的名将。但他们都以"B"开头的名字却家喻户晓。他们是卜威廉将军（General Booth）、博塔将军（General Botha）和贝登堡将军（General Baden-Powell）。卜威廉将军创立了救世军；[①] 博塔将军创立了南非联邦；[②] 贝登堡将军创立了童子军运动。

在这个不确定的世界上，有把握的事不多。但很有可能，一两百年甚至更长时间后，我们看到在我们有生之年竖立起来的这三座丰碑还在称颂其建立者的名字。它们不是以青铜或石头的无声证明的形式，而是作为引导和塑造大众生活和思想的机构。

我清楚地记得第一次见到这篇文章的主人公，现在的贝登堡男爵的情景。我与我们团的球队去密拉特（Meerut）参加骑兵杯马球赛。那里有一场驻印度英国陆军的体育和社交圈子大聚会。晚上，一大群人欣赏了一场业余歌舞杂耍表演。表演的出彩部分是一出欢快的歌舞，是一名穿着鲜明的奥地利轻骑兵制服[③]的驻防部队军官和一个迷人的女士献上的。表演的质量打动了我这个站在棚子里的年轻中尉。无疑它本身就有资格登上我们任何一家音乐厅的舞台。有

---

① 救世军，卜威廉于1865年成立，以军队形式作为其架构和行政方针，并以基督教作为信仰基本的国际性宗教及慈善公益组织，以街头布道和慈善活动、社会服务著称。＊

② 路易斯·博塔（1862—1919），南非军人和政治家，温和派，极力主张布尔人与英国和解。1910年南非联邦成立，他任总理直到去世（1910—1919）。＊

③ 贝登堡所在的第十三轻骑兵团的制服设计也许借鉴了奥匈帝国陆军的制服样式。＊

人告诉我：

"那是 B.-P.。一个传奇人物。他赢过格迪尔杯（Kader Cup）^①，身经百战。他们认为，作为一名士兵，他前途无量。但想象一下，一名高级军官在许多下级军官面前那样高高踢起腿！"

我有幸在这场马球锦标赛结束前结识这位多才多艺的大名人。

再次见到他已是三年后，场面和形势已经大不相同。罗伯茨男爵的军队刚刚进入比勒陀利亚^②。贝登堡将军在马弗京被围 217 天后获救，正从两三百英里外的西德兰士瓦赶来向那位司令官报告。我觉得可以代表《晨邮报》（*Morning Post*）采访他，弄到他的著名防守的第一手描述。

* * * * *

我们策马并行了至少一个小时。一旦开口，他简直口若悬河。故事让我激动，他也很喜欢讲述它。我记不得细节了，但我的电报肯定填满了一条专栏的很大一部分。发出前，我让他过目。他全神贯注地读着，露出一些窘迫的迹象。但读完后，他把文章交还给我，微笑着说，"和你谈话就像对一台留声机说话"。我对它也相当满意。

那些日子里，B.-P. 作为士兵的名声让几乎所有大众名人黯然失色。另一个 B.-P.——英国公众^③——将他看成南非战争中的一位杰出

---

① 临近密拉特的格迪尔丛林，是每年一度的格迪尔杯通常的竞赛场地，因此得名。竞争者在马背上以一根九英尺（约合 2.7 米）的长矛狩猎野猪，格迪尔杯是狩猎野猪这项运动的最高荣誉。这项一年三天的竞赛是帝国豪奢的代表之一，观察员站在二三十头大象上，便于裁判观察和判定表现。在印度驻防的第十三轻骑兵团的贝登堡 1883 年在坎普尔（德里东南 240 英里，约合 386 千米）赢得了格迪尔杯。✳
② 比勒陀利亚，南非行政首都，2005 年恢复其最早的名称茨瓦内。✳
③ "英国公众"（British Public）一词首字母也是"BP"。✳

英雄。即使那些反对这场战争并且嘲笑有组织的大军对布尔农民的胜利的人，也忍不住要为马弗京这场长期、坚定而顽强的防守喝彩。他以区区 800 人对抗了 10 倍到 12 倍于己的包围力量。

＊＊＊＊＊

之前没人相信马弗京能坚持到那么长时间的一半。十来次，随着围困拖延日久，正在注视的祖国在忧虑和沮丧到新的希望，再到新的失望间摇摆。成百上千万人不能及时或准确了解到战争的主要事件，一天接一天地在报纸上搜寻马弗京的命运。最终，当它解围的消息飞速传遍世界时，伦敦街头挤得水泄不通，伦敦人怀着高涨的爱国热情，带着孩子气的快乐，如开闸的洪水倾泻而出。这样的情形只有在 1918 年的停战日之夜才再次见到。不，也许著名的马弗京之夜保住了那个纪录。

人群那时还没感受到战争毁灭的影响。他们像一场大型体育赛事的观众一样轻松狂热，兴高采烈。在 1918 年，感激和一种解脱感压过了狂喜，所有人心中都留下了他们经历过的一切的痕迹。大战后，大街上游荡着太多孤魂野鬼。

你可能会奇怪为什么 B.–P. 似乎在南非战争结束后退出了军队升迁。他得到了一些显赫的次要职务，但所有重要和关键职位都分给了那些成就不为军事圈子外的人所知，名字从未得到过公众赞扬的人。

英国政府无疑很不喜欢公众给予单个人物以不成比例的拥护。一个人物唤起街头人士未经引导的热情，是不是有点"做作""不专业"？多才多艺在军中一直不受信任。诽谤和职业嫉妒的声音说起他就像哈利街①说到由江湖医生发明的确切疗法。不管怎么说，这份命

---

① 哈利街，伦敦市中心的一条街道，开有很多私人医院。＊＊

运和成功的光明前景很快蒙上了一层阴冷的雾气，太阳确实还在穿过它，但光线受到阻挡，已经暗淡下来。

命运的反复无常让人无法捉摸，它的运作神鬼莫测。有时候，它似在横眉冷对，却是在准备它最光彩的礼物。20世纪初，B.-P. 没有卷入军队事务的漩涡中心，而是专注于那些艰巨而秘密的准备工作，最终使英国远征军得以为蒙斯战役而部署，这是他的大幸！

这对他是多么幸运，对我们所有人又是何其幸运！他经久不息的声望和最持久的高水平个人服务的机会要归功于此；我们拥有的一个机构和一份启迪要归功于此。这份启迪是英国天才精华的典型，它以一份同志情谊的纽带，不仅连接起英语世界，还连接起天底下几乎每一片土地和每一个民族。

1907年，B.-P. 支起他的第一顶帐篷，让男孩子们学习偏远森林的知识，接受侦察生活的训练。来自伦敦东区、伊顿公学和哈罗公学的各个阶层的21名男孩在多塞特郡的白浪岛架起了小帐篷。世界范围的童子军和女童子军运动就涌现自这个不起眼的开始。它随着岁月的流逝不断更新，现已有超过200万人之众。

* * * * *

1908年，这位自称的首席童子军出版了《童军警探》（*Scouting for Boys*）一书。它激发了年轻人心中强烈的冒险意识和对野外生活的热爱。但除此之外，它还激发了那些属于骑士精神和努力与公平地参与游戏——任何严肃或有趣的游戏——的情感，这些构成了英国教育制度一个最重要的部分。

成功立竿见影并且影响深远。简单的制服——最穷的人都负担得起的卡其短裤和衬衫——以贝登堡将军的老部属南非警察的样式为基础。帽子是他在马弗京戴的那种著名的人字顶平边帽。座右铭"时刻准备着"（Be Prepared）以他的姓名首字母为基础确立。很快，我们在假期的英国道路上看到大大小小的童子军小部队和巡逻队，手拿木棍，推着载有洗漱用品和野营装备的小推车，雄赳赳气昂昂地走向林地和草原。他们的示范举动很快让这些地方向他们敞开。很快，一支崭新大军的营火闪烁起来。只要年轻人的血脉里还流淌着红色的鲜血，这支大军的队伍永远不会缺员，它的行军将永不止歇。

我们民族从这个深刻而简单的概念中得到的精神和心理健康，怎么夸大都不过分。过去那些日子里，座右铭"时刻准备着"对我们的国家有一种特殊意义。那些留意到一场大战的到来的人欢迎英国少年的觉醒。但没人会有反感，连那些最坚决的和平主义者都不会；因为童子军运动的特征不是崇尚武力，甚至最挑剔、最激烈的批评家都从中看到一条释放年轻人精力的途径。

* * * * *

童子军运动的成功引来多国效仿，尤其是德国。在那里，小军队也开始沿着已经被古罗马军团踩踏过的道路行军。

大战席卷全球。童子军扮演了他们的角色。他们敏锐的眼睛加入了沿海的瞭望哨；空袭中，我们在街头和公共部门看到这样的景象：十三四岁的孩子冷静沉着地履行着分配给他们的任务。

许多长期饱受尊敬的著名机构和制度消失在这场风暴中，但童子军运动活了下来。它不仅挺过了大战，而且挺过了战后的麻木。虽然战胜国的生活和精神中的许多因素似乎消失在浑浑噩噩中，童子军运动却在蓬蓬勃勃地茁壮生长。随着岁月在我们岛上的流逝，它的座右铭获得了新的民族意义。它向每一颗心传递了责任和荣誉的信息：不惧风雨，"时刻准备着"捍卫权利和真理。

远望罗斯福①

① 罗斯福（1882—1945），美国总统（1933—1945）。民主党人。西奥多·罗斯福的远房堂弟。就学于哥伦比亚大学法学院。曾任助理海军部长、纽约州州长。总统任内推行"新政"应对经济危机。外交上提出"睦邻政策"，力图缓和美国和拉丁美洲的紧张关系。第二次世界大战爆发后，反对德、意、日集团的侵略政策。1941 年与英国首相丘吉尔一起提出《大西洋宪章》。太平洋战争爆发后，美国参加反法西斯同盟。1944 年第四次当选总统，任内病逝。**

富兰克林·德拉诺·罗斯福
Keystone View Company

每一个国家的生活和福利都受到美国经济和财政政策的影响。从兰开夏郡的纺纱工到印度佃农；从中国农民到阿姆斯特丹的当铺老板；从盯着电传打字机的金融巨富到在铁匠铺里挥舞着大锤的壮实铁匠；从货币学者或学生到头脑冷静的商人或冲动的社会改革家，所有这些人都自觉不自觉地受到影响。因为实际上，罗斯福是一位探险家，他走上了一段如哥伦布的航行那样不确定的航程，开始了一次可能与新大陆的发现一样重要的探索。在过去那些日子里，它是充满未知危险和变化无常的海湾。在如今的现代世界，与波涛汹涌的大西洋一样神秘而险恶的是生产者和消费者之间的鸿沟，前者掌握着科学的无限力量，后者则合理合法地拥永不餍足的胃口。

富足成为一道诅咒。人们用过去看待荒年的恐惧眼光看待大丰收。机器应该给予人类的井然有序的闲暇这份礼物，只招来千千万万能干肯干的工人仇恨的目光。他们在关闭的工厂围栏外徘徊，靠慈善生活，在英国则靠有组织的救济过活。大家一直在问自己，"为什么情况会是这样？为什么人从自然获得的新力量没有向世界各地的男男女女打开更广阔生活的大门？"他们越来越强烈地要求仁慈的思想家和先驱们回答这个难题，开启令人愉悦的新可能。

美国有 1.2 亿充满活力、受过教育、冲动和疲倦的人，一个被偶然、命运或上帝置于这些人之首的人开始了这场重大远征。许多人不相信他会成功。一些人希望他失败。尽管罗斯福总统的政策在许多方面是从美国自身利益的狭隘角度考虑的，他行动的勇气、力量和规模应该得到每一个国家的深切同情，而他的成功必将把整个世界带到一个更轻松舒适时代的阳光下。

因此，看看这个处于冒险中的人成了一个普遍愿望。他受过公共事务的教育，通过一个著名的名字^①与美国现代历史联系起来，42 岁时被脊髓灰质炎击倒。他的下肢不再履行职责，从一处到另一处的最小移动都需要拐杖或别人的帮助。对百分之九十九的人，这样的折磨将终结除脑力活动外所有形式的公共活动。他拒绝接受这个判决。我们现在从他的政策中看到对公认做法的反抗，他以同样的反叛精神与那个判决斗争。他参加竞选；他向群众演讲；在一个美国政治被随禁酒令^②而来的所有可怕的黑帮罪行和堕落搅得乌烟瘴气的时代，他直面政治生活中的喧嚣。他在这个艰苦的战场上打败对手。他谋求、获得并且履行了最艰辛和后果最重大的职责。作为纽约州长，虽有各种缺点，但他的管理展示了能干而果断的品性。他为了征服而屈尊。特殊条件和屈辱长期阻碍着最好的美国人进入声名狼藉的政治世界，他适应了它们。他加入了民主党，成为政党目标的喉舌而没有放弃对美国公共生活更大目标的坚持。

世界形势开始了风云变幻。胡佛政府只能眼睁睁看着史无前例的富足带来的萧条问题。共和党政权的长期支配地位显然正走向结束。美国总统职位等待着一位民主党候选人。五六位杰出人物粉墨登场，展开了忙碌的阴谋竞争。

在罗斯福所在政党的许多精明领导人的意见中，他是这些竞争者中最弱的一个。一些人长期以来一直认为，在绝对常识和真正的治理

---

① 富兰克林·罗斯福是前美国总统西奥多·罗斯福的远房侄子，他们之间的血缘隔了五代。1905 年，富兰克林娶了西奥多·罗斯福的侄女安娜。❋
② 美国宪法的第 18 条修正案于 1920 年 1 月 17 日生效。法案禁止制造、销售、运输酒精饮料。有组织的犯罪随之兴起，许多黑帮非法售卖酒精，以谋取巨大的利益。1933 年，禁酒令被宪法第 21 条修正案废止。❋

才能方面，罗斯福的前领导阿尔·史密斯（Alfred Emanuel Smith Jr.）州长无疑最有竞争力。但罗斯福以一种连命运都与他为友的方式动用了各种关系和手段。命运不仅作为朋友甚至是情人，还作为偶像崇拜者出现。有那么一刻，他获得提名的机会小到如一只旋转的硬币。但是当硬币落下时，谁的头像印在上面再无疑问。

他在世界极其困难的时刻走上世界最大经济体的最高领导职务。每个人都对一切失去了信心。信用冻结。成百上千万缺衣少食的失业者塞满街道，或绝望地漫游在广袤的美国土地上。已经腐朽的银行基础同时遭到侵蚀，暴露出来。美国陷入普遍停滞。最富有的人变现不了最小额的支票。以各种有价证券形式拥有大量固定资产的人在一段时间内没钱支付酒店账单甚至税款。我们决不应忘记，这就是他起步的基础。统治者的最高权力，及嗷嗷叫着等待命令的千千万万人挥之不去的焦虑。

自那以后，命令从来没有缺乏过。尽管这种独裁掩盖在宪法的形式下，它依然卓有成效。重大举措得以实施，更重大的得到尝试。将罗斯福的举动与希特勒的相比，不仅侮辱了罗斯福，还侮辱了文明。相比一直与罗斯福的名字相联系的创造性努力下的复兴，那个德国幽灵热衷的卑鄙迫害和残暴的应用只表现出他的渺小和肮脏。

美国总统的第二项重大试验是尝试通过缩短就业者的劳动时间，将劳动更平均地分配给所有工薪阶层来减少失业。谁会怀疑这是世界各地不久将踏上的道路之一？如果不是这样，我们可以问问发明和科学对工人群众有什么用。是不是组织或工艺方面的伟大发现只意味着，更少的工人将在同样长的时间内生产超出需要的产品，而他们更大比例的同伴则沦为劳动市场的多余？如果是那样，100 年前，可怜的英国卢德分子企图打破新机器的举动无疑是正当的。仅仅通过确立更短的工作时间，工薪阶层即可享受现代大规模生产的福利；而且实际上，没有更短的工作时间，那些福利只是一份诅咒。

英国和外国的一些人相信，确立一个不以任何单一商品的稀缺或丰富为基础，而是与人类进步的力量相一致的价值衡量尺度，这是此刻摆在人类智慧面前的一项巨大成就。罗斯福的尝试赢得了所有那些人的同情和敬佩。但是当解决金融问题的行动与社会改革和阶级斗争的复杂过程混合起来，并且为后者所阻碍时，相当重大的疑虑肯定会出现。在英国，我们对工会非常熟悉。他们在我们的生活中发挥影响已有近一个世纪。自比肯斯菲尔德伯爵（迪斯雷利）这位领导着一个贵族和资产阶级议会的保守党首相给予他们非常有利的法律地位，保护他们不以法人身份受到起诉以来，半个世纪过去了。自那以后，我们一直与工团主义共生共存。它将一种狭隘因素引入我们的公共生活，我们明显感觉到它对我们生产力和竞争力的阻碍。它成了一个社会主义政党的主要基础，该政党曾以对国家极为不利的方式统治，并且肯定还会再次这样做。工团主义在一场总罢工中达到高潮。如果得以成功，它将颠覆我们岛上的议会体制。

但一切尘埃落定后，很少有英国有识之士，而且也没有多少大规模意义上的工人雇员不宁愿与我们所知的英国工会打交道，也要参与到共产主义鼓动的而且完全无组织的不满劳工的异想天开中去。过去50年来，工会是英国工业发展中一支稳定的力量。他们不断地强调劳动者的观点及其对住房的急迫需要，将这些重大事务铭刻进我们国家的法律和习俗。他们是抵消和纠正红色知识分子极端言行的一支稳定力量。30年来，我们一次又一次听到雇主说，"我们本可能轻易地比工会领导人做得更过火，并且得到坏得多的结果"。在大战中，工会会员坚定的爱国主义及其官员的有男子气概的常识是我们的一个宝贵并且被证明是坚不可摧的基础，我们在此基础上推进民族生存的斗争。

但是看到有人试图在几个月时间内，以跃进的速度，将美国工联主义提升到在英国非常缓慢地建立起来——甚至当时也经历了许多痛苦和损失——的地位，我们忍不住深感怀疑。你会想知道，美国工业生活——它的富饶多产，它对脑力和体力，对手工艺和工业的无限可能性，全部分布于一个条件和气候千差万别的广袤大陆上——的挣扎会不会导致这一事业和适应性的总体瘫痪，不仅是财富，而且现代社会的幸福都依赖于这一事业和适应性。你会想知道，僵硬并且迄今相对适度的美国工会结构是否有能力承担起国民福利和为美国人民生产各种必需品的重大责任。现在赋予他们的权力暗示了这样的责任。如果类似一次啤酒争端或任何其他争端在承担了责任的美国工会领导人间爆发，美国民主也许会很容易地在极不舒服的荒野徘徊一二十年。我们的工会在一个对抗和间接纠正的庞大网络中成长壮大；通过几个无所不包的法令将美国工会从之前的状况提升到工业上的统治地位，也许很容易让工会和美国面临着暂时瘫痪又无法解决的问题。

　　罗斯福总统英勇无畏的实验的第二个危险来自将富人当作害兽穷追不舍的倾向。这是一项很有吸引力的运动，一旦开始，各地相当多的人愿意加入这场追逐。而且猎物既敏捷，又狡猾，因此很难捉到。这场追逐漫长而激动人心，每个人的血液里都感染了这种热情。问题在于过度沉湎于这份消遣能不能增进社会大众的总体福利。百万富翁或亿万富翁像是一种高度经济性的动物。他像海绵吸水一样从各个来源吸取金钱。在此过程中，他不仅没有剥夺普通人的收入，反而开设了企业，让它延续下去，提升了价值，扩张了信用。没有大规模的信用，全面的经济机会就不可能向千百万人开放。追逐财富不等于获得共同财富。

　　这种吸取金钱、制造信用的动物不仅会走，还会跑，受到惊吓时还会飞。如果他的翅膀被剪掉，他还会潜水或爬行。当他最终被捕获时，除了为他的错误，特别是为他没能逃脱而做出一份不寻常的个人连声道歉外，还剩下什么？

但与此同时，巨大的建筑倾为平地。信心动摇，企业萧条，失业者在施粥厂排起长队，或列队走在公共工程上，纳税人的花费越来越大，工人带回家果腹的，只有曾经的百万富翁的腿或翅膀。你可以看出，对这场战斗感兴趣的人不会接受这类对他们的运动不利的说法。他们将不得不接受忽视这类说法的后果。资本和信用应该成为经济体系中受到尊敬和珍视的伙伴，这对国家的财富与工人的工资和生活标准不可或缺。如果这一点被丢弃，俄国的道路当然也是一种选择。但自力更生的美国居民砍倒了森林，开垦了土地，用铁路连接起大陆，将财富的获取和分配水平提升到人类从来没达到过的高度，没人会认为这样的居民能忍受俄国阴暗残忍的奴役哪怕一星期。

一种精明的本能促使罗斯福先生放弃那些用法律限定价格的尝试。限价做法经常在旧世界国家采用，除了在战时或非常有限的地点外，在实践中都失败了。这样的措施适宜用于打败垄断或连锁，但决不能被接受为经济生活的一个单调的基础。不管在多长时间内，没有丰厚的利润，就没有丰厚的工资或好工作，越早认识到这一点，形势就越早得到改观。

作为一个当过近五年英国财政大臣的作者，我对最近在美国通过的一项法律十分惊讶。它规定出于征税目的的所有收入都必须公开。这样一条规则似乎对商业复苏构成了极大妨碍，并且——尽管这是次要的——在个人关系领域也不受欢迎。在英国，我们根据一个不至破坏税收目标的尽可能高的累进税制，从富人那里实质上获得尽可能多的收入，对此我们引以为傲。我们的收入税和附加税纳税人因为及时足额地支付税款而得到外国观察家的赞扬。即使我们自己的社会主义大臣们也证明了这一点。但我们一直认为，无论贫富，纳税人与国家并且只与国家发生关系，不管他的雇员还是竞争对手，不管他的邻居还是债权人，不管他的敌人还是朋友，都不应知道他与财政部之间发生了什么。让一个商人或开办生产企业的制造商不仅向税款征收人，而且向所有人透露他当年的收入，这会带来各种各样的危害，它带来的烦恼和伤害对国家事业肯定是一种几乎无法估量的妨碍。在我看来，它似乎是禁酒令这一愚蠢举动的唯一变种。最近，美国的智慧和生命力以宽阔肩膀的一次耐心但不可抗拒的耸动摆脱了禁酒令。

一个人这样写时，难免不同时为美国公众对许多财政领导人的愤怒推波助澜。过去四年源源不断的揭示和披露让许多著名人物遭到完全与法律无关的偏见和公众谴责。苦苦挣扎的工薪阶层有家庭要养活，他们四处寻找工作，疾病和坏运气的恶魔就悬在他和亲人的头上。他们最大的愿望是上层的清廉和公平的机会，即使它只是一份不公平的待遇。

对此我们可以说上千言万语。重要的问题是美国民主能否清理丑闻，惩罚不当行为而不致自己没了主张，不致损害经济实体和组织的活力。将仅仅获得微薄利润的普通个体商人当成政府部门的官员来反对是没用的。而这些官员只要体体面面地在办公室从 10 点待到 4 点，他们的任务就完成了。谋划、后勤和冒险因素对所有营利活动都不可或缺。如果这些被摧毁，资本主义制度就失败了，一种其他制度一定会取而代之。与我们不完美的人类生活中的其他一切一样，资本主义制度无疑也充满了弊端、错误和不平等，但正是在资本主义制度下，仅仅几年前，美国就给数量最多的人口带来了人类历史上从未经历过的伟大繁荣。这样说并非不合逻辑："与其原谅这些错误和弊端，我们还不如扫除这个制度，无论这会让我们付出物质福利方面多大的代价。我们会代之以能够启动大的组织和发展的唯一一种其他制度，即国有化所有生产、分配、信用和交换手段。"然而，没有创立一个共产主义新制度所需的精神毅力与无情行动，就去摧毁或瘫痪资本主义制度是荒谬的。

在外国观察者看来，美国现在面临着那个重大抉择。资本主义制度保护私有财产权，租金、利息和利润是它的支柱，合同的神圣不可侵犯得到国家的承认和执行，这一制度要继续下去，它必须得到一个公平的机会。这对旧世界的我们也是一样。如果我们要在这波涛汹涌的大海上继续乘坐这艘破旧漏水的救生艇，我们必须努力向外排水，让它浮在水上，驶向港口。如果我们决定乘坐一个新制度的救生艇，我们也要得到可以驶上陆地的大声保证。但西伯利亚的海岸崎岖而荒凉，北冰洋里还有漫长无情的冰霜。

以贫困为代价的平等或者以平等为代价的幸福孰好孰坏，这是一个非常开放的问题，任何家庭都可以为此争论到深夜。无论如何，生活都将非常艰难。不管我们是受着残暴的官僚还是自私的资本家统治，普通人都将有一场穿过这个灰暗世界的艰难朝圣。他需要谋生，努力在力气耗尽前为年老和亲人早做打算。美国建立在财产、自由和企业的基础上，它无疑为数以千万的人提供了史无前例的最广阔和富足的生活。无法回头地走向那条亚洲道路将是一个重大步骤，从一开始就应该用一种坚定的眼光来衡量。

我们必须希望，不管是国家复兴署（N. R. A.）的一团乱麻，还是感伤主义者或教条主义者模糊缥缈的错觉，都不会阻止罗斯福总统去测试和探究财政问题的秘密。如果他成功了，全世界都将感激他，如果他失败了，他至少在一个只有美国的无比力量才能维持的规模上，为人类做了一个试验。如果这个世界上最富有的国家有意识地快速扩张消费力边界的巨大努力与普通的激进纲领和平常的阶级斗争相混淆，并为后者所损害，那将是莫大的遗憾。如果为上帝所阻止的失败发生，它将被一代人看成确实的证据，证明通过货币和信用膨胀来获得繁荣的所有努力都必将失败。

但罗斯福总统需要保持警惕。在一个外国人看来，似乎许多力量正在他的庇护下聚集，在某个阶段，这些力量会将他推向幕后，自己占据领导地位。如果那份不幸发生，我们会看到一个领导人赶着追随者，要将他们往回拉的熟悉景象。我们希望并且相信，美国人民的常识、强烈的个人主义和冷静清醒的智慧将保护其领导人免除这样不光彩的经验。

不管我们如何评价任期过半①的总统职位，富兰克林·罗斯福会跻身占据过那一突出位置的最伟大者之列，这一点确定无疑。他对下层人士慷慨的同情和对社会公正道路的强烈追求让他高居于伟大的人道主义者之列。他的沉着与危机时刻的行动相结合，将他归入著名实干家的行列。他将美国从禁酒令下解放出来的举动与他的救济和信用扩张的行政措施的积极施行表明，他是个享有世界声誉的政治家。他知道如何赢得文明社会人口最多和最具活力的民族的信心和忠诚。整个世界都不安地注视着他解决他们问题的壮举。他们的不安只是极高期望的一个影子。

他会成功还是失败？这不是我们给自己提出的问题，并且预言毫无价值。但无论成败，他的目标是每一片土地上的人民大众更充实的生活，并且随着它的光芒越来越亮，德国北欧民族自信的苍白火焰和俄国散发出的有害的不自然光线都将黯然失色。

---

① 本文写于 1934 年。†

赫伯特·乔治·威尔斯①

---

① 赫伯特·乔治·威尔斯（1866—1946），英国作家。伦敦大学毕业后做过教师。曾
参加费边社，提倡改良主义。其作品讽刺资本主义社会的丑恶现象，主张依靠技术力量
逐步改革资本主义。**

赫伯特·乔治·威尔斯

赫伯特·乔治·威尔斯（Herbert George Wells）先生养育着一个对英帝国、联合王国，特别是英国满腹牢骚的婴儿。他放不下这个恼人的爱抱怨的婴儿，不得不到处带着他，一辈子都带着他。手上抱着，心里装着这样一个婴儿肯定很麻烦。没地方搁，没地方扔——没有便利的社会主义托儿所，连个门阶都没有！接着在最不恰当的时刻，孩子放开了嗓子。一阵沉闷别扭的哭声穿透了精心守护的寂静，更坏的是，打断了一个令人愉悦而敏捷的谈话者的滔滔不绝，最糟糕的是，让一个耀眼而且无疑很伟大——作为整体来评价——的英语作家分了心。

这个抱怨的婴儿是别人在他早年丢给他的。不得不带着他时，他还是个小伙子。一个布商学徒！被人呼来喝去，起早摸黑；在傲慢而小气的工头手下做着枯燥的日常工作；紧张的工作和自我否定；注视着广阔世界中那些成功、伟大、久享盛名的人物在一个骄傲和被束缚的心灵中唤起的所有烦恼。这些或其中一些就是那对坏脾气的父母，他们巧妙地，几乎无法察觉地将这个恼人的婴儿放到威尔斯先生怀里，接着自己消失得无影无踪。

* * * * *

说到底——将那个婴儿比喻留在岸边——他的怨恨并非那么强烈。威尔斯先生出身低微，在他出生的这个岛屿社会①，伟大的政治

---

① 不列颠岛。**

家打破了特权和出身障碍，充满活力的议会实施的明智法律打开了给有才能者提供事业机会的道路。不久，这个邪恶的、愚钝的资本主义社会不仅向我们的年轻人提供了初等教育的利益，还提供了文理教育的机会。这个民族以往的天才贡献了无数图书，他从这些珍贵的图书馆里读到丰富而予人启迪的书卷。一个有着清醒指引的王国，一个安全的王国，它的宁静保护这个年轻人免受外国暴政。一旦他有了力量思考，他发现他有权将他的想法说给所有愿意倾听的人。他发现不需要继承或偏袒，他可以自由地选择或改变五六个职业。他轻松地实现了天生才能的真正发展。卑鄙的资本家并不担心他的轻率言行。他们让他恣意挥洒他的头脑和身体。看到他的意见是挑衅的和颠覆的，他们没有尝试封杀或惩罚他。相反，他们支起耳朵，开始倾听。他们将目光转向威尔斯先生。不止如此，他们还从口袋里掏出大把大把的钱，让他坐在椅子上，将钱倒在他膝上。

* * * * *

年轻的 H. G. 威尔斯如摩西杖打磐石一般敲打恶劣的旧英国粗糙的正面，丰富的金色溪流喷涌而出。但这些物质利益只是他的满足的开始。欣赏、赞扬、欢呼和名声紧随着它们而来。几年后，他还很年轻，但他智慧的辉煌果实已经得到广泛接受、欢迎、追逐和欣赏。人人都说，"了不起啊！耀眼的新作家。富有创造力的思想。我们管他的政治倾向干什么？让我们赶紧给予他荣誉和尊敬。"然而那个可怜的婴儿或他的幽灵还在。他依然在哭泣，在呕吐^①。为什么他没能把他留在几段之前我们丢下比喻的那处潮水冲刷的岸边？

---

① 见莎士比亚《皆大欢喜》第二幕第七场。＊＊

*　*　*　*　*

很少有一流文人如此一贯地抱怨和嘲笑他们身处的国家、社会和社会制度。更少有文人欠它的慷慨宽容和无比复杂性如此多。H. G. 威尔斯先生的第一个主要印象来自同样的布商学徒和店员，为什么连他们都发现，这个必须受到谴责和降低世界地位的邪恶的旧英国对他们的需要并非不闻不问。在这个冉冉上升的作家贬低和嘲笑养大他的家庭时，认真勤劳的人在推动《营业时间法案》。这个民族被教导将它的购物压缩到一天的几个小时和一周的几天内，这样那些在柜台后为他们服务的人将有更多闲暇。他们带来了夏令时，让夜晚提前开启。霍普德赖弗先生现在可以在漫长的夏日傍晚骑上自行车，坐在"命运之轮"上去寻找乐趣或爱情。① 200 万男女青年店员几乎无意识地享受到父辈做梦都没想到的条件。这只是英国人民在资本主义制度和世袭王朝的统治下，在各个方面和各个方向上做出的一般进步的典型。但什么也安抚不了 H. G. 威尔斯先生，什么也缓和不了他的偏见或减轻他的怨恨，什么也封不住他那个永不餍足的孩子的嘴。

*　*　*　*　*

他一生都在责备这个向他低头的民族，贬低它的传统，削弱它的基础，嘲笑它的荣耀。

自大战以来，身为一个欧洲人物，一个举国闻名的人，一个成功而富有的公民，他偏要屁颠屁颠地跑到俄国，到列宁的神龛前烧炷

---

① 威尔斯《命运之轮》的主人公霍普德赖弗先生是一个布商的助理（与威尔斯一样），在自行车开始进入千家万户，突然而深刻地改变了英国社会生活的时代，他骑着一辆自行车去度假。＊

香。哎呀，要是他生在俄国，而且像他反对我们的条件一样反对那些艰苦的条件，他肯定会被锤成一张烙饼！那坚定的思想立场，职业和环境的自由选择，那些个人对抗政府或官员或警察的权利，所有这些他须臾不离的东西将他归入最恶意的知识分子类型。这里是座慷慨的岛，各个方面都是人类所知最有人性、最体谅、最通情达理的文明，承受着残酷、严格、现代的外国组织的竞争负担和压力，他的全部才华竟找不出词来为它说话。不！赢得他永恒忠诚的是一个将白蚁丘模型的社会作为其理想的主义。这都是因为这个牢骚婴儿在他很年轻时就扎根在他心里。

* * * * *

但是让我们离开这痛苦的（但我们希望是有益的）对费边主义者威尔斯、国际主义者威尔斯、软弱无力的小英国人威尔斯、辛苦建成的伟大英国社会的炉渣威尔斯的批评，转向这个富有才华的人物。我们许多人都应该感谢他天马行空的想象，感谢他敏锐的洞察力。我读过大量威尔斯作品。我第一次发现他的《与一位叔叔的对话选》（*Select Conversations with An Uncle*）或在《海滨杂志》（*Strand Magazine*）上读到他的《事物的奇怪一面》（*Queer Side of Things*）肯定是 30 年之前。我立即对他的智力刺激和文学表达能力做出反应。读到《时间机器》那值得远观，但有《格列佛游记》遗风的精彩哲学故事时，我拍案叫绝。接着我读了他所有的书。自那以后又通读了一遍。我可以通过一次关于它们的考试。我小小图书馆里的整整一条长书架上摆满了一套完整的版本。我可以用一支蓝色铅笔画出那个孩子号哭的段落。但别介意那些。这里是娱乐和嬉戏。这里是秩序和设计的暗示。这里是和平与战争的精明观点。这里是对未来的预言，其中不少我们活着证实和忍受了它们。

* * * * *

第一个人一飞上天，威尔斯这位魔术师、预言家就相当清楚甚至巨细靡遗地看到了飞行的全部意义。他想象和描绘了那可恶的发展。因为这发展，即使在《白里安 – 凯洛格非战公约》（Kellogg–Briand Pact）签约国之间，（如果一场战争最不恰当、最不正确地爆发）对不设防城市的轰炸及对男人、女人和儿童的集体屠杀都将是一项罪行，这现在已经成为共识。他从这一新发现的开始就看出，它将导致20世纪无奈地接受那些马略和尤利乌斯·恺撒会为之羞愧，甚至连成吉思汗都觉得不妥的暴行。

威尔斯以令人难以置信的准确描述了大战将如何到来。他事先准确描绘了街道、小屋、市郊火车、大酒店、游乐场的开场景致和印象。什么都瞒不过他的眼睛。他知道地狱之门即将洞开，准确地知道它打开时会是什么样子，什么感觉。但他变得更加明确，他打得更接近靶心。他在"坦克"这种机器被设想出来之前很久就描述了它，那时甚至连大战中使用的那种原始形式都没人想到。他想象出巨大的陆地战列舰这种一往直前，驶过城镇和乡村如同驶过玉米地的巨型战车——一种大战本身中都无法做到的类型，但终有一天，它将在种族或主义的斗争中扮演自己的角色。

儒勒·凡尔纳给维多利亚时代的人带来快乐。他向他们讲述了他们希望有能力做到的一切，他向他们展示了19世纪的科学应用的可能性。威尔斯在20世纪接过了他的工作，将它发展成一个远远更为复杂的场面，并且威尔斯看到了在墨迹未干时就涂在他的字里行间的已经实现的血腥现实。

此外，他看到了尚可忍受的自由党的衰落，还看到了自由主义令人遗憾的消亡。

* * * * *

这些人类思想的高贵成就穿透或揭开了掩盖着未来的神秘面纱，给了他坐上我们前台的权利。我们都很高兴地看着他坐上他的位子。在恰当的形势下，我们愿意在台下献上鲜花，我们乐于收获得意扬扬的台上人赞同的微笑甚至是善意。但他为什么总是在关键时刻让他那肮脏的婴儿大声啼哭，破坏这个气氛？为什么他不能把他丢在人行道上，至少交给唐宁街10号那个卖苹果的老妇人^①？

我们确实认为，他不仅应该摆脱那个婴儿，还要走下前台，帮助养育他、给他荣誉的英国。那个他长期为之增色的自由、满足的社会需要他的帮助。这不是不着边际地猜测的时候，这不是廉价或聪明地嘲讽的时候。我们需要我们所有的人，尤其是有才华的人。我们需要他们中的 H. G. 威尔斯。

---

① 当指拉姆齐·麦克唐纳。他作为工党政府的首相辞职和立即被重新任命为国民政府首脑这场政治动荡发生于 1931 年 8 月 24 日——这篇文章首次发表后一天。✲

查理·卓别林[①]

---

① 查理·卓别林（1889—1977），英国电影导演、演员。生于伦敦穷苦艺人家庭。1909 年加入卡尔诺剧团，从事哑剧表演。1913 年在美国开始电影活动。1919 年建立独立制片厂，编导并主演《淘金记》《摩登时代》《大独裁者》《凡尔杜先生》等影片。1952 年因受麦卡锡主义迫害，定居瑞士。其作品具有强烈的人道主义精神，充满对下层人民的深切同情和对资本主义社会的无情讽刺。曾获奥斯卡特别荣誉奖。**

作者与查理·卓别林

一个垂死的人躺在伦敦圣托马斯医院的一间病房。他度过了美好而丰富的一生。他曾是音乐厅的宠儿。他品尝了舞台成功的果实。他作为歌手赢得响亮的名声。他拥有过快乐的家庭生活。现在，死神找上了他。在他依然正当盛年，成功依然香甜可口的时候，大幕正在拉下——永远拉下。

　　这家医院的其他窗户一片漆黑。只在这扇窗户里，一盏灯亮着。窗下，一个打着冷战，吓得一动不动的孩子站在屋外的黑暗中哭泣。他听说已经没有希望了，但是即使在他等着那盏灯熄灭，等着那慈悲的犹豫告诉他父亲已经不在的时候，他狂乱的心依然祈祷着不可能发生的奇迹。那个垂死的人和窗外的孩子有同样的名字——查尔斯·卓别林①。

　　命运将我们在生命的棋盘上挪来挪去，我们不知道这些移动背后的目的。父亲的死将一个安全舒适的世界在查理·卓别林的头边摔得粉碎，让妈妈、哥哥和他本人陷入贫困。但贫困不是死刑判决，而是挑战。对一些人，它还有更多意义——它是机会。对这个剧场的孩子就是这样。他在肮脏的伦敦街头万花筒般的生活中发现了悲剧和喜剧，而且知道了它们的源泉就在一起。他知道穷人的问题，不是社会调查员那样的远望，而是第一手知识。它们是他妈妈的问题，也是他自己的。但生活的挣扎本身给了他对普通事物的新热情。人性在生存

---

① 查理·卓别林父子都叫 Charles Chaplin。Charlie（查理）是 Charles（查尔斯）的昵称。**

边缘难得不暴露出来；相比在受荫庇的环境下，它会显露得更清楚、更充分。因此查理敏锐的眼睛每天都注意到身边展开的生活画卷的一些新方面。

多年前，在类似环境下，另一个男孩在伦敦生活的繁盛富饶中发现了通往名利的关键。他也曾一贫如洗。他也缺乏每个孩子与生俱来的一切。但天才这个炼金术将悲伤和痛苦转化成伟大文学的黄金，给我们带来查尔斯·狄更斯的小说。我认为，这两人间有个基本的共同点。两人都经历了艰难的童年，都将不幸变成通往成功的垫脚石。他们沿不同的行业发展，选择了不同的表达媒介，但两人在同一座普通生活的丰富矿藏中开采，发现了笑声和戏剧的宝藏，给全体人类带来快乐。马克·吐温 12 岁丧父，虽然背景不同，但经历大同小异。如果他年轻时，生活对他好一点，他永远写不出哈克贝利·费恩。

因此我们不必为笼罩在查理·卓别林早期生活上的阴影感到遗憾。没有它们，他的才能也许不会那么闪光，整个世界也将更加贫瘠。天才本质上是一株蜡梅。它在北风中怒放，在温室里凋零。我相信，那一点适用于各行各业。历史悠久的英国家族走出那么多的杰出人物，原因在于，总体上，他们承担着重大责任，而不是享受了巨额财富。尤其是他们除长子外的儿子通常需要自己闯荡世界，自立自足，依靠自己的才能和努力。我很高兴从年轻时起，我就需要自己谋生。如果我是成百上千万财富的继承人，我无疑会过上不那么有趣的生活。

自然地，不可避免地，一离开学校，年轻的查理·卓别林就在舞台上找到了工作。21 岁时，他签了一份合同，随弗雷德·卡尔诺喜剧团来到美国和加拿大。在某些方面，这次美国之行对我们所知的卓别林的发展与他在伦敦的早年生活一样重要。这是形成他事业的重大经历之一。我们英国人喜欢将查理·卓别林看成一个英国人，但美国给了他的品质一个新方向，一份新影响。它为他打开了人物和环境的新领域。

25 年前，这位年轻演员渡过大西洋时，美国生活的变化比英国更快——也许比它今天还快。它还没有成形。个性比传统更重要。民主不仅是政治制度，还是社会现实。当今天的雇员常常是明天的雇主，专业人士大多数自己工作来支付大学学费时，阶级差别的重要性相对较小。

即使贫困在美国也呈现出不同的面貌。它不是查理在伦敦贫民窟经历的那种痛苦而折磨人的贫穷，而且因为社会事业的扩张，伦敦贫民窟大多已经消失。在许多情况下，它是一种刻意选择而不是外部强加的贫困。

每个电影观众都熟悉卓别林式的流浪汉，但我不知道其中多少人思考过这些无家可归的流浪者在美国多么典型。在数量日少的英国流浪汉里，你可以找到各种各样的人——从事业结束于毁灭和耻辱的大学毕业生，到打小就没工作过的低能文盲。但他们都有个共同点：他们属于那支失败者大军。他们依然维持着在找工作的假象，但他们并不指望找到工作。他们精神垮了，失去了希望。

25 年前的美国流浪汉属于一个完全不同的类型。多半，这些人与其说是社会的弃儿，不如说是反抗它的叛逆者。他们既不能在家里，也不能在一份工作上安定下来。他们讨厌乏味的普通工作，喜欢路上的变化和机会。他们的流浪背后有一种属于旧式冒险冲动的东西，就是它让大篷车隆隆穿过大草原，走向日落。

在过去的繁荣时代，美国公路上还有许多完全不属于寻常意义上的流浪汉。他们是流动的手艺人，会在一个地方工作几个星期或几个月，再上路到其他地方，寻找另一份工作。即使今天，工作不再那么容易找到，美国流浪汉依然拒绝承认失败。

那种不屈不挠的精神是银幕上的查理·卓别林的精神的一个必要

部分。他对失败者的描绘绝对是美国式而不是英国式的。英国工人有非凡的勇气，但那些被长期失业赶到路上的人如今通常都是垮掉的绝望的人。而卓别林式的流浪汉有一种反抗和蔑视的品质。

但美国的状况——它的多样性，它的色彩，它的活力，它奇怪而惊人的对比——作为一个整体影响了卓别林。而合众国为这个英国小演员做的还不止这些；他还不知道，它提供了他一直在等待的机会。它将他领进适合他才华的理想媒介：电影。

1913 年 7 月一个闷热的日子，百无聊赖的电影巨头 A. 凯塞尔漫步在百老汇大街上。在哈默斯坦音乐厅停下来与经理聊天时，他听到一阵高过一阵的笑声。这声音吸引了他，已经很久没人让他发笑了。

"我想引来咯咯大笑的是卓别林那个小伙子，"经理说。"他相当有趣。"

于是凯塞尔先生去看弗雷德·卡尔诺喜剧团演的《伦敦音乐厅之夜》（*A Night in a London Music Hall*），顺便考查考查年轻的卓别林。

他很快就跟着其他观众笑上了。但是当凯塞尔先生在一个公共表演场所发笑时，他的快乐意味着生意。他绕到后台，被领到卓别林的狭小化妆间，并且立即开出每周 75 美元的薪水，让他参演基斯通的喜剧片。这比他以前挣过的都要多，但查理说了"不"。

那反而坚定了凯塞尔的决心。他把出价提到每周 100 美元。查理依然说"不"。这位电影巨头暂时丢下这事。但现在，他再也不感到无聊了。他的生活中有了新的兴趣。他需要卓别林。

他当即回到这场进攻。这一次，他的出价是 150 美元。查理依然在犹豫，但是最终，他接受了。就这样，他来到好莱坞，开始了电影史上最惊人的事业。

卓别林先生的梦想不光是扮演喜剧角色，还有悲剧角色。他的精彩戏谑让《从军记》（*Shoulder Arms*）成为战壕里厌倦了战争的老兵的最爱，但他还想向世界重新演绎拿破仑。他还想表现与为他赢得声誉的人物截然不同的人物。

那些对这些野心不屑一顾的人还没看出卓别林的天才的真正价值。不管多么优秀，没有一个纯粹的小丑曾如此完全地赢得大众的喜爱。他作为一个明星的至高地位要归功于他是个伟大的演员，他能够如逗我们发笑一样可靠地拨动我们的心弦。他的一些电影中就有那些几乎无法忍受的辛酸时刻。

这是个伟大的成就，一个只有能同时控制眼泪和笑声的完美演员才可能实现的成就。但是占据支配地位的还是笑声。卓别林先生渴望出演严肃悲剧的机会，这也情有可原。直到他这样做了，他的感染力才不致被看成只是牙刷小胡子和滑稽鸭子步的副产品。

我相信，要不是有声电影的到来，我们应该已经看到这位巨星扮演的严肃角色。他是过去无声银幕的人物，对于他，有声电影的胜利既不意味着开口，也不意味着灭绝。和以往一样，他依赖的是一种比说话更有表现力的哑剧。尽管查理·卓别林的沉默没有失去任何之前的魔力，但若是查理·卓别林先生扮演一种观众完全陌生并且几乎无疑会强烈不满的角色，他还能"侥幸成功"吗？

坦白说，我不奇怪他会像凯塞尔先生给他第一份电影合同时那样犹豫不决。但他现在冒的风险不会比那时候更大。因此我觉得他不会永远犹豫。他挥洒自如的哑剧能表达各种情绪，能传递最微妙的细微含义。一个能用整个身体表演的人，不管扮演什么角色，都不需要语言。

卓别林先生在现代时期复兴了古代世界的伟大艺术之一，这是了不起的成就。这项艺术的秘密如凡·艾克兄弟[①]赖以成名的鲜艳颜色

[①] 弗兰芒画家胡伯特·凡·艾克（1370—1426）和他的弟弟扬·凡·艾克（1385/1390—1441）运用油画达到了新的标志性的成就。丘吉尔于1915年开始认真作油画，此处他是在以艺术家的欣赏眼光看待。✵

的秘密一样彻底失传，似乎再也无法找回。直到今天，那对兄弟的作品依然如同刚画上时一样新鲜生动。

哑剧的黄金时代是诸罗马皇帝政权的早期。第一位罗马皇帝奥古斯都本人有时被认为是其发明人。作为肉欲、纵火和贪吃这些更危险的追求之外的放松，尼禄在写诗之外，还表演哑剧。但最伟大的"pantomime"——这个名字在古罗马表示哑剧表演者而不是他们擅长的这种艺术——全身心奉献给了哑剧表演，直到他们穷尽了动作和姿势的表达潜力。

基督教获胜时，哑剧表演者逃之夭夭。他们喜欢的主题在神父看来是赤裸裸的肉欲，而他们还没适应在十字架的阴影下寻找新的主题。但如果他们认识得到，那些主题一直都在。卓别林在《朝圣者》（*The Pilgrim*）中表明了那一点。你记不记得那个镜头，一个逃犯伪装成教士，在讲坛上讲述大卫和巨人歌利亚的故事？这是一段精彩的哑剧表演，我们从中理解了戏剧冲突的每一个细节。

卓别林重新发现这门在 1900 年前迷住七丘之城 ① 的艺术纯属偶然。年轻时，他是一个杂要演出团的演员。该团巡回表演的英吉利海峡群岛是一个强悍民族的家园。对于这个民族，英国国王依然是诺曼底公爵 ②。这些岛民主要讲祖先的诺曼法语方言，理解不了演员的伦敦方言说法，结果他们最好的笑话成了对牛弹琴。

最后，在绝望中，演出团决定试试用动作和姿势来达到表演效果。这个新条件下的仅仅一场表演就显示了查理作为一名哑剧演员的天才，同时向他展示了这种不开口的表演可以对观众有多么强大的吸引力。从那时起，他发展了他在哑剧表达方面的天生才华，无意识地

---

① 指罗马。✳
② 即使统治英国的是一位女王，如伊丽莎白二世，她在海峡群岛依然被称作诺曼底公爵（不是女公爵）。✳

为整个世界都成为他的观众那一天做好了准备。

但他的艺术之花在他开始电影事业后才完全盛开。他将他的技术应用于电影，并且随着他开始同时理解银幕的局限和可能性，他对这种崭新表演形式的掌握达到炉火纯青的程度。按他自己的说法，他认识到，"姿势可以比声音更强烈地感染人"。

美国电影当时总体上处于一个非常有利的地位。它们比当时最好的欧洲电影更简单，更直接，因此也迎合了远远更为广大的观众的需要。要是它们的制片人和明星向卓别林和欧洲同行学习，默片也许能经受住有声片的冲击。有声电影依然还会到来，但不会一手通吃。

如果我们全面理解了电影艺术，我相信，刻意限制我们现在滥用的机械辅助或有必要。我愿意看到他们再次拍出无声电影，但这次该由察觉到哑剧潜力的制片人制作。有声片的观众必然受限于语言因素，而默片可以把它的故事讲给整个人类听。仅仅出于这个原因，这样的电影也值得一拍。哑剧是真正的通用语言。

世界各地还有成千上万的电影院没装上声音设备，这成了无声片的一个市场。我们也不能肯定这是一个萎缩的市场。还有许多国家缺乏拍摄自己的有声片的资源。还有成百上千万人的母语从未在任何电影院里听到过，而他们根本不理解其他语言。随着亚洲和非洲各地生活水准的提高，新的电影院将拔地而起，新的电影观众群也将诞生，哑剧则可以最有效地服务于这些观众。

英语国家在这方面有一个极大的机会和一份极大的责任。落后的人用画面思考比用语言思考更容易。百闻不如一见。长远来看，在热带非洲的宁静夜晚和亚洲的天空下放映的电影也许会决定帝国和文明的命运。它们将提升或摧毁白人的威望。正是凭着这威望，白人在大量黑色、棕色和黄色人种中危险地维持着统治地位。

我希望我们不需要再等上四年才能看到下一部卓别林电影。但如果他可以打造一支能有效应用哑剧的男女演员队伍，那也值得一等。通过《巴黎一妇人》（*A Woman of Paris*）的拍摄，和《淘金记》（*The Gold Rush*）在描绘克朗代克①的先驱的艰难困苦中表现出来的严酷现实主义，他已经显示了他激励其他人的能力。我看不出有什么理由，如果他可以训练出这样一支队伍，为什么就不该实现扮演阿科莱②的胜利者的野心呢。我觉得他也许会带给我们一个年轻的拿破仑形象，它将会是最令人难忘的电影画面之一。

我们在想象他扮演这样一个角色方面的困难，是我们把他想成了他出现在银幕上的样子。我们特别会想到他的脚。拿破仑根本不会有那样的脚。

卓别林也没有。那双脚是一份"财产"——那著名的步子是一个聪明的演员暗示人物和环境用的把戏。它们实际上是一个老出租马车车夫的脚和步子，查理·卓别林年轻时偶尔会在伦敦的肯宁顿路遇到他。对于它们的正主来说，它们一点也不幽默。但这个男孩看到了那艰难行进中的喜剧潜力。他观察老人，模仿他的举动，直到他掌握了那套凄惨节目的每一个步骤，将它变成欢笑。

同样的观察力，同样的耐心完全可以用于——也会用于——给予我们令人信服的严肃角色刻画。查理·卓别林的脚不是缺陷，它们代表了一种资产——将所见转化成所现的力量。

真实的卓别林性情温和，文质彬彬。按他年仅五岁的稚子西德尼·厄尔·卓别林在接受采访时所说："大家对爸爸有个错误印象。

---

① 克朗代克，坐落在克朗代克河畔附近的一座城市，因 1896 年至 1897 年的"克朗代克淘金热"而闻名于世。该地区的黄金开采业一直延续至今日。＊
② 阿科莱，在意大利东北部，威尼斯以西 80 千米，是法国大革命战争期间，1796 年的阿科莱会战战场。战役中，时年 27 岁的年轻将军拿破仑包抄了一支奥地利陆军，切断了它的退路。＊

扔馅饼不是好作风，但他只在电影里这样做。他在家里从不扔馅饼。"

因此我相信，查理·卓别林的前途主要在于对默片中的严肃人物的表现和世界电影艺术的发展上。

他不必完全忽视声音。他的画面可以与音乐结合。自然的声音也许可以采用。但那些声音效果只是辅助的，电影可以在不严重弱化其感染力的情况下，在没有安装声音设备的电影院里放映。

如果卓别林先生拍摄这种电影，我认为他不仅会提高已经很响亮的名声，还会为其他人照亮一条道路，大幅增加电影艺术的广度。

讨论有声电影时，电影评论员最喜欢的一句陈词滥调是我们无法回头。实际上，他们是在暗示，因为技术进步给了我们声音，所有电影都必须是有声片并且将永远这样下去。这样的说法泄露了对进步的性质和艺术的性质的一个根本误解。这还不如说，因为有了油画，蚀刻版画就不能有了；因为语言是舞台剧的一个必要部分，对话也应该加到芭蕾舞里。探索默片的潜力，将它打造成一种新的和独特的艺术形式，这不是退步，而是进步。

今天，许多聪明而富有创造力的头脑与电影联系在一起。但没人比卓别林先生更适合这个试验。也许没有别人敢做。

我祝他好运，愿他拥有坚持自己信念的勇气和自己的强大力量。但我也希望他不会忘记世界对笑声的需要。让他尽管去演悲剧，让他向我们全面展示他的表演天才。但是让他——至少偶尔地——回到让世界快乐了20年的喜剧风格上来。

喀土穆的基钦纳①

① 基钦纳（1850—1916），英国陆军将领。爱尔兰人。毕业于伍利奇皇家军事学院。1886 年任东苏丹总督。1892 年任埃及军队总司令。1896—1898 年率军镇压苏丹马赫迪起义。1898 年在苏丹与法军对峙，引起法绍达事件。次年任苏丹总督，后调任南非英军参谋长，参加英布战争。1900 年任南非英军总司令。后转任驻印度英军总司令及驻埃及总领事。1909 年晋升为陆军元帅，1914 年封为伯爵。第一次世界大战开始时任陆军大臣。1916 年 6 月出使俄国途中，座舰被水雷炸沉身亡。◗

基钦纳伯爵

东北风猛烈吹拂，但"汉普郡"号巡洋舰顽强地劈波斩浪，穿过波涛汹涌的大海。因为天气原因，两艘护航驱逐舰已经被打发回去。出于同样的原因，这艘巡洋舰自己也在最后一刻改变了航线。

舰上，在自己的舱室休息的是基钦纳伯爵。

俄国军队正在崩溃边缘，彼得格勒阴谋横行。对协约国事业构成重大威胁的形势正在酝酿中。

基钦纳伯爵的任务是看看摇摇欲坠的俄国巨人能不能扶起来。

他的名头在涅瓦河 ① 两岸非常响亮——几乎与在英国的城市街道和乡村小屋或战壕里一样响亮。过去几个月来，英国新军队的士兵一直在那些战壕里面对着战争的严峻现实。

然而这个形势里有一丝讽刺意味。"K. of K."（喀土穆的基钦纳）本人就是一个疲惫的巨人。他已经 66 岁了。

他漫长的一生戎马倥偬，因为辛苦取得的成就而闪亮，又获得了一个英国臣民罕有行使的权力和英国及其帝国可以授予的所有尊敬和荣誉。现在，这个生命正在阴影中凋零。

他已经失去了内阁同僚的信任，他在 1914 年获授的大权已经被剥夺，只是名字的魔力才为他保住了官印。

躺在自己的舱室里，他是不是在想所有这一切，想知道下场是什么？答案很快到来——以一次撕开这条军舰内脏的粉碎性碰撞到来。

就在巡洋舰沉没前，有人看到基钦纳伯爵在甲板上平静地望着外

---

① 涅瓦河流经圣彼得堡（旧称彼得格勒）。 ✳

面的风暴。接着黑夜一拥而上，深不见底的北海保存了他和他的名望。

> 宁愿在猛击下死去，
>
> 也不愿在岩石上慢慢腐朽。①

在那些阴沉的日子里，他作为"英国警官"（Constable of Britain）②站了出来，没受过训练的人民在他的领导下为战争做起了准备。现在，这些日子结束了。他恪尽职守的一生以武士之死画上了圆满的句号。

当消息通过电报飞速传出时，寂静笼罩了欧洲的中心并且迅速传向它最遥远的边陲。

破坏第一个联合政府的激烈纷争静了下来。他是这个政府的中心之一。

从海边一直到索姆河，陆军在悼念他；大炮的轰鸣混合着葬礼的号声，向这位逝去的巨人告别。

东方民族惊呆了，似乎是震惊于一个神的死亡。

法国哀悼这个曾在 1871 年作为志愿兵在卢瓦河为它战斗的男孩，哀悼这个 43 年后在它最需要的时刻动员起英国人力与法国士兵分担艰苦战斗的老兵。

自"汉普郡"号消失在波涛下以来，近 20 年过去了。与战争年代有关的大量材料已经公开，许多我们还在为生存而战时保守的秘密，现在也为人所知。

然而即使是今天，要得到一份对基钦纳伯爵的中肯评论，要衡量

---

① 拜伦《异教徒》（*The Giaour*），第 969 行。✳

② 这是丘吉尔的象征说法，英国没有这样一个职位。✳

他对国家的贡献，要将这个人与传说分割开来，这些依然很难。

战争爆发时，阿斯奎斯先生依然担任陆军大臣。显然这个做法继续不下去了。首相不可能承担起连续不断的部际工作的负担，这些工作在陆军部和海军部之间进行，并且需要在大臣间协调。

他也不可能承担起组织英国的陆上战备的艰巨任务，它现在应该转移给陆军大臣。

因此他请基钦纳伯爵负起陆军部的大臣责任，那位元帅当然没有以任何方式谋求这个职务，但除了接受外别无选择。

我与基钦纳伯爵的关系不温不火。

我们第一次见面发生在恩图曼①的战场上。作为第 21 枪骑兵团的一名中尉，我被派回去向这位司令②口头报告正在进军的伊斯兰军队的位置。

他极不赞同年轻时的我，曾竭力阻止我参加苏丹的这场战争，对我得以前往苏丹非常恼火。

这是尚未谋面就不喜欢的一个例子。

在我这边，我曾在本着不偏不倚的忠实态度写出的两大卷书③里讲述过他的个性和作战。

再次见到他已是 12 年后。那是 1910 年，我们被正式介绍给对方，就陆军演习做了一次短暂交谈。④

---

① 又称乌姆杜尔曼，苏丹马赫迪起义者建立的国家的都城。1898 年的恩图曼战役中，英军成批使用了马克沁机枪，以己方阵亡 49 人的代价，歼灭了近 1.1 万名敌人。✳
② 1892 年，基钦纳被任命为埃及军队的萨达（总司令）。1868 年至 1899 年，他带领着庞大的英埃军队重新征服了苏丹，为 1885 年喀土穆的戈登之死复了仇。✳
③ Winston Spencer Churchill, *The River War: An Historical Account of the Reconquest of the Soudan*, 2 vols. (South Bend, IN: St. Augustine's Press, 2012). ✳ 本书有中译本：《河战》，温斯顿·丘吉尔著，王冬冬译，桂林：漓江出版社，2020 年。✳
④ 当时丘吉尔是内政大臣。✳

我在 1912 年的马耳他会议 [①] 上对他有了点了解，并且自此之后，我们经常在时不时的见面中谈论帝国国防话题。

我在这些交谈中发现，相比我根据早期印象的猜测，或听来的关于他的一切所做的猜测，他更为平易近人。

在大战前一周，我们一起吃过两三次午餐或晚宴，讨论了我们当时能够预见的一切可能性。

他出任陆军大臣时，我很高兴。在战争初期那些日子里，我们亲密友好地合作共事。

他不断向我讨教与他工作有关的政治事项，在军事事务上对我越来越信任。

海军部和陆军部的事务紧密交织，因此整整前 10 个月里，我们几乎每天都有私人探讨。

我忘不了，我在 1915 年 5 月离开海军部时，同事里第一个和唯一（除一个例外）一个礼节性地看望我的是这位事务缠身的巨人，而他的非难是我年轻时寝食难安的体验之一。

他绝对是事务缠身。关于那场战争中的基钦纳伯爵，最突出的事实是他在成为陆军大臣时，加在他身上的大量责任、工作和权力。

也许没人曾处理过更加庞杂的事务，这些事务都至关重要，都直接关系到战场上的艰难决策，堆到他身上，扔向他，像山一样高高耸立在他宽阔的肩膀上。

他得将这场正处于最无法控制时期的战争继续下去。他得从完全未经军事训练的居民中拉起一支强大的军队。他得装备它，供应它，而他用来装备供应它的机构只达到这支军队要求的 1%。

---

① 1912 年 6 月，时任海军大臣的丘吉尔陪同阿斯奎斯去往马耳他，与驻埃及的英方代表、总领事基钦纳协商地中海政策。✱✱

这三项可怕而艰难的任务不断地互相交织，互相依赖；此外，个人和政治问题无穷无尽的日常负担也大费脑筋和时间，然而又不能置之不理或避开。

一个国家会将如此负担丢给一个人，这令人惊讶；而一个人会如此勇敢，相信自己强到足以承担它，简直令人难以置信。

几乎同样惊人的是承担这一无与伦比的任务过程中所受的个人和环境限制。

基钦纳伯爵作为一个人比作为一个将军更伟大。他一生几乎完全在东方度过。

作为地区统治者，作为小到可以通过个人控制来指挥的军队的领导人，他表现出一个行政官员、一个外交家和一个指挥员的最高素质。

但基钦纳伯爵没有对最大规模的战争做过一次科学的专业研究，他也不像欧洲的庞大军队所理解的那样理解与大规模战争相联系的参谋和组织。

他对英国陆军组织的知识则更加笼统。

特别是，他完全误解了英国地方自卫队的特征。这支队伍被设计成在紧急状态下将我们的小股部队扩充为一支国防军的唯一手段，但有那么几个月，基钦纳伯爵倾向于将它看成与法国地方自卫军站在同一类基础上。他曾在普法战争中看到后者实际上没什么用。

在这些形势下，他在陆军部没有一个由他支配的真正胜任的参谋部，这是灾难性的。这样一个参谋部存在于英国陆军。

自南非战争以来，一套极高的参谋培训和专业知识标准在英国陆军建立起来，尽管人数不多，但在陆军部组成和维持一个由能干和训练有素的军官组成的高效集团，并且同时满足战场参谋部的需要，还是应该能做到的。

不管怎么说，陆军部的作用并不比陆军总司令部小，最好的人才应该在两部门间合理分配。但英国陆军总参带上所有最好的人才，火急火燎地赶去了法国战场。

在陆军部任职的军官中，大多数被这位老元帅可怕的名声吓住，在他们的观点和建议不断被忽视时，没有勇气做出争论或说服的尝试。

预见未来，在脑海里描绘一个想象出的广阔形势，再穿透它，衡量它变幻而模糊的各种选择，这样的能力在人身上相当稀缺。

但看到大战第一个最近的预想阶段之外的能力在英军参谋部里完全不存在，而且在欧洲各大参谋部几乎都不存在。

每个国家的最高军事圈子的一般印象是，假如大战真的到来，它将在几周后，顶多几个月后，通过正在动员的庞大军队的大冲撞，决定性地分出胜败。

那是信念，是希望。所有的一切都押在那上面，在巴黎、彼得格勒和柏林都是这样。

英国军方意见顺应并且促成了思想和假设的这个主流趋向。

只有基钦纳伯爵凭借天生的智慧和对世界动向模糊但深刻的认识，在履职之初就宣布了这场浩劫，"三年后，或者仗打完后"。

我还记得，他在加入我们后的几乎第一次内阁会议上，就勇敢地说出了那个预言般的真相。

人人都预计战争将会很短，但战争进程无法预料，我们现在必须为一场长期斗争做好准备。

这样一场战争不可能在海上或仅仅通过海军力量来结束。它只能通过欧洲大陆上的大战役来结束。

在这些战役中，英帝国必须在与其地位和力量相适应的规模上发挥它的作用。

我们必须准备将数百万军队投入战场并且维持数年。除此之外，我们没有其他方式来履行对盟友或世界的责任。

在这个观点所要求的计划的详细制订中，在新军队的建设中，以及在战争的实际日常进行中，一个一流的陆军部参谋部的服务将无比宝贵。

但那个参谋部没了。所有人都要求或得到了战地陆军的任命，随着他们准备好的动员和派遣远征军的计划一天天得到执行，一个接一个房间，一张接一张桌子空了出来。

原先占据它们的人匆匆赶去前线，生怕迟了一步。

就这样，在 8 月和 9 月的那些日子里，基钦纳很快发现自己根本没有一部高效的参谋机器。他虽然生具远见卓识，但对大规模战争或组织的技术方面所知有限。

最悲壮的景象之一是看到这个忠诚勇敢的巨人响应职责的召唤，努力解决各种问题，担起与一个人的个人能力完全不相称的重担。

他被设定为做 100 个人的工作，他做了 10 个人的工作，担起了所有人的责任。

在大战早期的那几个月里，我密切注视着他挣扎在一大堆无法克服、似懂非懂的难题间，同时怀着戒心牢牢掌握着他的权力和权威的整个王国，那几行著名的诗句再一次浮上心头：

> 陷身地峡，不上不下，
> 一点点聪明，还有些伟大……
> 天生有起有伏，
> 万物的伟大主宰，亦居万物之下；
> 真理的唯一裁判，被投入无尽的谬误，
> 世界的荣耀、笑柄和谜。①

----

① 亚历山大·蒲柏《论人》（*Essay on Man*），第二封信，"世界的谜"。✳

与此同时，本来应该帮助他的参谋军官却给他增加了新的难题。

1914 年 9 月，我访问驻法英军司令部时，发现所有各方都坚信并且大声宣称，如果立即派遣所有能用上的官兵来增援远征军，战争将在圣诞节前结束。

说陆军部为了训练庞大的军队，留着前线急需的军官、教官和材料，而这些军队永远来不及做好准备。这样的指责异常激烈。

为应付眼前的饥荒而吃掉将来的种子是个诱惑，我完全相信基钦纳伯爵在抵抗这份诱惑上的远见卓识和智慧，尽力与那些观点做斗争。

经过全面调查，现在我认为，面对各种呼吁和要求，留住可以打造新军的关键人员，不让他们参加前线军队。这个精明的做法是基钦纳伯爵此刻能够为国家做出的最大贡献。这样的贡献，任何权威不及他的人都做不到。

他的战争组织的重大而致命的困境来自达达尼尔海峡。

1915 年，基钦纳和英国政府不得不在西方和东方军事政策间做出选择。他们被吸引到两者间的一条中间路线上。

陆军大臣夹在它们互相冲突的要求之间，左右为难，结果两边都满足不了。

于是最终，1915 年的作战走向灾难性的结局：在西方的卢斯、维米（Vimy）和香槟，在东方的达达尼尔海峡和整个巴尔干地区。无疑，人们可以很容易地说——如他们可以不负责任地说——"战争中没有妥协的余地。你必须打定主意，非东即西。坐在两张凳子间，一张也坐不到。无论好坏，无论对错，在战争中，你必须知道你的目标，你的意图，投入你的全部生命和力量，接受与它不可分割的所有危险。"那就是从事名为"战争"的可怕活动应该具备的精神，唯一的精神。

但是另一面，下面这段话不得不说。

很少有人知道 1915 年间，东方和西方各执一词的要求和力量带给基钦纳伯爵的压力——精神、道德，甚至是身体上的。

理性、他自己的深刻本能和形势的演进将他拉向东方。

他比任何协约国的士兵都更清楚，那里的成败对整个协约国特别是英帝国具有无限可能性。

但另一面还有霞飞元帅和约翰·弗伦奇爵士，他们或一天天派军官飞速渡过英吉利海峡，或写信，或发电报，或亲自索要所能找到的每一个人、每一门炮、每一颗炮弹；一会儿断言哪怕是扣下一个师，他们的防线也会崩溃，巴黎会失陷；一会儿声称他们自己有希望在西方通过一次宏大的决定性进攻，打破德军防线，结束战争。

未来的军事历史学家既有来自英国，也有来自协约国和敌国来源的全面知识，假以一份不偏不倚的思想，他们很容易对这些事件的真正关系和重要性形成一个冷静的结论。

但他们永远不能全面意识到和描绘基钦纳伯爵在 1915 年不得不经历的考验的可怕程度。即使是他那样伟岸威严的人物也被这样的考验拖垮了。

达达尼尔海峡的失败是对他的致命一击。

整个 1915 年，他是英国军事行动的唯一和全权负责人。直到 11 月，在每一个重大问题上，他的意志都得到了遵守。

新内阁对他的战争指挥失去了信心。他们无法衡量他承受的巨大压力，或他不得不应付的难题。

但他们能看出他已经筋疲力尽。

承受着撤出加里波利（Gallipoli）的痛苦，他的意志力直接垮了，而且所有了解事实的人都能一眼看出，他在处理这个可怕的问题时做出了一连串互相矛盾的决定。

还有，他在法国采取攻势的主张也被记录在案。这些进攻在卢斯和香槟以大败告终。

12月3日，战争委员会决定以一种高效的方式在陆军部重建帝国参谋部。这个决定很突然。

任命一位元帅为陆军大臣的试验已经结束。

基钦纳伯爵还可以掌着他的官印，但吸收和体现了大臣和军事首长权威的至今无与伦比的权力现在受到了限制。很少有政治家在大臣职位上接受这样的限制。

驻法参谋长威廉·罗伯逊爵士进入白厅。一纸委员会命令以既严格又宽泛的条款确立了他的权利和责任。

基钦纳伯爵不仅同意取消他曾经拥有的极大个人权力，而且同意废除他保留的职位一直就有的权力。

我相信，基钦纳伯爵的权威被剥夺这一点无法避免，但为了提拔威廉·罗伯逊爵士而废黜他是一个不同寻常的做法。

即使在这个失去权力、极其疲惫的时刻，陆军大臣在各个方面都更强大。

根据陆军部的这个新举措来贬低基钦纳在这场战争中的作用，这当然既不明智，也不公平。

杰出人物掉下显赫位置是大战中司空见惯的现象，在考虑这类事件时，警惕不恰当或过于严厉的判断殊有必要。

大战毫不留情地挥霍士兵的生命，也毫不留情摧毁或者恰当不恰当地抛弃各个领域的领导人。

即使在战胜国，弗伦奇、基钦纳、霞飞、尼维勒、卡多尔纳、杰利科、阿斯奎斯、白里安、潘勒韦等许多人都做出过贡献并且下了台。

不管这一刻对个人有多么痛苦，在这样的废除中不存在耻辱。

只有那些成功的人，那些挺过这场震动，最终幸运走出的人，才知道他们依靠了多么微小的机会的扭曲和转折才免遭类似命运。

胜利和灾难这两个"骗子"从未像在大战中那样无耻地玩弄它们的花招。

如果一个人履行了他的职责，付出了最大努力，不辞辛劳，不回避他的职责分内要做出的决定，那么最终的个人失败一点也不丢脸。

他们只是在一场进攻的早期阶段倒下的好同志，其他人得益于他们的努力和经验，最终取得了进攻的胜利。

还有一件事应该一提。在这场战争中先用后弃的杰出战士和政治家里，基钦纳是唯一或者几乎唯一本可保住权力的人——如果他选择为私利而战的话。

当时首相的地位危如累卵，[①] 在他与陆军大臣间的任何争议中，民意的全部力量和动力都将站在这个士兵一边。我相信基钦纳还可以获得强大的政治支持。

他在印度与寇松男爵的争斗显示了他可以有多大的技巧、耐心和胆量，可以多么熟练而巧妙地实施这样一场斗争。

他从未尝试过这种事。在这整个期间，在他可以夯实自身权威的时候，他将每一分精力都奉献给了战争工作。

只要德军的胜利还有可能，他就不会将时间或力气浪费在对个人目标的追求上。

而且，他本人也意识到他已经过了黄金时期，对自己的能力也有了怀疑。

费希尔曾试图要挟政府，但"K. of K."（喀土穆的基钦纳）在另一个更高的职责观念面前，谦卑地估计了自己的价值。

从这个观点来看，他对陆军部新体制的接受不是软弱，而是力量

---

① 尽管阿斯奎斯在1915年5月的内阁变动中维持了首相地位，作为联合内阁的领导人却更脆弱了，尤其是在弹药紧缺、达达尼尔海峡的失败及其他战争挫折之后。✳

的标志。

正是对这种无私奉献的能力和控制力的本能承认造就了基钦纳传奇，给了基钦纳伯爵在公共感情和尊敬中的独特位置。没人像他那样不求名声。英国没有一个其他重要人物如此超然物外。

但这个民族有很大一部分人对他怀有一种近于崇拜的感情。

他成为一个象征——英国品质的坚强力量的象征，英帝国战争努力的象征和顽强坚持的象征。面对这份坚持，在法国，在比利时，灰衣德军的浪潮一波接一波徒劳地冲上来，被砸得粉碎。

即使在他安息于冰冷的大海之后，人们依然从他的名字中汲取勇气和鼓舞。千百万人实际上不愿相信他会死去。

他在大战中作为军事家、管理者和领导人的记录将由后代而不是我们来评价。

让我们希望，他们还会记得在他的同胞经历最艰苦考验的时刻，他的个性和品格给予他们的安慰。

但对此我们无须怀疑。

英国人心中珍藏着对基钦纳伯爵一生的记忆，这样的感激和感情永远不会减弱。

经过许多他再也看不到的灾难，犯下比他领导时期更难以原谅的错误之后，最终胜利的光辉回头照亮了这个伟大的公民与国王和国家的忠实仆人，并且将永远为他的名字增光添彩。

爱德华八世①

---

① 爱德华八世（1894—1972），英国国王（1936年）。乔治五世（1910—1936年在位）长子。1911年册立为威尔士亲王。1936年1月即位，因执意与美国辛普森夫人结婚，为王室所不容而弃位。同年12月受封为温莎公爵。1940—1945年任巴哈马总督。**

爱德华八世陛下，威尔士亲王时期任威尔士近卫团上校
by George Boucas

爱德华八世的退位将暂时结束关于他的争议，这样的希望广为流传但显然实现不了。在那件辛酸的事件与慎重的当代评价之间应该有一段沉默期，这无疑是可取的。当坎特伯雷大主教认为有必要向逊位的君主宣读一份训诫，细数他和伙伴的错误时，不赞成的声音突然爆发。无论他们的观点在危机期间偏向哪一边，英国人民压抑的感情在一片几乎众口一词的抗议声中找到了发泄。他们反对的是一份被认为不合时宜和没有必要的说教。令人尊敬的主教本人经过几天考虑后，通知我们说，他的结论是"沉默是金"；对此媒体回应说："一直都是。"

然而赫克托·博莱索（Hector Bolitho）先生却发现他无法听从这份明智的建议，而且他最近出版的那本书也不能不稍做一些纠正评论就放过去。他出生于新西兰，但我们在简介中读到，他有幸找到了一个比那对著名的岛屿①能给国人提供的更广阔的领域。大战后不久，前国王作为威尔士亲王访问新西兰期间，还是年轻记者的博莱索设法接触到他。平易近人的亲王允许他陪同王室一行，也许就这样为他打开了他现在呼吸和立身的更广阔领域。

"这本书，"图书封上声称，"规划和开始于不同的形势下，拥有不依附于有史以来写过的任何英国国王传记的重要性。博莱索先生早就着手写这本传记，对此他有得天独厚的条件。在对前几代英国王室家庭历史的研究中，作者得到了许多第一手的对公爵童年和青年

---

① 新西兰的领土主要由南岛、北岛和一些小岛组成。**

早期的回忆。在某种意义上，他是与他的传主一起长大的。他对前国王有一种特殊的钦佩和同情……"

1936年12月的惊人事件[①]显然让博莱索先生面临着一个新局面，然而对此他很快有了说辞。"若是丢开手稿，却没有默默地诚实地完成这个故事，我就成了一个相当软弱的人。"他写道。于是他决定增加"最后一章——我极讨厌撰写的一章"。

质疑这个决定没有必要，但完成的作品中值得注意的是，它的前五分之四相当自然，在某种意义上几乎不可避免地引向这个新增的高潮和结局。如果这个故事的主体是向我们保证的那样写于四年前[②]，在那些明媚的日子里准备付梓，似乎很难相信它可以真的不加修改，然而又契合于一个如此阴暗和不利的结局。

我们读到，坦白直率是博莱索先生表现出来的品质。"毕竟，这不是一本以廷臣口吻写出的书。"每个人都会同意，一个不再存在的朝廷不可能有廷臣。坦率也许可以非常恰当地用于描绘一个不再有权有钱的人的生活。积极而有男子气概的独立，对王室人物的不卑不亢，在所有涉及错误和异议的问题上毫无保留地坦率——我们接到称颂所有这些的邀请——对一个宣布永远放弃统治权的亲王践行这些品德何其容易。它们属于那个举止优雅的阶层，不用任何代价，在某些形势下其至大为有利可图。

民主思想的一个流派认为，在任何给定时刻满足公众需要或假定的公众需要是一项义务。这无疑似乎是博莱索先生的目标。大量巧妙的笔法，对价值和着重点的轻微改变，这里一个错误的暗示，那里一个警告的迹象，通过所有这些给整个故事赋予统一性是容易的。于是

---

① 从12月初爱德华八世与辛普森夫人的恋情曝光，到10日国王退位之间的一系列事件。**

② 1933年。**

本该是理解和赞赏的内容很快嬗变成有理有据的诋毁，一篇加冕颂歌也许会变成退位谴责。

　　然而，吸引读者大众主要兴趣的是这本书的主人公，而不是它的作者。书里详细罗列了前国王青年时期的劳作和旅行的故事；许多事件和故事，其中一些众所周知，以一种既不沉闷，也不怀恶意的方式讲述出来。我们看到一个生为国王的孩子和青年在现代条件下接受教育和训练的图画，其中许多部分已经为消息灵通人士所知。显然，训练和训练的种类都太多了。父母的教导、导师的教导、学者的教导和学术训练、陆军训练、海军训练、宫廷和社会训练——总之数不胜数。

　　而且如作者所指出的，这些各种各样的训练不仅没有连续性，也缺乏一致性。一方面，为了在年轻人胸中唤起重大责任的感觉，唤起为最严格的职责和最高荣誉而特别选出来的感觉，能做的一切都做到了。亲王必须在他进入的每一个领域树立榜样。他必须是那种每个人都希望别人成为的类型。一切都必须是完美的，传统的：没有校长认为无益的游戏；没有不能写到习字本上的单词；没有不能出现在教室窗户上的笑容。

　　他必须成为一个近乎圣人般的人物，献身于他的最高使命，时刻注意他的高贵阶级，但又不能做平民校友可能会认为浮夸、自负或做作的任何事。因此，就在一些导师和教师反复灌输维持最高尊严和责任的思维习惯时，海军学院一些比他大几岁的学长让他知道了他的位置，或者像我们的作者描述的那样将红墨水从他背上倒下去，因为年纪大的学员要求他离开房间，他慢了一步。

　　这不是应该给予任何人的理性待遇。亲王要么是作为一个贵人保护起来，远离世事纷争，包围在永远打不破的尊敬氛围内，要么就在学校和学院的争斗中试试他的运气，在正常人的自由中发展普通男孩的缺点和优点。作者津津有味地提到，当威尔士亲王作为候补军官在

"印度斯坦"号（*HMS Hindustan*）服役时，海军当局写道，"没有为他做出最小的例外或优待。威尔士亲王参与了每一次值班……例如前天，他承担了分内的'装煤上船'工作，你知道那是什么意思。他在舱室里和训练中都非常努力……"我们得知，在军事演习中，"他脆弱的感情要承受与五名学员共用一只配发的铁皮脸盆和一顶钟形帐篷的体验，他的消化要承受军队口粮的负担"。显然，在和平时期，所有这些完全健康的粗野生活体验与王室地位的特殊要求不易调和。历史上的伟大国王年轻时经常承受战争的艰巨考验，有时还要忍受父母的严厉，但他们不会被要求与汤姆、迪克或哈里①打成一片，同时还要保持他们不同寻常的克制和优越。

现在，我们进入战争时代。我们的作者描述了当时是一名掷弹兵团中尉的年轻亲王如何努力争取上前线；他如何最后得到允许；他整个战争期间如何在一个战场或另一个战场作战，总是努力并且经常成功地到达前线，与部队共担危险。他引用亲王的话，"战争赋予我男子气概"。确实，他去时是一个男孩，回来时是一个男子汉。

接下来是从 1918 年到 1936 年这 18 年的旅行和公务。他访问了帝国的每一个部分；访问了许多国家，特别是那些他的访问对英国影响力和贸易有利的国家。他在国内履行了无数的日常职责。值得注意的是，虽然在海军和陆军的环境下成长起来，他最强烈的同情和兴趣却在社会改革方面，这是被穷人的处境激发的。我曾见过一张地图，上面显示在这 18 年里，他仅在英国就参加了 7000 次公共活动。

从这个明显的事实肯定能看出一场更艰苦的努力——王位法定继承人决不能说出一个会引起争议的词。谁能生活在这个平凡的现代世界而不发展出对种种问题的看法？从他嘴里说出的任何话都不能被看

---

① 常见英语人名，指普通人。✹

成支持或反对任何路线。在我们这个错综复杂的自由社会，任何差异都可能存在于这些路线中。如果感觉到自己受到来自王室的任何词句的伤害，最小的少数派都会发出响彻这片土地的强烈抗议。

然而在各种各样的问题上，这个人与他父亲的大量子民感同身受。他看到政府做出他认为愚蠢或错误的事，看到政府忽视了他认为需要立即处理的事。在所有这 18 年连续不断的公共讲话中，他做到了从不迈错一步，从不引起一场纠纷，很少招来哪怕最小的批评，还有谁能衡量这样的自律和鉴别力？

但博莱索先生一边向我们描述了这个，一边很快指出了这幅图画的阴暗面。亲王在出行中有时会参加舞会，他与一些初次见面并且喜欢的漂亮女孩跳得太多，与年纪大的官方女主人跳得太少。所有这些都被作者翔实地写出来。这个做法倒也契合一个不是廷臣的人。这些也很可能是真的。在漫长一天的喧哗与瞩目结束后，在人群散去，最后一声礼炮的轰鸣归于沉寂后，在经历了无穷无尽的忙乱后，无可否认，时不时地，亲王似乎想满足一下自己的愿望，放松一下。从这一点，我们还可以看出他为什么那么过度狂热地迷上猎狐、越野障碍赛马和各种各样的体育锻炼，最后还迷上了飞行。

总体上，并且前后相当一贯地，这位聪明、有才华、迷人和热心的亲王的生平故事将他描绘成一个不及常人的人。我们得到一幅自称是私人的，并且由一个朋友和仰慕者描绘的图画，画上的人物为性情和作为方面的严重缺点所损害，理智的人、正直的人、健康的人，特别是一般英国男女，对这些做法都不赞同，或引以为羞愧。他那个失望的辩护人为他提出了一系列借口和解释，全都假以不幸的友谊的名义。这强化了那份总体贬低的效果。一种侮辱性的怜悯气氛弥漫着整个故事，从而让读者为最后的章节做好了准备。虽然作者痛恨写出最后那几章，但他依然毫不畏缩地写了出来。

到爱德华国王退位时，我们的作者没有详细讲述他为公共提供的众多服务及成功，却绘出一个不尽职者的图画：长期迟到但不可避免的报应将落到他头上。"王室人物通常生活在与世界的奇特隔绝中……这种与广阔社会的隔绝有时扰乱了亲王们的判断，他们经常想象那些通过假装亲热来打破矜持障碍的人具有某些品质。这些通常是二流的奉承拍马者……出于某种不幸的原因，威尔士亲王不具备这种判断力。早年，他身边通常聚集的是那些举止随便、谈吐轻松的人，而不是忠诚、尊重，似乎举止矜持的人……他似乎不知道那条'介于公正和真挚之间的中间路线'，结束官方职责后，他经常在那些与王位继承人的需要不相称的社交圈找乐子。"

　　他祖父"从未被指在职责方面不拘小节。他的孙子似乎没有能力在生活中坚持这种明智的区分，这也许因为他生活于其中的那种努力状态，或因为他判断力上的某种不幸的缺陷。当他在一波波恭维和赞扬声中四处旅行时，当英国报纸为他打造动听的名声，增加了他的责任心和侠义心肠记录时，不满的潜流正在滋长，在他所到之处留下一个个阴影。"

　　作者引用了《纽约世界报》（*New York World*）关于他第二次访美的一段内容。"他对朋友和消遣的选择，在少数美国人身上引发了一场趋炎附势的展示。这些人既于他的名声无补，也于王室总体的声望无益。"作者补充说："在对美国的第二次访问中，亲王开始打破他在战后访美中建立的好名声……1924年，从亲王回到英国时起，反对他的声音渐渐高了起来……关于他不检点的社交生活的故事流传出来，刺伤了那些真正喜欢他而不愿加速流言危害的人。那些每天看着他的认真尽责的人希望他的天分最终会指导他，而他对不恰当人物的品味将作为一个阶段过去。但错误依然继续。接着，1925年，他结束南美之行回国时，关于他夜生活的故事已经先他一步"。

我们读到一段引自《旁观者》（*Spectator*）杂志的话，它暗示亲王会"正确理解这个国家的期望，如果对于他过度焦躁不安或者花在娱乐上的时间把自己弄得疲惫不堪的说法，他让人民找不到任何借口来说的话。那些时间本可以花在工作上，而工作永远并且肯定是很费力，很累人的"。

我们一点也不认为这些断言是事实。就算是，这些活动也只是威尔士亲王为公众付出的繁重劳动的些微补偿。但无论真假，它们当然绝对不该出现在一本关于在位君主的书里。

要讲述爱德华国王退位的故事，现在还不是时候，这里也没有篇幅，但真相与博莱索先生的故事大相径庭。爱德华八世深爱一个已婚妇女多年，当这位女士寻求与丈夫离婚时，他想在她获得法律上的自由后与她结婚。这很糟糕，给国家带来了严重问题。然而可以确定，从没有一个英国国王因为这样的情况失去王位，而且我们怀疑还有没有任何一个。博莱索先生加上了另一条理由："许多政府成员怨恨他在穷人中的活动。他们发现他的热心令人不安，因为它暴露了当局的做法，证明了他们在贫困地区的工作过于谨慎，进展缓慢。"我们认为这是一派胡言。实际上，不管走到哪里，他都由一位大臣陪着，而且一位英国立宪君主在政治问题上采取凌驾于阁员之上的行动，这个想法本身就很荒谬。

这件事上根本没有任何类型的宪法问题。根据宪法，君主可以自由地与他选择的人结婚。[①]内阁当然会反对一场被认为不恰当的婚姻，

---

① 丘吉尔在这一点上不太坦诚。辛普森夫人离过两次婚，两任前夫都在世，作为王后是不可接受的。根据英国法律，国王的妻子必定是王后。改变法律——让辛普森夫人嫁给国王而不成为王后——将需要议会的法案。这样的投票将产生极大分歧，也许会导致一次以国王的私生活为主要问题的大选。而且，以爱德华八世为国王的另外五个独立国家——加拿大、澳大利亚、新西兰、南非、爱尔兰自由邦——立场与英国大同小异。＊

但如果君主坚持，现行体制中不存在阻止他的手段。例如，如果他选择等到离婚程序完结，他就可以迅速地秘密结婚，用既成现实对抗内阁和臣民。这样的事件也许会给宫廷和社会带来许多麻烦。它也许会成为整个帝国的一场大丑闻。但什么都影响不了王位上的君主地位。

如果像路易十四与曼特农夫人（Madame de Maintenon）秘密结婚一样，他偷偷娶了辛普森夫人，在加冕一年后将已婚事实通知首相，什么都不能撤销这个事实，而且除了武装反叛，也没有什么能把他赶下王位。

各种各样的欺骗作伪都与他的天性格格不入，因此他无疑鄙视这样的做法。他不会怀着不为人知的目标去完成加冕仪式，这样做以后会让他脱离无数臣民。一切都必须摆在台面上，摆到阳光下。如果他们希望他去，他去。但如何确定他们的愿望呢？

英国媒体保持了如此长期的人为沉默，这肯定应该被看成一个错误，一份不幸。批评和评论的逐渐增长也许会让所有相关的人看到趋向，感觉到公共意见的力量。但现实不是分散于几个月的稳定增长的压力，而是一切都被压制住，直到最终爆炸性地释放出来。

他知道他计划中的婚姻会惹来许多麻烦，这个事实让他愈加谦恭，更加看轻他作为国王的权利和利益。他认为与他爱的女人合法结婚的自由是他不可剥夺的权利，如果人民不给予他这个自由，那么与其成为他们难堪的理由，还不如尽量不张声势地尽快退位。一旦看出他的婚姻至少会在他的人民中制造深刻的分裂，他对他们的忠诚促使他尽可能不添麻烦地给继位者让路；而且我们确信，同样的忠诚也会一直指导他未来的行动。

不仅宪法问题任何时候都不存在，而且在他退位前近两周，国王与他的内阁间也没有任何类型的麻烦。他曾问过，可不可以制定一条让他得以缔结私人婚姻的法律。他完全有权这样问。私人婚姻的结果就是他的妻子将不是王后。那实际上是一条限制他无可置疑的权利的法律。他得到的建议是立法不切实际。他接受了这份建议，这件事在宪法方面就结束了。

如果内阁曾要求他承诺不娶辛普森夫人，他可以理直气壮地答复，说因为距她得到自由还有近五个月，而且因为她也许永远无法获得自由，这样的问题不该问，而且无论如何都不会有答案。如果想拖延时间，他有许多可用的办法。他放弃了这些办法，理由有一个并且只有一个，就是不要给英国人民带来麻烦或破费，或不要因为他认为属于他私人的事务在他们中间制造分裂。博莱索先生似乎一点也没有意识到一个他声称关心或敬佩的人的这份巨大牺牲。

他说到国王在统治的最后一段日子里的"悲惨"。当时见到他的大部分人，包括鲍德温先生，都证实了他无比高贵的举止。不管什么场合，他都泰然自若。他对别人的礼节和体谅一如既往，但对关乎自己的一切都漠不关心。放弃英国王位的荣耀，他会长期感到痛苦，这一点无可否认。但出了自己的房间，他表现出惊人坚定的自控力。

实际上，描述一个更不幸的前任的话也许可以用在他身上：

> 他的举止既不粗俗，也不卑下，
> 面对那个令人难忘的场面。①

我们很遗憾这本书会问世。我们很遗憾它是由一个本该特别宽容和仁慈的人写出的。它当然不代表我们对不列颠国家和帝国历史上一

---

① 出自安德鲁·马维尔（1621—1678），《一首贺拉斯体颂歌：克伦威尔自爱尔兰返回》（*An Horatian Ode: Upon Cromwell's Return from Ireland*，1650）。这句诗写的是查理一世 1649 年 1 月 30 日被处死的事。＊＊

个独特而影响深远的事件将要采取的最终看法，也不是对一个现已成
为乔治六世国王陛下最忠实臣民的人的公平评价。

鲁德亚德·吉卜林[①]

鲁德亚德·吉卜林
by Thomas Johnson

鲁德亚德·吉卜林先生在上世纪的英语文学中占有极其重要的位置。在他漫长的活跃期，他的文学产出虽然一直出了名的稀缺，但也达到了令人难忘的高度。支撑这份产出的是敏锐而深刻、充沛而恢宏的知识储备。这些知识通过不断地学习、观察和思考而获得，构成了我们能想象到的最绝妙的精神财产。

要让这些财富服务于他的国家和时代，神奇的天赋才华不可或缺。他醉心于这些超级试剂的享受中。他风格中的精气、力量、简洁和虎虎生气立即吸引和赢得了关注。他驾轻就熟的主题的无比多样性给整个英王版图及其以外的无数读者和仰慕者带来源源不断的惊喜。

* * * * *

似乎没有一个人类活动的长廊是他不能畅通无阻地轻松进入的，而一旦进入，他都能够以出人意料的、锐利的、迷人的而且完全是他自己的一束光照亮它。各种各样条件各异的人，所有阶层和职业，帝国的每个部分，儿童的灵魂，动物的生活，所有这些一个个清楚而迷人地浮现在那个陪他走过生命旅程的日益庞大的群体面前。他为同胞创造了一整个系列的新价值，让他们参与到连续不断的新鲜体验和冒险中。

我们自己的时代有比鲁德亚德·吉卜林更伟大的诗人和智者，更热烈更知性的伤感和激情的解读者，想象力更丰富的人，当然还有更正统的文学家。但在他理所应得的耀眼程度上，没有一人及得上他。之前从没人像吉卜林那样写过，他的作品特点分明，气质独特，吸引和启发了无数人，但没人成功地模仿过。他是独特的，无可替代的。

在文学中表现出来的天才光辉不会随着作者的离世而熄灭。他的长廊依然在展示，给我们指导，供我们欣赏。但他那把本来可以应我们的迫切要求打开新长廊的魔法钥匙永远消失了，就让我们守护他留下的财富吧。

* * * * *

英国在印度统治的组织与盛况是他的第一个和主要灵感。以忠实的眼光阅读吉卜林的印度故事，无论长短，相比沉闷的蓝皮书或现在流行的许多油嘴滑舌的图书，你能获得关于那段伟大插曲——英国与印度的接触——更真实的知识。

我们将《三个士兵》（*Soldiers Three*）献给女王。我们看到那个年轻的军官，那个孤独的收藏家的生活。我们讽刺总督群体的官僚作风。我们分担盎格鲁－印度官员的家庭问题，我们为《小威利·温基》（*Wee Willie Winkie*）洒一把辛酸泪。在艰苦的西北边陲，我们追随着《艚舻的鼓声》（*The Drums of the Fore and Aft*）。我们与"马耳他猫"打马球。我们在那只叫"里基"的獴的保护下与有毒的眼镜蛇斗争，为我们的生命而战。我们与莫格里漫游丛林，和吉姆一起走过印度的茫茫人海。

即使英国的印度殖民地从现实走入历史，鲁德亚德·吉卜林的作品也会继续证明，我们在那里的时候，为所有人尽了力。

* * * * *

但他的旅程远远不止印度。这个小岛上的先祖用意志和毅力打造

364

的整个帝国激起他的浓厚兴趣。那些日子里，被骄傲地称作帝国主义或"大不列颠"的概念是每国生活中的主导思想。吉卜林开始以生动的轮廓和鲜亮的色彩描绘那幅广阔图像的每一个部分。关于澳大利亚民族和人民对自身和祖国的感觉，鲁德亚德·吉卜林教给唐宁街的比任何人都多。在他的诗句中，我们看到了不同力量和矛盾力量的和解，其中许多现在成为共同力量，我们也希望它们能成为一份恒久的遗产。加拿大、新西兰、南非都由他的魔杖点化，装饰一新，呈现给我们。对英国的伟大和辉煌的希望和决心鼓舞着维多利亚女王统治的晚期年代，这场伟大运动在他那里得到了清晰的表达和强大的推动力。

虽然在政治活动中，我经常强烈反对他，但我没有一刻不感觉到他对我们民族和国家的伟大真理的强烈召唤。

＊ ＊ ＊ ＊ ＊

但一直最令我陶醉的，是吉卜林倒卷时间大幕，将过去再次带回现实的神秘力量。我们在《普克山的帕克》（*Puck of Pook's Hill*）中读到几页朴实无华的散文，突然惊讶地意识到我们在古罗马长城上。各国许多著名作家都试过创造这个文学奇迹，但依我拙劣的判断，在以他擅长的那种生动而又神秘的现实主义揭示既往景象方面，没有人成功过。在他称作《世界上最好的故事》（*The Finest Story in the World*）的书里，五六处对过去生活的描写让你相信甚至希望经历过这样的生活。

多年来，党派政治疏远了我们。直到他生命的最后几年，我们才一起反对最近的《印度政府法案》。"但那是另一个故事。"他肯定会这样说。那些日子里，我常常请他将我们带回罗马统治时期的不列颠，哪怕只是几页。我知道如果他这样做，你几乎会嗅到那个消失的时代，并且如果在其中一个生活过，你会走不出那个世界。但岁月正慢慢走向终点。

有两篇重要的英语诗歌或短文值得我们欣赏而不需要考虑政党或感情的差别。每个合格的英国人迟早都该背诵为女王统治 60 周年纪念而撰写的退场赞美诗和题为《如果》（"If"）的诗里包含的生活规则。

* * * * * *

除文学成就外，我再谈谈吉卜林的政治才能。每一个向导或老师的生命之旅有时与普遍需要协调一致，有时超前或落后。没人可以在这场行军中从头到尾保持步调一致。鲁德亚德·吉卜林给不列颠帝国的信息是发给了一个觉醒的不列颠帝国，而维多利亚时代的长期辉煌积累的力量让我们为大战的冲击做好了准备。他全盛时期写作的一切都指向这场他觉得需要我们在精神上和物质上做好准备的考验。

最终，它如同晴天霹雳般在我们头上炸响，他提出那个统领他一生的最大的问题：

> 如果自由倒下，谁会站立，
> 如果英国活着，谁会死去？

这从他身上得到最有力的证实。他在爱尔兰近卫团的独子倒在战场上。他忍受着那使"失踪"一词比"阵亡"更悲惨的一寸一寸啃啮般的逐渐破灭的希望。然而我们希望，他自己那些安慰了无数人的诗行能给予他一些慰藉。他以无比的坚毅泰然忍受他的痛苦。他再也不是以前那个他。胜利终于到来，那个他相信的胜利，那个他为之做出

366

卓越贡献的胜利。它来得完全彻底，来得令人大失所望。旧世界消失了。"新语言的时代到了。"

＊＊＊＊＊

自从战争让他满怀悲伤以来，许多事过去了。他一定经常感觉到，他的工作已经完成，其他人必须指引那场沿着他不熟悉的道路的行军。也许，并且我们所有人都必须希望，解决方案或者他讨厌的屈服放弃，蒙上帝恩惠，最终会将他服务的崇高事业推向更高、更明确、更牢不可破的实现。但无论发生什么，都不能剥夺世界各地的不列颠人因为他鼎盛时期的鼓舞而应该表达的感激，或者英语民族一代又一代满意的读者将要对他的写作天才表达的敬意。

出版说明

　　本书是丘吉尔写于 1937 年的人物评论集，其中所涉人物、所关事件都影响一时，而丘吉尔也置身其间，并以其精准的见识、流利的语言做了记录，是一部不可多得的人物之书、时代之书。

　　本书据 Winston S. Churchill, *Great Contemporaries*（Chicago and London：The University of Chicago Press，1937）翻译，并补入了最后五篇文章。

　　作为 20 世纪的英国政治家，丘吉尔有其固有的政治立场，其对时代人物的评价，或多或少具有时代、意识形态、国别及其个人的色彩。请读者在阅读过程中辨别。同时，其对于人物某一阶段而非完整人生的评价，或许有局限性。对此，本版在每篇起始以脚注的方式补充了该人物的生平，供读者参考。